# 아동관찰 및 <sup>2판</sup> 행동연구

## Child Observation & Behavioral Research (2nd Ed.)

| 성미영 · 전가일 · 정현심 · 김유미 · 정하나 공저 |

학지사

## 2판 머리말

2016년 보육교사 자격 기준 강화로 인해 아동관찰 및 행동연구 교과목이 보육실습 교과목과 더불어 보육실무 영역에 포함되고, 보육실습 이전에 반드시 이수해야 하는 필수교과목이 되면서 이 책의 초판을 발행하게 되었다. 그 이후 어린이집 평가제 시행, 2019 개정 누리과정 및 제4차 표준보육과정 개정 등 우리나라 보육 분야에서 커다란 변화가 지속적으로 진행됨에 따라 이 책 역시 개정의 필요성이 제기되었다. 특히 제4차 표준보육과정 개정 이후 표준교과개요 역시 이에 맞추어 새롭게 개정되면서 2020년에 개정된 아동관찰 및 행동연구 교과목의 교과개요 변화 내용을 이 책의 2판에 반영하였다.

이에 따라 이 책에서는 아동관찰 및 행동연구 교과목의 표준교과개요에 근거하여 장별 내용을 구성하였으며, 장별로 이론적인 내용과 실제 현장의 내용을 함께 배치하여 이론과 실제를 한눈에 파악하도록 하였다. 이 책의 전체 목차는 초판과 동일하게 구성하였으며, 구체적으로 제1부 아동관찰 및 행동연구의 이해에는 제1장 아동관찰 및 행동연구의 기초가 포함되었다. 제2부 아동행동연구를 위한 관찰방법은 제2장 일화기록법, 제3장 시간표집법,

제4장 사건표집법, 제5장 행동목록법, 제6장 평정척도법으로 구성되었고, 마지막 제3부 아동행동연구를 위한 대안적 방법은 제7장 질문지법, 제8장 면접법, 제9장 실험연구, 제10장 검사도구, 제11장 사례연구, 제12장 포트폴리오 평가로 구성되었다. 장별 집필은 제1, 7장은 성미영 교수, 제2, 5, 6장은 정현심 교수, 제3, 4, 9장은 정하나 교수, 제8, 10장은 김유미 교수, 제11, 12장은 전가일 교수가 담당하였다. 개정된 표준교과개요의 반영과 더불어 장별로 '더 알아보기' '교실에서는 이렇게' '연구에서는 이렇게'의 내용에도 최신 내용을 반영함으로써 예비보육교사의 보육현장실습 대비에 도움을 제공하고자 노력하였다.

이 책이 예비보육교사의 보육현장 실무 능력 향상에 도움이 되기를 기대하며, 이 책의 출판에 도움을 주신 학지사 관계자 여러분께 감사드린다.

2021년 8월
저자 일동

## 1판 머리말

   보건복지부는 2016년 보육교사의 자격기준 강화를 위해 「영유아보육법 시행규칙」을 일부 개정하였고, 대학 등 양성기관에서는 2017년 1월 1일 이후 입학자부터 이러한 개정 내용이 적용된다. 개정 내용에 따르면 '아동관찰 및 행동연구' 교과목은 보육실무 영역에 해당하며, '보육실습' 교과목과 더불어 보육교사 2급 자격 취득의 필수 교과목이자 대면 교과목으로 지정되었다. 보육교사 양성과정 및 보육실습 매뉴얼 연구(보건복지부, 육아정책연구소, 2016)에서는 아동관찰 및 행동연구 교과목을 '아동의 행동을 관찰기록하고 해석하기 위한 이론 습득과 동시에 관찰기록의 실습을 통해 아동의 행동을 이해하고, 보육과정의 계획과 상담 등에 활용하는 실제를 경험해 보는 교과목'이라고 제시하고 있으며, 특히 예비보육교사가 보육일지 기록의 기초 능력을 배양하기 위한 교과목임을 강조하고 있다. 즉, 아동관찰 및 행동연구 교과목은 보육실습 교과목의 사전 이수과목에 해당하므로 보육실습 교과목과의 연계를 고려하여 강의가 진행되어야 한다.

   이에 따라 이 책에서는 아동관찰 및 행동연구 교과목의 표준 개요에 근거하여 장별 내용을 구성하였으며, 영아반 및 유아반 참여 관찰실습에 해당하는 현장관찰 실제를 별도의 장으로 구성하기보다는 각 장별 연구방법에 '실제' 영역으로 포함시킴으로써 이론과 실제를 한눈에 파악할 수 있도록 구성하였다.

　구체적으로, 제1부 아동관찰 및 행동연구의 이해는 1장 아동관찰 및 행동연구의 기초로 구성되어 있다. 제2부 아동행동연구를 위한 관찰방법은 2장 일화기록법, 3장 시간표집법, 4장 사건표집법, 5장 행동목록법, 6장 평정척도법으로 구성되어 있으며, 제3부 아동행동연구를 위한 대안적 방법은 7장 질문지법, 8장 면접법, 9장 실험연구, 10장 검사도구, 11장 사례연구, 12장 포트폴리오 평가로 이루어져 있다. 1장, 7장은 성미영 교수가, 2장, 5장, 6장은 정현심 교수가, 3장, 4장, 9장은 정하나 교수가, 8장, 10장은 김유미 교수가, 11장, 12장은 전가일 교수가 맡아서 집필하였다. 이러한 차례 구성과 함께 각 장에서는 '더 알아보기' '교실에서는 이렇게' '연구에서는 이렇게' 등을 통해 예비보육교사를 위한 실제적인 정보를 보다 효과적으로 제시하고자 노력하였다.

　이 책이 예비보육교사의 보육실습 과목 이수 및 보육교사의 영유아 보육현장 실무 수행에 도움이 되기를 바란다. 마지막으로, 이 책이 출판되기까지 적극적인 도움을 주신 학지사 김진환 사장님과 편집부 여러분께 감사드린다.

2017년 2월
저자 일동

차례

제1부 아동관찰 및 행동연구의 이해

| 제1장 | 아동관찰 및 행동연구의 기초 • 15

제2부 아동행동연구를 위한 관찰방법

| 제2장 | 일화기록법 • 35

제3부 아동행동연구를 위한 대안적 방법

# 제1부

# 아동관찰 및
# 행동연구의 이해

제1장 아동관찰 및 행동연구의 기초

제1부에서는 아동연구의 절차 및 유형, 아동관찰의 절차 및 유형에 대해 살펴봄으로써 아동관찰 및 행동연구의 기초를 다룬다.

제1장

# 아동관찰 및
# 행동연구의 기초

아동을 대상으로 연구를 진행할 경우 성인 대상의 연구와 마찬가지로 관찰연구, 조사연구, 실험연구, 사례연구 등의 방법이 활용된다. 특히 아동은 나이가 어리고 언어 능력이 성인처럼 능숙하지 않다는 점 등을 고려하여 다양한 연구방법 중 관찰연구가 가장 많이 활용된다. 이 장에서는 아동관찰 및 행동연구를 이해하기 위해 아동연구의 절차 및 유형 그리고 아동관찰의 절차 및 유형에 대해 살펴보고자 한다.

# 1 아동연구의 절차 및 유형

## 1) 연구의 목적 및 필요성

연구자는 아동의 발달을 기술하고 설명하고 예측하며 이를 실제에 적용하려는 목적을 가지고 아동 대상의 연구를 실시한다.

### (1) 기술

기술(description)은 연구자가 관심을 가진 특정 현상에 대해 상세하게 제시하는 것을 의미하며, 실제 있는 그대로를 정확하고 구체적으로 묘사하는 과정을 뜻한다(이은해, 이미리, 박소연, 2006). 연구대상이 아동인 경우 다양한 연령의 아동이 어떤 행동 특성을 보이는지 그리고 이러한 특성이 시간의 흐름에 따라 어떻게 변화하는지를 정확하고 객관적으로 기술한다.

### (2) 설명

설명(explanation)은 객관적이고 상세하게 기술된 특정 현상의 원인이 무엇인지에 대해 제시하는 것을 의미한다. 아동이 연구대상인 경우 다양한 연령의 아동이 보이는 행동 특성에 대한 기술 내용을 토대로 하여 이러한 발달적 변화가 나타나는 이유를 규명하고 설명한다(정옥분, 임정하, 김경은, 2008).

### (3) 예측

예측(prediction)은 연구자가 관심을 가진 특정 현상에 대해 사전에 얻은 정보를 토대로 하여 이후 발생할 새로운 사건이 무엇인지를 제시하는 것이다. 아동이 연구대상인 경우 현 시점에서 아동이 보이는 행동 특성에 근거하여 이후 아동에게 나타날 변화를 예측한다.

(4) 적용

적용(application)은 기술, 설명, 예측을 통해 연구자가 관심을 가진 특정 현상에 대해 확보한 정보를 실제에 접목시키는 것을 의미한다. 아동이 연구대상인 경우 다양한 연령의 아동이 발달적 변화를 보이는 과정을 기술하고 설명·예측한 후 이를 어린이집 현장의 실제에 적용해 볼 수 있다.

## 2) 연구의 유형

### (1) 관찰연구

관찰연구(observation)는 아동을 대상으로 실시되는 다양한 연구 유형 중 아동을 연구하는 데 가장 적합한 연구방법이다. 특히 아동 대상 연구에서 연구대상 아동의 발달수준에 관계없이 관찰이 가능하고, 다양한 상황에서 관찰이 가능하다는 점 등에서 효과적인 연구방법이다. 관찰연구는 연구자가 관심을 가진 특정 현상에 대해 관찰의 방법을 사용하여 객관적이고 과학적인 자료를 수집하는 데 목적이 있다.

### (2) 조사연구

조사연구(survey)는 사회과학 분야에서 가장 빈번하게 사용되는 연구방법으로 면접법과 질문지법이 이에 해당한다. 면접법(interview)은 면접사와 피면접자가 일대일로 만나 언어적 상호작용을 통해 피면접자에 대한 정보를 수집하는 방법이다(Mitchell & Jolley, 2010). 언어적 상호작용을 통해 자료 수집이 진행되므로 면접법은 언어 능력이 미숙한 아동에게는 부적절하지만, 퍼핏 인형이나 그림 자료 등의 보조적 수단을 활용할 경우 아동 대상으로 실시할 수 있다. 질문지법(questionnaire)은 일련의 질문 문항이 포함된 질문지를 응답자가 작성하도록 하여 자료를 수집하는 방법으로, 아동 대상 연구에서는 아동의 부모나 교사가 질문지를 작성한다.

### (3) 실험연구

실험연구(experimental research)는 다양한 연구방법 중 과학적인 측면을 가장 엄격하게 적용하는 방법이다. 실험연구는 기본적으로 특정 현상의 인과관계, 즉 원인과 결과가 무엇인지를 규명하기 위해 실시되는 방법이다(이은해, 이미리, 박소연, 2006). 인과관계 확인을 위해 엄격하게 통제된 실험 상황에서 연구가 진행되므로 연구결과를 일반화하는 데는 어려움이 있다.

### (4) 사례연구

사례연구(case study)는 개인이나 집단을 대상으로 특정 현상을 심층적으로 조사하여 정밀하게 분석하는 연구를 의미한다(황해익, 최혜진, 권유선, 2021). 사례연구는 적은 수의 연구대상을 선정하여 상세한 특성을 파악하고 구체적인 사실을 규명하기 위한 목적으로 실시한다.

## 3) 연구의 절차

연구대상이 아동이든 성인이든 연구를 실시하는 데는 일련의 절차, 즉 단계가 있다. 일반적으로 연구를 수행하는 절차는 연구주제 선정, 문헌고찰, 연구문제 설정, 연구대상 선정, 연구도구 선택, 자료 수집 및 분석, 결과 해석 및 발표의 순서로 진행된다.

### (1) 연구주제 선정

새로운 연구는 연구주제의 선정에서 시작한다. 연구주제는 개인의 경험이나 통찰, 전문서적 등 다양한 접근 방식을 통해 선정할 수 있고, 연구주제의 선정은 연구의 출발점인 동시에 연구에서 가장 힘든 과정이다(조복희, 2008). 연구주제를 선정하기 위해서는 먼저 연구자의 관심사가 무엇인지를 발견해야 한다. 일상생활의 여러 현상에 대한 연구자의 호기심을 토대로 자신이 관심 있는 주제가 무엇인지를 파악하고, 이를 질문의 형태로 진술하는 과정이 연구주제 선정 단계에서 필요하다. 연구는 연구자의 관심사가 반영된 질문을 과학적 방법으로 해결해 나가는 과정이므로 연구주제 선정 단계에서는 연구자의 관심 주제가 과학적 방법으로 해결 가능한지를 검토한다.

연구의 주제는 대부분 일반인들이 생각하는 상식, 주변에서 흔히 볼 수 있는 현상이나 행동, 기존의 이론, 과거의 연구, 실제적 문제 등에서 선정할 수 있다(Cozby & Bates, 2018). 연구주제를 선정할 경우 광범위한 주제에서 협의의 주제로 그 범위를 점진적으로 축소해 나가면서 연구자의 관심 주제를 선정해야 한다. 예를 들어, 연구자가 언어발달에 관심이 있다면 영아의 언어발달 또는 유아의 언어발달로 범위를 축소하고, 이 중 영아의 언어발달로 선정한 경우 다시 어휘발달, 문법발달 등의 하위 범주로 세분화시켜 협의의 개념을 중심으로 연구자가 실제 연구 가능한 주제를 결정한다.

## (2) 문헌고찰

연구주제가 결정되면 연구의 다음 단계에서는 선정된 연구주제와 관련된 기존 연구를 고찰함으로써 동일한 주제로 실시된 연구의 결과 및 경향을 파악한다. 이를 문헌고찰이라고 하며, 이론적 배경이나 선행연구 고찰 등으로 불린다. 문헌고찰을 통해 최근까지 진행된 관련 연구들의 결과를 파악하고, 기존 이론과의 관련성을 분석하며, 후속연구의 방향성에 대해 탐색하는 기회를 가진다. 예를 들어, 연구주제의 적절성을 파악하기 위해, 측정하고자 하는 변수의 조작적 정의를 알기 위해, 연구하고자 하는 주제가 이미 발표되었는지를 알아보기 위해, 연구결과에 대한 논리성을 발견하기 위해, 연구가 기존의 지식에 공헌할 수 있는지를 알아보기 위해 문헌고찰을 실시한다(Mitchell & Jolley, 2010). 국회도서관(https://www.nanet.go.kr), 국립중앙도서관(https://www.nl.go.kr), 한국교육학술정보원(https://www.riss.kr), 한국학술정보(https://www.kstudy.com) 등 논문 검색용 사이트를 이용하여 연구주제 관련 문헌을 검색한다.

### (3) 연구문제 설정

연구주제를 선정하고 이와 관련된 문헌을 고찰한 다음에는 연구문제 또는 가설을 설정한다. 연구문제란 연구주제에 대한 연구자의 궁금증을 해결하고자 만들어진 확인 가능한 실제적인 질문을 의미하며, 의문형 문장으로 진술된다. 예를 들어, '영아의 어휘발달은 성별에 따라 차이가 있는가?' '어머니의 양육행동은 유아의 또래관계에 영향을 미치는가?' 등으로 진술된다. 가설은 결과를 알 수 없는 사실에 대한 잠정적인 설명이나 답으로, 미래형 서술문으로 진술된다. 예를 들어, '여아의 어휘발달은 남아의 어휘발달보다 더 빠를 것이다.' '어머니의 민주적 양육행동은 유아의 또래관계에 긍정적인 영향을 미칠 것이다.' 등으로 진술된다.

### (4) 연구대상 선정

구체적인 연구문제 또는 가설이 설정된 다음에는 이를 해결하기 위해 적절한 연구대상을 선정한다. 연구자가 5세 유아를 연구대상으로 선정한 경우 우리나라의 모든 5세 유아를 대상으로 연구를 진행할 수는 없으므로 이들 중 일부만을 연구대상으로 선정하게 된다. 여기서 우리나라 전체 5세 유아를 모집단(population)이라고 하며, 연구자가 직접적으로 연구를 실시할 대상인 일부 5세 유아를 표본(sample)이라고 한다. 또한 모집단에서 표본을 추출하는 과정을 표집(sampling)이라고 한다.

### (5) 연구도구 선택

연구대상을 선정한 다음에는 연구대상에 적합한 연구도구를 선택해야 한다. 연구도구는 표준화된 도구(예: 웩슬러 아동 지능검사)를 선택하거나 연구자가 직접 개발하여 사용할 수 있다. 연구도구를 선택할 때는 신뢰도와 타당도가 높은 연구도구를 선택해야 한다. 신뢰도는 측정하고자 하는 내용이 일관적이고 안정적인지를 의미하는데, 예를 들어 한 번 측정하고 일정 시간이 지난 후 다시 측정했을 때 측정한 결과가 일관적인지를 확인하는 방법(검사-재검사 신뢰도) 등이 있다. 타당도는 검사도구가 측정하고자 하는 내용을 제대로 측정하는지를 의미하는데, 예를 들어 공격성을 측정하는 연구도구의 내용에 공격성과 관련 없는 내용이 포함되어 있는지를 확인하는 방법(내용타당도) 등이 있다. 기존의 연구도구가 유용하지 않을 경우 연구자가 연구도구를 직접 고안하거나 수정하여 사용할 수 있는데, 이 경우 신뢰도와 타당도를 확보해야 한다.

### (6) 자료 수집 및 분석

연구대상이 선정되고 연구도구가 선택되었다면 자료를 수집하고 이를 분석한다. 자료를 수집할 경우 양적 접근 또는 질적 접근, 종단적 접근 또는 횡단적 접근 그리고 다양한 연구방법, 즉 관찰법, 질문지법, 면접법, 실험법 등의 방법 중 어떤 방법으로 자료를 수집할 것인지를 사전에 결정하고 이에 적합한 방식으로 자료를 수집한다. 수집된 자료를 분석할 경우 자료수집 방식에 따라 양적 분석 또는 질적 분석 여부를 결정하고, 양적 분석의 경우 통계 프로그램(예: SPSS, SAS)을 사용하여 자료분석을 실시한다.

(7) 결과 해석 및 발표

수집된 자료를 분석한 다음에는 결과를 해석하고 발표하는데, 이 단계가 연구 절차의 마지막에 해당한다. 즉, 자료에 대한 통계분석(statistical analysis)을 통해 나온 결과가 연구문제를 해결할 수 있는지 확인한다. 통계 기법을 자료에 적용하여 분석하는 통계분석은 이론적으로나 실제적으로 의미 있는 결과의 해석이 필요하다. 연구결과를 보고하는 방식에는 보고서, 학위논문, 학술지 게재 논문 작성, 학술대회 발표 등이 있다.

## 2 아동관찰의 절차 및 유형

### 1) 관찰의 목적 및 필요성

관찰법은 아동의 행동을 연구하는 가장 직접적이고 대표적인 방법이며, 현장 상황에서 가장 보편적으로 사용되는 연구방법이다. 관찰은 대상 행동을 특정한 방식으로 추적하는 과학적인 절차이므로 관찰자는 누구를 관찰대상으로 할 것인지, 관찰결과를 어떻게 기록할 것인지, 관찰한 행동에 대해 어떻게 설명할 것인지를 잘 알고 있어야 한다(Bentzen, 2008).

아동을 대상으로 연구를 실시할 경우 다른 연구방법에 비해 관찰의 방법이 가장 효과적이다. 아동, 특히 영유아는 언어 능력이 아직 발달 중이어서 연구자에게 자신의 다양한 행동 특성을 언어로 직접 보고하기는 어렵다. 따라서 영유아의 행동 특성을 이해하고자 할 경우 일상적인 활동을 관찰함으로써 영유아에 대해 보다 정확하게 파악할 수 있다. 특정 행동이 일어난 이유를 알고자 할 때도 관찰 내용에 대한 현장기록을 분석함으로써 예측할 수 있다(Irwin & Bushnell, 1980).

## 2) 관찰의 유형

　관찰연구에서 관찰의 종류나 유형을 구분하는 방식은 학자들에 따라 일부 차이가 있다. 일반적으로 관찰의 조직화 정도에 따라 자연관찰과 체계적 관찰로 구분되고(Cozby & Bates, 2018), 관찰자의 참여 여부에 따라 참여관찰과 비참여관찰로 구분된다.

### (1) 자연관찰과 체계적 관찰

　자연관찰(naturalistic observation)은 관찰대상 아동이 일상적인 활동을 하고 있는 자연스러운 상황에서 다양한 기법을 사용하여 자료를 수집하는 방법으로서, 특정 상황에서 아동이 어떻게 행동하며 경험하는지를 기술하고 이해하고자 할 때 사용된다. 자연관찰에서는 관찰 시간이나 간격을 일률적으로 정하지 않고 일상적 활동을 자세하게 관찰하여 기록한다(이은해, 이미리, 박소연, 2006).

　자연관찰을 하려면 관찰이 이루어지는 상황에 깊이 몰입해야 한다. 자연관찰을 사용하는 연구자는 상황의 물리적 특징, 그 상황에서 일어나는 사회적 상호작용의 유형과 거기서 일어나는 전형적인 행동 등 모든 것을 관찰하고 기술한다. 자연관찰의 목적은 관찰자가 관심이 있는 상황의 전체 내용을 정확하게 파악하는 것이므로 탐색적 연구과정에서 사용되는 경향이 있다. 자연관찰을 통해 수집된 자료를 바탕으로 하여 특정 현상에 대한 가설이나 이론이 형성되기도 한다(이순형 외, 2014).

　체계적 관찰(systematic observation)은 특정 상황에서 발생하는 구체적인 행동에 대해 면밀히 관찰하여 자료를 수집하는 방법이다. 체계적 관찰의 목적은 아동이 보이는 행동들 간의 관계에 대해 연구자가 미리 설정해 놓은 가설을 검증하는 것이다. 체계적 관찰은 구조적 관찰 또는 통제된 관찰이라고도 불리며, 관찰할 행동이나 시간을 미리 구체적으로 계획하고 관찰 상황과 내용을 구조화하여 진행하는 관찰을 의미한다.

## (2) 참여관찰과 비참여관찰

참여관찰(participant observation)은 관찰 상황의 구성원으로서 적극적인 역할을 하면서 관찰하는 것이며, 비참여관찰은 관찰 상황에 참여하지 않고 외부인으로서 관찰하는 것이다. 먼저, 참여관찰은 관찰자가 관찰대상의 일상생활에 참여하여 실제 구성원으로 관찰을 수행하는 방법이다. 이처럼 참여관찰은 연구자가 내부인으로서 관찰하므로 실제 구성원과 동일한 방식으로 사건을 경험한다. 따라서 다른 관찰방법으로는 얻기 어려운 질적인 자료를 수집할 수 있는 장점이 있는 반면, 관찰자가 관찰자의 역할과 참여자의 역할을 동시에 수행하므로 객관적 관찰이 어려울 수 있다는 단점이 있다.

비참여관찰(non-participant observation)은 관찰자가 물리적·심리적 거리를 유지하기 때문에 편향의 위험이 적고 객관적 관찰이 가능하지만, 관찰 상황에서 일어나는 사건들에 대한 접근성은 낮다. 관찰자의 참여는 참여 여부로 구분되기도 하지만, 관찰자가 참여자의 역할을 함께 수행하는 경우에는 참여의 정도에 따라 구분되기도 한다. 관찰 상황의 외부자로서 관찰하는 것과 구성원이 되어 완전히 몰입한 상태에서 관찰하는 것 사이에 중도적 역할을 하는 관찰 방식도 있는데, 비참여관찰을 하다가 시간이 경과하면서 관찰대상 집단에 참여하거나 활동에 참여하기도 한다.

## 3) 관찰의 절차

관찰의 방법을 이용하여 아동의 행동 특성을 연구하려고 할 경우 관찰의 계획, 관찰의 수행 및 기록, 관찰결과의 분석 및 해석의 절차에 따라 관찰연구를 진행한다.

### (1) 관찰의 계획

관찰을 계획할 경우 연구목적과 연구문제에 적합한 관찰대상과 관찰범위를 선정하고, 관찰기록 방법을 결정하며, 관찰자 훈련을 준비해야 한다. 아동행동 관찰의 계획 단계에서 고려할 사항은 다음과 같다.

### ① 관찰자의 역할 선택

연구자가 관찰자, 참여자, 참여관찰자 등의 역할 중 어떤 역할을 담당할 것인지를 결정한다.

### ② 관찰대상의 선정

관찰에는 많은 시간과 노력이 소요되므로 시간과 자원이 낭비되지 않도록 연구자는 사전에 충분한 검토를 통해 연구목적에 적합한 관찰대상을 선정한다. 연구문제에 따라 관찰대상 집단을 선정하게 되므로 구체화된 연구문제를 토대로 하여 관찰대상을 선정한다.

### ③ 관찰범위의 결정

관찰대상이 정해지면 관찰대상의 행동을 어느 정도의 범위까지 관찰할 것인지에 대해 결정한다. 관찰시간에 발생하는 모든 행동을 관찰하여 기록할 것인지, 아니면 선별된 일부 행동만을 관찰하여 기록할 것인지를 결정한다. 관찰범위를 결정할 때 관찰대상 행동의 일반적 범주를 정해 놓고 관찰을 진행하면서 관찰대상 행동을 구체화할 수도 있다.

관찰범위를 결정할 경우 관찰대상의 행동 범위와 함께 관찰시간, 관찰장면의 범위도 결정한다. 예를 들어, 5세 유아들을 관찰대상으로, 이들의 놀이 상호작용을 관찰행동으로 선정하고, 어린이집 5세 보육실의 실내 흥미 영역을 관찰장면으로, 흥미 영역에서의 놀이시간을 관찰시간으로 결정한다.

### ④ 관찰결과 기록방법의 선택

관찰대상 아동의 특정 행동 특성 및 행동의 범위를 결정하고 나면 실제 관찰을 수행하고 이를 어떠한 방법으로 기록할 것인지를 결정한다.

⑤ 관찰자의 선정 및 훈련

실제 관찰을 수행하기 위한 기본적인 계획을 수립하고 나면 누구를, 몇 명을 관찰자로 할 것인지를 결정하고 관찰자를 훈련시키는 과정이 필요하다. 관찰연구가 과학적이고 정확하게 수행되기 위해서는 관찰자 훈련을 통해 숙련된 관찰자가 되도록 해야 한다. 특히 관찰자가 여러 명인 경우에는 관찰자 간에 관찰기록의 불일치가 발생하지 않도록 충분한 훈련이 이루어져야 한다.

(2) 관찰의 수행 및 기록

실제 관찰을 수행할 경우 관찰대상에 대한 기본 정보를 미리 알아 두고, 관찰대상 아동이 관찰자를 너무 의식하지 않도록 관찰자와 관찰대상이 서로 친근해지는 시간을 가지는 것도 관찰을 수행하는 데 도움이 된다. 관찰을 진행하는 동안 여러 가지 돌발적인 상황이 발생할 수 있다. 예를 들어, 관찰상황에서 아동이 관찰자에게 말을 걸기도 하므로 이 경우 적절하게 설명하고 관찰을 지속한다.

관찰의 기록은 관찰할 때 바로 하는 것이 좋으나, 관찰내용을 관찰현장에서 기록하기 어려울 경우에는 비디오 촬영 등의 방법을 활용할 수 있다. 관찰한 내용을 기록하는 방법에는 어떤 기록방법을 선택했는지에 따라 대표적으로 일화기록법, 시간표집법, 사건표집법, 행동목록법, 평정척도법 등이 있다.

① 일화기록법

일화기록(anecdotal record)은 어떤 아동의 특정 행동에 대해 객관적으로 기술하는 방법이다. 일화기록은 특정 행동의 양상을 이해하기 위해 사용된다.

한 아동이 보이는 주목할 만한 행동을 설명하기 위하여 발달과정을 추적하기 위한 목적으로 사용될 수 있다. 일화기록은 객관적인 성격을 띠지만 기록된 사건에 대해 설명하거나 해석을 추가할 수 있다(2장 일화기록법 참조).

### ② 시간표집법

시간표집(time sampling)은 정해진 시간 동안 특정 행동이 발생하는 빈도를 기록하기 위한 방법으로 관찰할 행동, 관찰을 실시할 시간 간격, 1회의 관찰시간을 정해 놓고 관찰하는 방법이다. 관찰자는 정해진 시간 동안 대상 행동을 관찰하며 동일한 시간 내에 발생한 다른 행동은 무시한다(3장 시간표집법 참조).

### ③ 사건표집법

사건표집(event sampling)은 관찰대상 행동이 특정한 상황에서 발생하는 경향이 있거나 빈번히 발생하지 않을 때 사용하는 방법으로, 행동의 원인과 결과를 파악할 수 있다. 관찰자는 관찰대상 행동이 발생할 가능성이 높은 시간이 언제인지를 알고 그 행동이 발생하기를 기다린다(4장 사건표집법 참조).

### ④ 행동목록법

행동목록(checklist)은 범주별로 나열된 행동의 목록으로, 관찰자가 아동이 어떤 행동을 보였는지의 여부를 기록하는 데 사용된다. 이 방법은 여러 행동을 관찰해야 할 경우 관찰된 행동을 신속하게 기록하는 데 도움이 되며 사용하기 편리하다(5장 행동목록법 참조).

### ⑤ 평정척도법

평정척도(rating scale)는 발생하는 행동의 정도까지 기록하는 방법으로, 다양한 형태의 평정척도가 있으며, 숫자를 사용하는 방식과 도식적인 방식이

주로 사용된다. 숫자를 사용하는 평정척도의 예로는, '전혀 그렇지 않다'를 1점, '조금 그렇지 않다'를 2점, '보통이다'를 3점, '조금 그렇다'를 4점, '매우 그렇다'를 5점으로 제시한다. 도식적인 평정척도는 관찰대상 행동의 정도를 일직선상에 제시해 두고 관찰자가 대상 행동의 정도를 제시된 특정 위치에 표시하여 기록하는 방식이다(6장 평정척도법 참조).

### (3) 관찰결과의 분석 및 해석

관찰내용의 기록이 완료되면 기록된 자료를 분석하고 해석하는 절차를 진행한다. 관찰자료를 분석하는 방법은 기록방법에 따라 차이가 있으므로 연구자가 선택한 기록방법에 적합한 방식으로 자료를 분석한다. 예를 들어, 행동목록법을 이용해 특정 행동의 발생 빈도를 기록한 경우 빈도분포를 이용해 분석할 수 있다.

> **▶ 더 알아보기** **관찰법의 장단점**
>
> **✱ 관찰법의 장점**
> • 구조화된 검사도구를 사용하여 측정할 수 없는 정보를 수집할 수 있다.
> • 아동의 일상생활에서 나타나는 행동의 발생 원인을 확인할 수 있다.
> • 관찰과정에서 필요하다고 판단되는 행동에 초점을 맞추어 자료를 수집할 수 있다.
>
> **✱ 관찰법의 단점**
> • 관찰상황에서는 수많은 행동이 발생하므로 관찰자가 중요한 행동을 놓칠 수 있다.
> • 관찰자의 주의가 산만해질 경우 관찰의 일관성이 떨어질 수 있다.
> • 관찰자가 가지고 있던 기존 생각이 관찰내용의 해석에 영향을 미칠 수 있다.
> • 관찰내용을 맥락 내에서 해석하지 않거나 드물게 나타나는 행동을 일반적인 행동으로 잘못 판단할 수 있다.

출처: Wortham & Hardin (2020).

더 알아보기   **아동행동연구를 위한 관찰법 사용 시 주의사항**

- 관찰 장소와 시간은 관찰의 유형과 목적에 따라 선정한다.
- 관찰자는 아동의 주의가 산만해지지 않고 일상 활동에 참여하도록 한다.
- 관찰자는 관찰결과를 활용할 때 아동의 개인정보가 노출되지 않도록 한다.
- 관찰자는 자신의 경험이나 배경이 관찰내용 해석에 영향을 미치지 않도록 한다.

출처: Wortham & Hardin (2020).

# 참 고 문 헌

김아영(2000). 관찰연구법. 서울: 교육과학사.

이순형, 이혜승, 권혜진, 이영미, 정윤주, 한유진, 성미영, 권기남, 김정민(2014). 아동 관찰 및 행동연구(2판). 서울: 학지사.

이은해, 이미리, 박소연(2006). 아동 연구방법의 이해. 서울: 학지사.

정옥분, 임정하, 김경은(2014). SPSS를 활용한 생활과학 연구방법론. 서울: 학지사.

조복희(2008). 아동연구의 방법. 경기: 교문사.

황해익, 최혜진, 권유선(2021). 아동관찰 및 행동연구(3판). 경기: 공동체.

Bentzen, W. R. (2008). *Seeing young children: A guide to observing and recording behavior* (6th ed.). Albany, NY: Delmar.

Cozby, P. C., & Bates, S. (2018). *Methods in behavioral research* (13th ed.). Boston, MS: Mc-Graw Hill.

Irwin, D., & Bushnell, D. (1980). *Observational strategies for child study*. New York, NY: Holt.

Mitchell, M. L., & Jolley, J. M. (2010). *Research design explained* (7th ed.). New York, NY: Harcourt College Publishers.

Wortham, S. C., & Hardin, B. J. (2020). *Assessment in early childhood education* (8th ed.). Upper Saddle River, NJ: Pearson Education.

# 제2부

# 아동행동연구를
# 위한 관찰방법

제2부에서는 아동행동연구를 위한 다양한 관찰방법 중
일화기록법, 시간표집법, 사건표집법, 행동목록법, 평정척
도법의 특징, 작성요령, 실제, 장단점에 대해 다룬다.

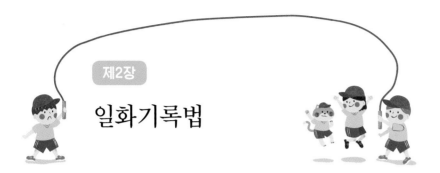

제2장

# 일화기록법

## 1 일화기록법의 특징

일화기록법은 시간이나 장소에 구애받지 않고 아동의 특정 행동이나 사건에 초점을 맞추어 이를 사실적으로 기록하는 방법이다. 보육 현장에서 아동의 문제행동을 파악하는 데 도움이 되고, 실시하기가 용이하여 가장 많이 사용되고 있는 관찰의 한 형태다.

일화기록법은 다음과 같은 특징이 있다(이은해, 이미리, 박소연, 2006; 황해익, 2012; Goodwin & Driscoll, 1980). 첫째, 일화기록은 어떤 사건이나 행동에 대한 사실적이고 객관적인 기록이다. 직접적 관찰을 통해 사건이나 행동에 대해 정확하고 구체적으로 기록한 것이다. 둘째, 일화기록은 직접적 관찰방법 중 가장 쉽고 간단한 기록방법이다. 행동에 대한 특정한 범주나 부호를 가지고 기록하는 것이 아니라, 특별한 준비나 계획 없이 관찰자가 흥미를 가지는 사건이나 행동에 대해 언제라도 기록할 수 있다. 셋째, 일화기록은 예기치 못한 행동에 대한 기록이다. 보육 현장에서 아동이 보이는 우발적인 행동을 기록하는 데 용이한 방법이다. 넷째, 일화기록은 관찰자가 관심을 가지는 특정한 행동이나 영역에 초점을 둔다. 예를 들어, 어린이집 적응 기간에 아동이 등원하는 과정에서 보이는 표정, 울음소리, 몸짓 등을 기록함으로써 아동의 어린이집 적응을 파악할 수 있다. 다섯째, 관찰대상 아동의 특별하거나 의미 있는 행동뿐만 아니라 전형적인 행동을 기록하며, 그 사건이나 행동이 발생한 맥락을 포함한다. 하나의 일화기록에는 하나의 사건이 기록되어 있어야 하나, 그 사건이 일어난 상황에 대한 관찰이 함께 기록되어야 한다.

> **더 알아보기**  **일기기록법**
>
> **일기기록법**은 아동이 일상생활에서 경험하는 사건들을 일기식으로 기술한 것으로, 찰스 다윈이나 페스탈로치가 자녀를 관찰하여 기록한 아동전기에서 사용한 관찰방법이다. 한 아동을 대상으로 자연스러운 상황에서 아동의 행동이나 사건을 기록하는 것은 오랜 시간이 걸리므로, 부모나 친척과 같은 이들에 의해 기록이 이루어졌다.
>
> 일기기록법은 종합적 일기와 주제별 일기로 구분된다(김지은, 2008). 종합적 일기는 아동의 행동 전반에 대해 기록하는 것이고, 주제별 일기는 언어발달이나 신체발달과 같은 특정 발달을 기록하는 것이다.
>
> 일기기록법은 상세하고 영구적인 기록을 제공하며, 발달의 연속적 과정을 볼 수 있고, 행동의 연속성을 중시하여 환경을 비롯한 다양한 측면에서 아동의 행동과 발달을 확인할 수 있다. 또한 연구자가 특별한 훈련 없이 자유롭게 기록할 수 있다는 장점을 가지고 있다.
>
> 반면에 일기기록법은 관찰대상을 선택할 때 편파적이라는 단점이 있다. 첫째, 관찰자는 관찰하기에 용이한 자신의 자녀나 친척을 대상으로 하여 관찰하기 때문에 표본의 대표성이 결여되어 있다. 둘째, 주관적으로 기록된다. 관찰자 대부분이 부모나 친척으로 애정적인 관계를 가지고 있으므로, 관찰기록의 신뢰성이 낮고 객관성이 결여된 해석을 할 수 있다. 셋째, 시간과 자원 사용이 비효과적이다. 관찰지기 아동을 매일매일, 1년가량 관찰하는 것은 시간과 비용이 많이 든다. 넷째, 관찰대상이 제한적이다. 관찰대상이 하나 혹은 소수에 한정되어 비교할 수 있는 사례가 니무 적어 일반화하기에 어려움이 있다.

## 일화기록법의 예

| 관찰영아 | 2세 여아 | 관찰일시 | 20○○년 3월 23일~3월 28일 |
|---|---|---|---|
| 관찰자 | 교사 ○○○ | 관찰장소 | ○○어린이집 교실 |
| 관찰장면 | [낮잠 시간]<br>3월 24일  낮잠을 자기 싫다고 의자에 앉아 있다.<br>3월 25일  낮잠을 자기 싫다고 하면서 교사의 말에 따라 매트에 앉아 있다.<br>3월 26일  이불에 앉아 있다.<br>3월 27일  이불에 눕기 싫다고 하면서 교사의 반응을 살핀다. 교사에게 안겨 있다.<br>3월 28일  교사에게 안긴 채 교사가 이불 위에 누우니, 못 이기는 척 안겨 낮잠을 잔다.<br><br>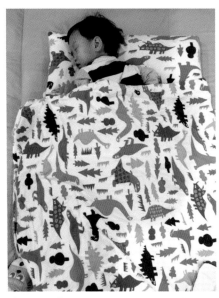<br><br>[사진 2-1] 낮잠을 자고 있는 영아의 모습 |

## ② 일화기록의 작성요령 및 작성양식

### 1) 일화기록의 작성요령

일화기록에서 구체적인 관찰지침은 다음과 같다(송인섭 외, 2001; 이순복 외, 2013; 전남련 외, 2014; 황해익, 2012).

**▌ 사건이나 행동이 발생한 후 즉시 기록한다**

관찰자는 항상 필기도구와 메모지를 준비하여, 아동의 행동이 발생하면 즉시 기록하여야 한다. 현실적으로 상황이 여의치 않을 경우에는 핵심어를 적어 두었다가 추후에 기록한다. 육하원칙(언제, 어디서, 누가, 무엇을, 어떻게, 왜)에 따라 간단히 메모하여 나중에 기록한다.

**▌ 관찰대상의 말과 행동을 구별해서 기록한다**

관찰대상 유아가 한 말과 행동을 구별하여 구체적으로, 간단명료하게 기록한다.

**▌ 관찰대상이 사용한 말을 인용부호(" ")를 사용해서 그대로 인용한다**

대화의 정확한 의미를 파악하기 위해 관찰대상이 한 말과 행동을 그대로 기록하는 것이 중요하다.

**▌ 관찰대상의 말과 행동뿐만 아니라 다른 사람들의 반응도 기록한다**

관찰대상 유아가 처한 상황에 포함된 또래들의 응답이나 반응 역시 행동과 말로 구분하여 있는 그대로 기술한다.

### 상황적인 자료를 반드시 기록에 포함한다

관찰날짜, 관찰시간, 관찰장소, 진행 중인 활동, 관찰대상의 이름, 연령, 관찰자 등을 기록함으로써 행동이나 사건의 배경을 확인할 수 있다.

### 일관성 있게 기록한다

관찰대상 아동의 행동에 대해 기록할 때 동일한 용어로 일관성 있게 기록해야 한다. 관찰대상 아동이 놀이를 하지 않는 상황인 경우 무표정하게 있다거나 가만히 있었다거나 말없이 있었다는 등 다양하게 표현이 가능하므로, 이러한 상황에 대해 주관적으로 다르게 해석할 수 있다. 이러한 점을 방지하기 위해 같은 행동이나 사건은 동일한 용어로 일관성 있게 기록하는 것이 필요하다.

### 발생 순서대로 기록한다

일화는 일어난 순서대로 기록하는 것이 바람직하다. 일화기록은 계속적으로 그 기록이 보존되어야 진단적인 의미를 가질 수 있으므로, 동일한 관찰대상 아동에 대해 장기간의 누적적인 관찰기록이 필요하다. 아동의 행동에 대한 일화기록은 계획적으로 보존될 때 아동에 대한 정확한 이해를 가능하게 한다. 여러 시기에 일어난 발달상의 다양한 일화를 수집하기 위해 포트폴리오를 확인하기도 한다.

### 객관적이고 사실적으로 기록한다

관찰자의 주관적인 편견이 들어가지 않도록 관찰대상 아동의 행동에 대해 객관적이고 사실적으로 기록한다. 사실적인 기록을 위해 관찰대상 아동의 활동 결과물이나 사진 등 기타 참고 자료를 같이 사용할 수 있다. 관찰자의 주관적인 편견이 개입되면 관찰결과는 아동의 일화기록이 아닌 연구자 또는 상담자의 감상문으로 변질될 가능성이 있으므로 주의해야 한다.

▌관찰자의 해석이나 평가는 명확하게 구분하여 기록한다

일화기록은 사건이나 행동에 대한 사실적 기록에 의의가 있으므로, 실제
발생한 내용의 기록과 관찰자의 의견이나 해석을 구별하여 기록해 혼동을
주지 않도록 한다. 사건과 해석이 혼합되어 있으면 관찰내용에 대한 객관성
을 잃을 뿐 아니라 해석이나 진단이 곤란하고 사람에 따라 다르게 해석할 가
능성이 있기 때문이다.

⟨표 2-1⟩에는 일화기록의 옳은 예와 나쁜 예(안선희 외, 2021)가 제시되어
있다.

 표 2-1  일화기록의 옳은 예와 나쁜 예

| 옳은 예 | 나쁜 예 |
| --- | --- |
| 밀가루 점토를 주먹만큼 떼어 친구에게 주었다. | 은이는 밀가루놀이를 좋아한다. |
| 하품을 한다. | 서연이는 너무 수줍어한다. |
| 미영이는 윤선이 어깨에 손을 올렸다. | 윤선이는 놀란 것처럼 보였다. |
| "친구에게 미안하다고 사과했어요." | 기호는 항상 친구들을 괴롭힌다. |
| "선생님, 기분이 좋아요." | 행복한 얼굴이다. |
| "선생님, 배가 아파요." | 미연이는 배가 아프다고 말하였다. |

출처: 안선희 외(2021).

## 2) 일화기록의 작성양식

일화기록법은 별도의 양식 없이 기록할 수 있으나 다음과 같은 양식을 사
용하여 기록할 수도 있다. 다양한 일화기록 양식의 예가 제시되어 있는데,
⟨표 2-2⟩에 제시된 양식은 일화기록에 필요한 기초적인 사항들은 상세히 기

록하도록 되어 있으나, 일화만을 기록하도록 되어 있다. 〈표 2-3〉과 〈표 2-4〉
에 제시된 양식은 발달영역에 주안점을 두고 기록하도록 되어 있다. 〈표 2-5〉
에 제시된 양식은 관찰내용과 해석을 구분하여 기록하도록 되어 있다.

표 2-2  일화기록 양식의 예 1

| 관찰아동 | | 관찰일 | |
|---|---|---|---|
| 현재 연령 | | 관찰시간 | |
| 관찰자 | | 관찰장면 | |

출처: 한국보육진흥원(2011).

표 2-3  일화기록 양식의 예 2

관찰아동:                생년월일:                성별:
관찰자:                  관찰일:                  관찰시간:
관찰일 현재 아동의 연령:

관찰장면:

___

기록

발달영역:

___

요약:

___

출처: 전남련 외(2014).

🦆 표 2-4  **일화기록 양식의 예 3**

| 관찰아동: | 생년월일: | (남/여) |

관찰일:

관찰자:

관찰장면:

기록

발달영역:

출처: 김지은(2008).

🦆 표 2-5  **일화기록 양식의 예 4**

| 관찰영아 | | 관찰일시 | | 관찰일 | |
|---|---|---|---|---|---|
| 관찰자 | | 관찰장소 | | | |
| 누리과정 영역 | | | | | |
| 관찰장면 | | | | | |
| 기록 | | | | | |
| 해석 및 평가 | | | | | |

출처: 안선희 외(2021).

교실에서는 이렇게

## 일화기록법의 예

| 관찰자 | 이지수 | 관찰일시 | 20○○년 8월 23일 목요일 1시 10분~1시 15분 |
|---|---|---|---|
| 유아명 | 유○○ | 성별 | 남 |
| 관찰장면 (장소) | 레고 영역 책상 | | |
| 관찰상황 (놀이상황) | 책상 위에서 레고놀이를 하고 있다. | | |

### 관찰내용

친구들과 레고를 가지고 놀고 있다. 자동차를 들더니 "변신"이라고 외치고 비행기를 가지고 와서 자동차 위에 올리더니 "합체"라고 한다. "슝~슝~" 하며 책상을 2바퀴 돈다. △△이가 비행기를 뺏어 높이 올리자 "내놔, 내놔." 하면서 울려고 한다. "선생님, △△가 제 비행기를 뺏었어요."라고 말한다. 비행기를 주자 비행기와 자동차를 가지고 도서 영역 매트 위로 간다.

[사진 2-2] 레고놀이를 하는 남아의 모습

| 평가 | ○○이는 놀잇감을 친구들에게 자주 뺏기곤 한다. 그럴 때마다 화가 난 목소리로 달라고 하거나 선생님한테 도움을 요청한다. |
|---|---|

## 3 일화기록법의 실제

### 1) 영아

여기에서는 영아 대상 일화기록법의 실제로 상호작용(등하원), 식습관, 낮 잠 및 휴식 사례를 제시한다.

### (1) 상호작용(등하원)

| 관찰영아 | 2세 여아 | 관찰일시 | 20○○년 3월 9일 10시 |
|---|---|---|---|
| 관찰자 | 교사 ○○○ | 관찰장소 | ○○어린이집 교실 |
| 관찰장면 | ○○이가 어린이집 교실 앞에서 울고 있다. ○○이를 본 교사가 다가와 "○○이 왔구나." 하고 인사한다. 교사가 ○○이를 안고 "엄마, 안녕. 이따 만나요." 하자 ○○이가 울먹이며 교사를 따라 "안녕." 하고 엄마에게 인사한다. ○○이의 엄마가 교사에게 간식컵을 주려 하자 ○○이가 엄마를 보고 울기 시작한다. ○○이의 엄마는 "○○아, 엄마 다녀올게." 하고 교실을 떠난다.<br><br><br>[사진 2-3] 등원 시 엄마와 인사하는 2세 영아 | | |
| 평가 | 초기 적응 시 부모와의 분리 상황에서 울음을 보이는 영아의 경우, 교사가 안아 주고 부모와 다시 만나는 것을 상기시켜 주면 안정을 찾는 데 도움이 된다. | | |

## (2) 식습관

| 관찰영아 | 2세 여아 | 관찰일시 | 20○○년 6월 8일 11시 30분~12시 30분 |
|---|---|---|---|
| 관찰자 | 교사 ○○○ | 관찰장소 | ○○어린이집 교실 |
| 관찰장면 | | | 영아들이 손을 씻고 자리에 앉는다. 교사와 함께 감사 인사를 하고 점심을 먹기 시작한다. 음식으로 나온 재료에 대해 이야기를 나누기 시작한다.<br><br>교사: (김을) 먹으면 바다 냄새가 나요.<br>아동: 먹으면 입에서 바다 냄새 나요?<br>아동: 이건 먹으면 시원해요.<br><br>점심시간 동안 교사는 영아들에게 바른 자세로 먹도록 유도하였고, 젓가락의 위험성에 대해 이야기하였다.<br><br><br><br>[사진 2-4] 밥과 반찬(해산물/해조류)을 먹고 있는 2세 영아 |
| 평가 | | | 점심시간에는 새로운 음식에 대한 거부감을 느끼지 않고, 편식을 하지 않도록 지도한다. |

## (3) 낮잠 및 휴식

| 관찰영아 | 2세 남아 | 관찰일시 | 20○○년 5월 11일 14시 30분~16시 |
|---|---|---|---|
| 관찰자 | 교사 ○○○ | 관찰장소 | ○○어린이집 교실 |
| 관찰장면 | 낮잠 시간에 교사가 "모두 자리에 누워요."라고 하자, ○○이가 "엄마 보고 싶어." 하면서 눈물을 흘린다. "○○이가 코 자고 일어나서 간식 먹고 나면 엄마가 오실 거야."라고 하며 교사가 ○○이 옆에 누워 토닥여 준다.<br><br>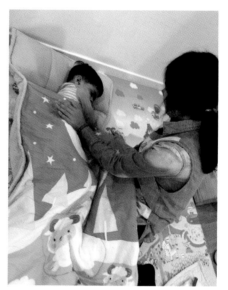<br><br>[사진 2-5] 2세 영아를 토닥이며 재우는 교사의 모습 | | |
| 평가 | 낮잠 시간에는 영아가 편하게 잠을 잘 수 있도록 쾌적한 환경을 조성해 주어야 한다. 일부 영아는 낮잠 시간에 부모를 찾는 경우가 있으므로, 안정감을 느낄 수 있도록 토닥여 주고 자장가를 틀어 주는 등 도와주어야 한다. | | |

## 2) 유아

여기에서는 유아 대상 일화기록법의 실제로 식습관, 자조행동(정리), 대소
집단활동 사례를 제시한다.

### (1) 식습관

| 관찰영아 | 3세 여아 | 관찰일시 | 20○○년 6월 15일 10시~10시 30분 |
|---|---|---|---|
| 관찰자 | 교사 ○○○ | 관찰장소 | ○○어린이집 교실 |
| 관찰장면 | (유아와 함께 연두부, 양념장을 보면서) 교사가 "이 연두부가 지금 어떤지 살펴볼까요?"라고 묻는다. "이거 차갑죠?"라는 말에 교사가 "그럴까?"라고 물어보니 유아는 직접 만져 보았고, "아니네. 따뜻해요."라고 간식 메뉴에 대해 이야기를 나누었다. 유아들은 〈거미가 줄을 타고 올라갑니다♬〉 노래를 부르면서 먹었다.<br><br><br><br>[사진 2-6] 두부 간식을 먹고 있는 유아의 모습 |
| 평가 | 식사 시간에는 유아의 연령에 맞추어 식생활 지도를 하여야 한다. 음식의 맛, 형태에 관심을 가질 수 있도록 언어적 상호작용을 한다. |

## (2) 자조행동(정리)

| 관찰영아 | 4세 여아 | 관찰일시 | 20○○년 6월 15일 11시～11시 30분 |
|---|---|---|---|
| 관찰자 | 교사 ○○○ | 관찰장소 | ○○어린이집 교실 |
| 관찰장면 | 교사가 정리 시간을 알린다. "애들아～ 정리합시다." ○○이는 자기가 가지고 놀던 장난감을 들고 제자리에 놓으려다 다시 놀이를 시작한다. 갑자기 땅에 있던 장난감을 마구 흐트러뜨린다.<br>친구 △△이가 (장난감을 흐트러뜨리는 ○○이를 보며) "○○아, 치워."라고 이야기하자 ○○이가 정리를 시작한다. 공룡을 찾아서 바구니에 분류하기 시작한다. 인형을 정리하다가 관심을 보이며 만지다가 친구가 오니까 다시 정리를 시작한다. 돌아다니며 그림을 보고 친구가 잘못 넣은 장난감들은 제대로 찾아서 다시 정리한다. 친구가 장난감 던지기를 시작하니까 잠시 관찰한 후 따라서 던지기를 한다. 정리하던 중 친구와 부딪힌다. △△이가 "너 때문에 이거 맞았잖아."라고 하자 ○○이가 (친구의 말에 바로) "미안해."라고 하고 친구를 도와서 정리한다. ○○이는 (친구가 혼자 바구니를 들고 가는 것을 보고 친구에게) "우리 같이 하자."라고 이야기하고 친구는 고개를 끄덕이며 함께 바구니를 옮긴다.<br><br><br>[사진 2-7] 유아가 바구니에 장난감을 정리하는 모습 |
| 평가 | 놀잇감을 세자리를 찾아 넣을 수 있고, 협력하여 정리를 할 수 있다. |

## (3) 대소집단 활동

| 관찰영아 | 5세 남아 | 관찰일시 | 20○○년 10월 12일 11시~11시 30분 |
|---|---|---|---|
| 관찰자 | 교사 ○○○ | 관찰장소 | ○○어린이집 교실 쌓기 영역 |
| 관찰장면 | 쌓기 영역에서 블록으로 만들기를 하고 있다. ○○이는 친구들과 같이 있지만 놀이에는 참여하지 않고 있다. 교사가 다가가 ○○이에게 말을 건다.<br><br>교사: 그게 뭐예요? 앵무새예요?<br>아동: (블록을 보여 주며 조그마한 소리로) 앵무새.<br>교사: 안 들려요, 뭐라고요?<br>아동: 앵무새.<br>교사: 그게 뭐예요? 날아다녀요?<br>아동: (왔다 갔다 하더니 제기를 들고 와서는 선생님께 보여 주며) 둥지.<br><br>○○이가 만들어 놓은 앵무새 블록과 둥지를 자랑하려고 선생님을 부르러 간다.<br><br>교사: 이거 둥지를 만들어 놓으니 훨씬 예쁜데요? ○○이 잘했네~<br>아동: (환하게 웃는다.)<br><br><br>[사진 2-8] 5세 남아가 블록으로 만들기를 하고 있는 모습 | | |
| 평가 | 자유선택활동 시간에 교사는 아동과의 상호작용을 통해 놀이에 대한 안내자 역할을 해야 한다. 아동이 성취한 것에 대해 칭찬과 격려를 하고, 성취감을 느낄 수 있도록 지원한다. | | |

**연구에서는 이렇게**

한옥미(2017). 유아 사회·정서발달 평가에 대한 교사의 인식 및 현황. **영유아교육: 이론과 실천**, **2**(1), 65-83.

현재 교실 또는 기관에서 사용하고 있는 유아 사회·정서발달 평가방법의 유형에 따르면 일화기록법이 88.8%로 유아 사회·정서발달 평가를 위해 가장 많이 사용되고 있었다. 다음으로 체크리스트가 67.6%, 질문지법이 63.8%, 포트폴리오가 55.9% 순으로 유아 사회·정서발달 평가를 실시하는 교사의 과반수 이상이 사용하고 있는 것으로 나타났다. 반면에 교사제작 검사법이 19.7%로 다른 평가방법에 비해 적게 사용되고 있었다. 즉, 교사들은 유아 사회·정서발달 평가를 위한 평가방법의 유형으로 일화기록법과 체크리스트를 가장 많이 사용하였다.

**연구에서는 이렇게**

안부금, 김평호(2017). 자가진단 루브릭에 근거한 피드백 전략이 예비유아교사의 일화기록 작성 능력과 반성적 사고에 미치는 영향. **어린이문학교육연구**, **18**(3), 363-387.

이 연구의 목적은 자가진단 루브릭에 근거한 피드백 전략이 예비유아교사의 일화기록 작성 능력과 반성적 사고에 어떤 영향을 미치는지 알아보는 것이다. 연구결과, 루브릭에 근거한 피드백 전략이 예비유아교사의 일화기록 작성 능력을 향상시켰으며, 구체적으로 피드백의 수용성과 활용도의 증가, 기록과 분석에 대한 수준 향상, 관찰 및 유아발달에 대한 관심 증가가 나타났다. 또한 반성적 사고 수준도 향상된 것으로 나타났으며, 특히 오류 인식, 생각의 변화에 큰 영향을 끼친 것으로 나타났다. 일화기록 작성을 위한 효과적인 교사교육 방법으로 자기진단 루브릭에 근거한 피드백 전략이 하나의 방법이 될 수 있음을 시사하였다.

# 4 일화기록법의 장점과 단점

## 1) 일화기록법의 장점

일화기록법의 장점은 다음과 같다(안선희 외, 2021; 이정환, 박은해, 2011).

❚ 시간이 많이 필요하지 않다

일화기록법은 중요한 행동이나 사건을 중심으로 하여 간결한 형식으로 짧게 기록하기 때문에 표본식 기술에 비해 시간이 많이 들지 않는다는 장점이 있다.

❚ 간편하게 기록할 수 있다

일화기록법은 특별한 사전 준비 없이 진행할 수 있으므로, 다른 관찰방법에 비해 실시하기에 간편하다. 또한 영유아의 우발적인 행동을 기록하는 데 유용하며, 특별한 양식 없이 쉽게 기록할 수 있어 편리하다.

❚ 정확하고 분명한 기록을 남길 수 있다

일화기록법을 통해 아동의 언어나 행동에 초점을 두어 관찰함으로써 명확하고 분명하게 당시의 상황을 기록할 수 있다.

❚ 관찰의 초점이 있다

일화기록법은 언어발달의 지체와 같은 특별한 목적을 위해 아동에 대한 상세한 자료가 요구될 때 활용할 수 있다.

❚ 누적된 자료는 아동의 행동을 이해하고 지도계획을 세우는 데 중요한 자료가 된다

장기간에 걸친 일화기록을 통해 아동의 행동 패턴이나 발달 정도를 파악

할 수 있고, 아동의 특정한 행동에 대해 설명해 줄 수 있다. 아동의 행동에 대한 이러한 이해를 통해 아동에게 적절한 방식으로 도움을 줄 수 있다.

❚ 관찰대상 아동에 대한 기록을 통해 아동의 발달 상황을 확인할 수 있다

일화기록법은 아동의 행동이나 반응에 대한 일반적 특성뿐만 아니라 특정한 발달영역의 발달에 초점을 두어 관련 내용을 관찰 및 기록할 수 있다. 아동의 식습관, 건강, 새로운 기술의 습득, 의미 있는 사건, 아동의 행동 변화에 대한 기록을 통해 아동의 발달 상황을 확인할 수 있다. 아동의 놀이행동에 관심을 갖는 경우 자유선택활동 시간에 역할놀이를 하면서 아동의 놀이 상황을 통해 발달 정도를 분석할 수 있다. 또한 아동의 식생활 습관을 알고 싶은 경우 간식 시간이나 점심시간에 관찰 및 기록할 수 있다.

## 2) 일화기록법의 단점

일화기록법의 단점은 다음과 같다(안선희 외, 2021; 진남련 외, 2014).

❚ 관찰자의 편견이 들어갈 수 있다

일화기록법은 관찰자가 원하는 행동을 관찰하여 기록하므로 관찰자의 편견이 작용할 수 있다.

❚ 시간이 지나면 왜곡될 수 있다

일화기록법은 관찰한 후 바로 기록하지 않고 어느 정도 시간이 지나 기록할 수 있다. 이런 경우 육하원칙에 따라 간단히 메모를 하고 시간이 지난 후에 기록하게 되면 그때의 상황을 잊어버릴 수도 있고, 교사의 편견이 들어갈 수도 있는 등 정확한 기록이 어려울 수 있다.

▌해석 시 오류를 범할 수 있다

일화기록법은 아동의 다양한 행동 중 관심을 가지는 한 가지 사건에 대해 기록하기 때문에 해석할 때 오류를 범할 가능성이 있다. 특히 바람직하지 못한 행동의 경우 일부 행동이 관찰대상 아동의 전체 모습으로 그려질 수 있어, 관찰대상 아동에 대한 잘못된 인식을 심어 줄 수 있다. 일화기록으로 남겨진 자료가 아동의 일반적인 특성으로 여겨져 아동에 대한 편견이 생길 수 있다.

▌관찰자가 부담을 가질 수 있다

일화기록법은 기록하는 데 많은 시간이 소요되므로 관찰자가 부담을 가질 수 있다. 특히 보육 현장에서 하루 일과를 담당하는 보육교사의 경우 이러한 기록 및 평가에 대해 어려움을 느낄 수 있다.

▌표본식 기술에 비해 상황 묘사가 적어 맥락을 파악하는 데 어려움이 있다

일화기록법은 중요한 사건을 중심으로 간단히 기술하기에 사건이나 행동의 원인을 파악하는 데 어려움이 있다.

▌관찰대상의 수가 제한적이다

일화기록법은 한번에 많은 영유아를 관찰할 수 없고, 한두 명만을 기록할 수 있다는 단점이 있다.

김지은(2008). 아동관찰 및 행동연구. 경기: 학현사.

나귀옥, 김경희(2012). 누리과정 실행에 따른 유아평가의 방향 탐색. 유아교육연구, 32(4), 465-492.

송인섭, 김정원, 정미경, 김혜숙, 신은영, 박소연(2001). 아동연구방법. 서울: 학지사.

안부금, 김평호(2017). 자가진단 루브릭에 근거한 피드백 전략이 예비유아교사의 일화기록 작성 능력과 반성적 사고에 미치는 영향. 어린이문학교육연구, 18(3), 363-387.

안선희, 문혁준, 김양은, 김영심, 안효진, 이경옥, 신혜원(2021). 아동관찰 및 행동연구 (3판). 서울: 창지사.

이성희(2003). 유치원과 어린이집에서 유아평가 실시 현황 및 교사의 인식. 유아특수교육연구, 3(2), 129-142.

이순복, 김성원, 김정희, 박지영, 석은조(2013). 놀이지도. 경기: 양서원.

이순자(2004). 유치원의 유아평가에 관한 사례연구. 유아교육연구, 24(5), 225-268.

이은해, 이미리, 박소연(2006). 아동 연구방법의 이해. 서울: 학지사.

이정환, 박은혜(2011). 유아관찰워크북. 서울: 한국어린이육영회.

전남련, 황연옥, 이혜배, 강은숙, 권경미(2014). 아동관찰 및 행동연구. 경기: 양서원.

최미숙, 박지영, 성연정, 윤유중(2009). 유아교사가 인식하는 유아교육평가에 대한 연구. 유아교육논집, 13(1), 139-162.

한옥미(2017). 유아 사회·정서발달 평가에 대한 교사의 인식 및 현황. 영유아교육: 이론과 실천, 2(1), 65-83.

황해익(2012). 아동연구방법. 경기: 정민사.

한국보육진흥원(2011). 보육교사 승급교육 교재. 서울: (재)한국보육진흥원.

Goodwin, W. L., & Driscoll, L. A. (1980). *Handbook for measurement and evaluation in early childhood education*. San Francisco, CA: Josey-Bass.

Nah, K. O., & Kwak, J. I. (2011). Child assessment in early childhood education and care settings in South Korea. *Asian Social Science*, 7(6), 66-78.

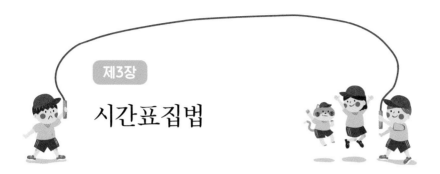

# 제3장

# 시간표집법

## 1 시간표집법의 특징

시간표집법은 정해진 시간 안에 관찰하고자 하는 행동이 얼마나 자주 일어나는지 표기하는 방식을 사용하여 영유아를 관찰하고 기록하는 방법이다. 시간표집법은 다음과 같은 특징이 있다(안선희 외, 2021; 전남련 외, 2014; 황해익, 최혜진, 권유선, 2021).

첫째, 관찰행동의 발생 빈도를 정확하게 측정할 수 있다. 둘째, 숫자로 기록하기 때문에 통계 처리가 가능하고 양적 연구의 중요한 도구가 될 수 있다. 셋째, 언어를 사용하기 이전의 영아, 장애아 등의 행동을 관찰하여 기록할 때 유용하다. 넷째, 관찰행동의 발생 빈도, 발생 간격, 지속 시간 등 다양한 자료를 수집할 수 있다. 다섯째, 시간표집법으로 여러 번 관찰을 실시했을 때 행동의 발생 빈도가 증가하고 감소하는 경향을 수치로 확인할 수 있다. 여섯째, 관찰하고자 하는 행동에 대한 정의, 총 관찰시간, 관찰시간 간격, 관찰기록 양식, 관찰기록 표기방법 등을 사전에 명확히 정해 놓고 관찰을 실시하기 때문에 관찰자 간의 오차가 작다.

### 더 알아보기 │ 다양한 행동 관찰기록 방법의 비교

1960~1970년대 심리학자들은 인간의 행동을 객관적이고 과학적으로 연구하기 위해 여러 가지 관찰기록 방법을 만들고 이에 대해 연구하였다. 이 일환으로 Repp, Roberts, Slack, Repp과 Berkler(1976)는 빈도기록법(frequency recording), 간격기록법(interval recording), 시간표집법(time sampling)으로 기록했을 때 연구결과에서 차이가 나타나는지에 대해서 비교하는 연구를 수행하였다. 이들은 일정하지 않은 시간 간격으로 클릭 소리를 내는 기계를 사용하여 그 빈도를 각각의 관찰기록 방법으로 기록하고 결과를 비교하였다. 그 결과, 시간표집법으로 기록했을 때 연구결과가 가장 부정확했고, 사건이나 행동의 출현 빈도가 중간 이하일 경우에는 간격기록법을 사용하는 것이 적합했으나 매우 자주 출현하는 사건을 기록하기에는 부적합하다고 결론지었다.

〈표 3-1〉은 Repp 등(1976)이 사용했던 세 가지 관찰기록 방법을 비교한 것이다. 여기서 빈도기록법은 빈도 사건표집법과 유사한 개념이며, 간격기록법은 시간표집법의 한 종류라고 볼 수도 있다(Repp et al., 1976). Powell, Martindale과 Kulp(1975)는 시간표집법을 '부분 시간 간격 시간표집법(partial interval time sampling)'과 '순간 시간표집법(momentary time sampling)'으로 구분하였다.

이들의 연구결과를 참조하여 볼 때 행동 발생 빈도가 매우 잦은 경우에는 Repp 등(1976)이 사용했던 시간표집법 또는 Powell, Martindale과 Kulp가 사용했던 순간 시간표집법을 사용하는 것이 적절하고, 출현 빈도가 보통인 경우에는 시간간격법을 사용하는 것이 적합할 것으로 보인다. 즉, 아동의 행동이나 사건의 특성을 정확히 파악하기 위해서는 관찰하고자 하는 행동의 특성, 발생 빈도, 발생 시간 간격 등을 고려하여 그에 적합한 관찰기록 방법을 선택하는 것이 중요하다.

표 3-1  빈도기록법, 간격기록법, 시간표집법의 비교

| 기록 방법 | 설명 | 예시 |
|---|---|---|
| 빈도기록법 | • 다른 관찰기록 방법에 비해 비교적 긴 시간 동안 기록함<br>• 정해진 시간 안에 행동이나 사건이 출현한 빈도<br>• 빈도 사건표집법과 유사한 개념 | • 총 10분 동안 발생한 공격적 행동의 횟수를 기록함<br>• 10분 동안 4회 발생함 |
| 간격기록법 | • 관찰과 기록 시간의 간격을 일정하게 정해 놓은 상태에서 기록함<br>• 관찰시간 간격(observation interval) 중에 행동이나 사건이 출현한 빈도 | • 총 10분 동안, 15초 간격으로 관찰과 기록을 실시함. 10초 동안 유아의 놀이행동을 관찰하고 5초 동안 기록함<br>• 40회의 관찰시간 간격 중에 혼자놀이 10회 발생함 |
| 시간표집법 | • 사건이나 행동이 출현할 때까지 비교적 긴 시간(예: 10분) 기다리다가 발생하면 기록을 함<br>• 전체 반응이 나타난 시간의 비율을 기록함 | • 9분 55초 동안 기다리다가 5초 동안 기록함 |

## ② 시간표집의 작성요령 및 작성양식

### 1) 시간표집의 작성요령

시간표집법을 사용하기 위한 지침은 다음과 같다(안선희 외, 2021; 황해익, 최혜진, 권유선, 2021).

❙ 관찰의 목적을 분명히 정한다

시간표집법은 정해진 시간에 명확히 규정해 놓은 행동을 관찰·기록하는 것이기 때문에 관찰의 목적을 분명히 정한 후 실시해야 한다.

❚ 자주 나타나는 행동을 관찰한다

시간표집법을 사용하여 아동의 행동을 관찰하기 위해서는 평소에 자주 나타나는 행동으로 선정해야 한다. 연구자들은 15분에 1회 이상 출현하는 행동의 경우 시간표집법이 적당하다고 하였다. 출현 빈도가 낮은 행동은 사건표집법으로 관찰하는 것이 더 효율적이다.

❚ 관찰 가능한 행동을 선정한다

시간표집법은 외현적 행동을 관찰·기록하는 방법으로 적합하다. 따라서 영유아의 언어 표현, 얼굴 표정, 몸짓, 움직임 등 관찰 가능한 행동을 선정해야 한다.

❚ 관찰하고자 하는 행동을 명확히 정의한다

정해진 시간 내에 출현하는 행동을 신속하게 기록하기 위해서는 관찰하고자 하는 행동이 무엇인지 명확히 정의해야 한다. 관찰행동의 조작적 정의를 명확히 하지 않았을 경우에는 관찰자에 따라 다르게 판단하여 기록할 수 있으며, 동일한 관찰자라도 영유아의 행동을 모호하게 해석하여 잘못 기록할 수 있다.

❚ 총 관찰시간과 시간 단위를 정한다

시간표집법을 실시하기 위해서는 관찰단위인 총 관찰시간과 시간 단위를 정해야 한다. 즉, 총 관찰시간 안에 관찰을 실시하는 시간과 기록하는 시간의 간격을 미리 정해 놓고 관찰시간 내에 관찰하고자 하는 행동의 발생 유무를 기록하는 것이다.

❚ 관찰대상을 정한다

시간표집법은 영유아의 연령에 관계없이 관찰대상을 선정할 수 있다. 또한 동시에 여러 명을 관찰할 수는 없지만 순차적으로 관찰할 수는 있다. 따라서 한 교실에서 관찰대상 영유아의 순서를 미리 정한 후 시간 단위로 관찰하고 기록할 수 있다.

▌관찰기록 부호를 미리 정한다

시간표집법은 관찰한 행동을 신속하게 기록해야 하기 때문에 미리 관찰기록 부호를 세기표( / ), 체크표(✔) 등으로 약속하여 정해야 한다. 또한 기록 방법을 미리 훈련해 놓아야 보다 효율적으로 기록할 수 있다.

▌기록양식을 만들어 사용한다

시간표집법을 실시하기 위해서는 관찰대상, 관찰자, 관찰시간, 시간 간격, 관찰행동 목록, 관찰기록 부호 등을 포함한 관찰기록 양식을 만들어야 한다.

▌양식에 여백을 비워 둔다

정해진 양식에 행동의 빈도만 표기하게 되면 관찰행동의 질적인 측면은 기록할 수 없기 때문에 양식에 여백을 비워 두거나 비고란, 메모란을 별도로 만들어 구체적인 상황이나 맥락을 기록한다.

## 2) 시간표집의 작성양식

시간표집법은 기록양식이 매우 중요하다. 다음은 시간표집 양식의 예다.

표 3-2 시간표집 양식의 예 1

• 행동의 정의

단계 1: 적목 나르기 – 이 단계는 유아가 적목에 대해서 배우기 시작하는 단계로 촉감, 소리, 무게, 모양 등의 속성 등을 파악하게 된다. 적목이 쌓기에 이용된다는 것을 모르는 단계로 적목을 가지고 쌓으면서 놀기보다는 다른 목적, 즉 그냥 들고 다닌다거나 부딪쳐서 소리를 내는 데 이용한다.

단계 2: 적목 늘어놓기와 쌓기 – 이 단계에서 유아는 적목을 쌓기 시작하는데, 단순히 수평으로 늘어놓거나 탑과 같이 수직으로 반복적인 쌓기만을 한다.

단계 3: 다리 만들기 – 2개의 적목을 옆으로 놓고 세 번째의 적목으로 연결한다. 처음에는 구성물을 만들기 위한 목적으로 다리를 만들고 나중에는 극놀이를 풍부하게 하기 위한 도구로 발전시킨다.

단계 4: 울타리 쌓기 – 적목으로 담을 두르듯이 빙 둘러 쌓는다.

단계 5: 설계하기 – 적목이 충분히 있을 때 장식적인 패턴이 나타나는데 대개 양쪽에 대칭되는 형식으로 나타난다.

단계 6: 이름 붙이기 – 자신들이 만든 것에 이름을 붙이기 시작하며 적목으로 만든 것을 가지고 극놀이가 시작된다.

단계 7: 정교한 구성물 만들기 – 유아들이 일상생활에서 보았던 건물이나 구조물들을 재생하고 그것을 극놀이에 자주 이용한다.

• 관찰기록 방법

㉮ 자유선택활동 시간 동안 쌓기놀이 영역에서 놀고 있는 유아의 이름을 관찰 용지에 모두 적는다.

㉯ 이름이 기록된 순서대로 제일 처음에 있는 유아를 10초 동안 관찰하고 10초 동안 기록한다. 10초 동안 관찰한 행동이 어느 단계에 속하는지를 평가하여 적합한 항목에 표시(/)한다.

㉰ 두 번째 유아를 10초간 관찰하고 10초간 기록한다. 이름이 적힌 순서대로 돌아가며 관찰한다.

㉱ 각 유아당 10회의 관찰을 한다.

〈적목놀이에 따른 유아의 발달단계〉

| 단계 | 1(나르기) | 2(쌓기) | 3(다리) | 4(울타리) | 5(설계) | 6(이름) | 7(구성물) |
|---|---|---|---|---|---|---|---|
| 김○○ | | | / | | | | |
| 이○○ | | | | / | | | |
| 박○○ | | | | / | | | |
| 정○○ | | | | / | | | |
| 임○○ | | | / | | | | |

표 3-3　시간표집 양식의 예 2

관찰행동: 공격적인 행동
관찰행동 정의: 다른 사람에게 언어적 · 비언어적으로 위협하는 행동

| 관찰대상: 5세 남아 | 관찰기간: 2월 1일~2월 12일 총 10회 |
|---|---|
| 총 관찰시간: 10분 | 시간 간격: 1분 |
| 관찰시간: 30초 | 기록 시간: 30초 |

기록방법: ○＝행동 발생　×＝행동 발생 안 함

| 날짜 | 1m | 2m | 3m | 4m | 5m | 6m | 7m | 8m | 9m | 10m | 소계 |
|---|---|---|---|---|---|---|---|---|---|---|---|
| 2월 1일 | ○ | ○ | ○ | × | ○ | ○ | × | × | × | × | 5 |
| 2월 2일 | × | ○ | ○ | × | × | × | × | × | ○ | ○ | 4 |
| 2월 3일 | × | × | ○ | × | ○ | ○ | ○ | × | × | × | 5 |
| 2월 12일 | × | ○ | × | × | ○ | ○ | ○ | × | × | × | 4 |

기록결과: 2/1: 5회, 2/2: 4회, 2/3: 5회 ……(중략)…… 2/12: 4회
　　　　　평균 4.5회(총 10회 중)

 표 3-4　시간표집 양식의 예 3

| 관찰영아: 이지애 | 생년월일: 20○○년 4월 13일 | 관찰일 현재 유아 연령: 4년 8개월 |
|---|---|---|
| 관찰자: 김보민 | 성별: 여 | |
| 관찰일자: 20○○. 12. 1. | 관찰시간: 9:15~9:20 | |

| 시간 | 사회적 놀이 | | | 비놀이 | | | 메모 |
|---|---|---|---|---|---|---|---|
| | 혼자<br>놀이 | 평행<br>놀이 | 집단<br>놀이 | 몰입하지<br>않는 행동 | 처다보는<br>행동 | 전환 | |
| 15초 | | | | | ✓ | | 역할 영역에서 소라가 소꿉놀이<br>하는 것을 처다봄 |
| 15초 | | ✓ | | | | | 장난감 가스레인지를 작동함 |
| 15초 | | ✓ | | | | | 소꿉놀이 도구를 이용함 |
| 15초 | | ✓ | | | | | 소리가 나자 소라가 처다봄 |
| 15초 | | | ✓ | | | | 소라가 같이 하자고 함 |
| 15초 | | | ✓ | | | | 소꿉놀이 도구를 분주하게 꺼냄 |

관찰행동: 아동의 흥미 영역 선택
관찰아동 1: 이름/                    성별/                    생년월일/
관찰일시:                    관찰장면:
관찰자:

| 이름 | 월 | | | 화 | | | 수 | | | 목 | | | 금 | | |
|---|---|---|---|---|---|---|---|---|---|---|---|---|---|---|---|
| | 9:00 | 9:30 | 10:00 | 9:00 | 9:30 | 10:00 | 9:00 | 9:30 | 10:00 | 9:00 | 9:30 | 10:00 | 9:00 | 9:30 | 10:00 |
| 아동 1 | | | | | | | | | | | | | | | |
| 아동 2 | | | | | | | | | | | | | | | |
| 아동 3 | | | | | | | | | | | | | | | |
| 아동 4 | | | | | | | | | | | | | | | |

역: 역할놀이    미: 미술놀이    쌓: 쌓기놀이    언: 언어놀이    과: 과학놀이
조: 조작놀이    음: 음악놀이    화: 화장실    지: 지켜보기    ×: 부재중

출처: 안선희 외(2021).

[사진 3-1] 흥미 영역에서 놀고 있는 유아들

# ③ 시간표집법의 실제

## 1) 영아

여기에서는 영아 대상 시간표집법의 실제로 식습관, 상호작용(등하원), 놀이행동 사례를 제시한다.

### (1) 식습관

| 관찰영아 | 2세 여아 | 관찰일시 | 20○○년 3월 5일 12:15~12:18 |
|---|---|---|---|
| 관찰자 | 보조교사 | 관찰장소 | 교실 |
| 관찰시간 | 3분 | 관찰간격 | 15초 |
| 관찰행동 | 수저로 식판을 두드리는 행동 | | |

| 초 | 행동 발생 | 메모 | 관찰장면 |
|---|---|---|---|
| 15초 | ○ | 3회 | |
| 15초 | ○ | 세게 두드림 | |
| 15초 | × | | |
| 15초(1분) | × | | |
| 15초 | × | | |
| 15초 | ○ | | |
| 15초 | × | | |
| 15초(2분) | × | | |
| 15초 | ○ | 5회 두드림 | |
| 15초 | × | | |
| 15초 | × | | |
| 15초(3분) | × | | [사진 3-2] 식판을 두드리고 있는 2세 여아 |
| 평가 | 총 12회 중 4회 | | |

## (2) 상호작용(등하원)

| 관찰영아 | 1세 여아 | 관찰일시 | 20○○년 5월 23일 10:30~10:33 |
|---|---|---|---|
| 관찰자 | 보조교사 | 관찰장소 | 교실 |
| 관찰시간 | 3분 | 관찰간격 | 15초 |
| 관찰행동 | 엄마가 보고 싶어서 보이는 불안행동(교사에게 안기기, 울기 등) | | |

| 초 | 행동 발생 | 메모 | 관찰장면 |
|---|---|---|---|
| 15초 | × | | |
| 15초 | ○ | 울며 안아 달라고 함 | |
| 15초 | ○ | 안김 | |
| 15초(1분) | ○ | | |
| 15초 | ○ | | |
| 15초 | ○ | | |
| 15초 | × | 교사가 내려놓음 | |
| 15초(2분) | × | | |
| 15초 | × | 쫓아다님 | |
| 15초 | × | | |
| 15초 | ○ | 안김 | [사진 3-3] 교사에게 안긴 1세 여아 |
| 15초(3분) | ○ | | |
| 평가 | 총 12회 중 7회 | | |

[사진 3-3] 교사에게 안긴 1세 여아

## (3) 놀이행동

| 관찰영아 | 2세 여아 | 관찰일시 | 20○○년 3월 5일 | | |
|---|---|---|---|---|---|
| 관찰자 | 보조교사 | 관찰장소 | 교실 | | |
| 관찰시간 | 3분 | 관찰간격 | 15초 | | |
| 관찰행동 | 공격적 행동(대물, 대인) | | | | |
| 초 | 행동 발생 | 메모 | 관찰장면 | | |
| 15초 | ○ | 바닥에 던짐 | | | |
| 15초 | × | | | | |
| 15초 | × | | | | |
| 15초(1분) | ○ | 친구 것을 빼앗음 | | | |
| 15초 | × | | | | |
| 15초 | × | | | | |
| 15초 | × | | | | |
| 15초(2분) | × | | | | |
| 15초 | ○ | 레고를 넘어뜨림 | | | |
| 15초 | × | | | | |
| 15초 | × | [사진 3-4] 장난감을 가지고 노는 2세 여아 | | | |
| 15초(3분) | × | | | | |
| 평가 | 총 12회 중 3회 | | | | |

## 2) 유아

여기에서는 유아 대상 시간표집법의 실제로 놀이행동, 자조행동(배변), 대소집단 활동, 활동시간 사례를 제시한다.

### (1) 놀이행동

| 관찰영아 | 4세 여아 | 관찰일시 | 20○○년 3월 5일 |
|---|---|---|---|
| 관찰자 | 보조교사 | 관찰장소 | 교실 |
| 관찰시간 | 3분 | 관찰간격 | 15초 |
| 관찰행동 | 친사회적 행동(협동, 돕기, 양보하기 등) | | |

| 초 | 행동 발생 | 메모 | 관찰장면 |
|---|---|---|---|
| 15초 | ○ | 친구에게 망토를 입혀 줌 | |
| 15초 | × | | |
| 15초 | × | | |
| 15초(1분) | ○ | 머리띠를 양보함 |  |
| 15초 | × | | |
| 15초 | × | | |
| 15초 | × | | |
| 15초(2분) | ○ | 함께 의자를 옮김 | |
| 15초 | ○ | 자리를 양보함 | [사진 3-5] 역할놀이를 하는 4세 여아들 |
| 15초 | × | | |
| 15초 | × | | |
| 15초(3분) | × | | |
| 평가 | 총 12회 중 4회 | | |

## (2) 자조행동(배변)

| 관찰영아 | 5세 여아 | 관찰일시 | 20○○년 3월 5일 | |
|---|---|---|---|---|
| 관찰자 | 보조교사 | 관찰장소 | 교실 | |
| 관찰시간 | 3분 | 관찰간격 | 15초 | |
| 관찰행동 | 화장실에 가는 횟수 | | | |
| 초 | 행동 발생 | 메모 | 관찰장면 | |
| 15초 | ○ | 실제 화장실 이용 | | |
| 15초 | × | | | |
| 15초 | × | | | |
| 15초(1분) | × | | | |
| 15초 | × | | | |
| 15초 | × | | | |
| 15초 | × | | | |
| 15초(2분) | ○ | | | |
| 15초 | × | | | |
| 15초 | × | | | |
| 15초 | × | | [사진 3-6] 화장실에 들어가는 5세 여아 | |
| 15초(3분) | ○ | | | |
| 평가 | 총 12회 중 3회 | | | |

### (3) 대소집단 활동

| 관찰영아 | 4세 여아 | 관찰일시 | 20○○년 3월 5일 |
|---|---|---|---|
| 관찰자 | 보조교사 | 관찰장소 | 교실 |
| 관찰시간 | 3분 | 관찰간격 | 15초 |
| 관찰행동 | 자리에서 일어나 돌아다니는 행동 | | |

| 초 | 행동 발생 | 메모 | 관찰장면 |
|---|---|---|---|
| 15초 | ○ | 화장실 | |
| 15초 | ○ | 화장실 | |
| 15초 | × | | |
| 15초(1분) | × | | |
| 15초 | × | | |
| 15초 | × | | |
| 15초 | ○ | 물 마시기 | |
| 15초(2분) | × | | |
| 15초 | ○ | 휴지 가져오기 | |
| 15초 | × | | |
| 15초 | × | | |
| 15초(3분) | ○ | 물 마시기 | |
| 평가 | 총 12회 중 5회 | | |

[사진 3-7] 대집단활동 중인 4세 유아들

**연구에서는 이렇게**

박슬기, 김명순(2020). 취업모-영아와 조모-영아의 놀이 상호작용 및 언어적 행동 유형의 차이와 영아의 놀이수준 비교 분석. **열린유아교육연구**, 25(1), 263-285.

이 연구에서는 만 2세 영아, 취업모, 조모 총 40쌍(120명)을 대상으로, 어머니-영아, 조모-영아의 놀이상황에서 나타나는 상호작용 내용 및 언어적 행동 유형의 차이와 영아의 놀이수준의 관계를 밝히고자 하였다. 연구자는 각 양육자와 영아가 함께 놀이하는 10분 동안 나타난 영아의 놀이행동을 시간표집법을 사용하여 15초 간격으로 나누었고, 각 시간 간격에 가장 많이 나타나는 영아의 놀이행동을 관찰기록표에 기록하였다. 연구결과, 어머니-영아, 조모-영아의 놀이상황에서 영아는 어머니와 높은 수준의 상징놀이를 자주 하였다.

**연구에서는 이렇게**

이효진, 김명순(2019). 유아교육기관 실외놀이터의 놀이 유형과 신체활동수준 및 유아의 기본운동기술 간 관계. **열린유아교육연구**, 24(2), 237-258.

이 연구에서는 유아교육기관 실외놀이터에서 만 5세 유아의 놀이 유형, 신체활동수준 및 기본운동기술의 일반적인 경향이 어떠한지 그리고 성별에 따른 차이가 있는지 살펴보고, 이들 간 관계를 탐색하고자 하였다.

유아의 놀이 유형은 시간표집법을 사용하여 각 유아당 15초 관찰 후 15초간 기록하는 것을 1회(30초)로 하였고, 행동의 유무를 확인하여 사회적 놀이 유형 중 한 항목, 인지적 놀이 유형과 비놀이 행동 중 한 항목을 기록하였다. 한 유아당 날짜를 달리하여 2회의 관찰을 실시하여 총 30회의 관찰을 실시하였으며, 총 450초(15초×15회×2회) 관찰하였다.

# ④ 시간표집법의 장점과 단점

## 1) 시간표집법의 장점

시간표집법의 장점은 다음과 같다(안선희 외, 2021; 황해익, 최혜진, 권유선, 2021).

### ▌객관적이다

시간표집법은 영유아의 행동 발생 빈도를 수치화하기 때문에 영유아 간의 행동 발생 빈도를 비교하거나 해당 영유아의 행동 변화를 나타내는 객관적 자료로 쓰일 수 있다. 예를 들어, '대집단 활동 시간에 다른 친구에게 방해가 되는 행동'을 시간표집법으로 기록했을 때 A 아동은 3회, B 아동은 15회 등으로 비교할 수 있다.

### ▌관찰자 간 신뢰도가 높다

신뢰도란 다른 사람이 또는 다음번에 기록했을 때 관찰기록에서 동일한 결과가 나오는 정도를 의미한다. 시간표집법은 관찰하고자 하는 행동을 미리 정하고 명확한 정의에 따라서 관찰·기록하기 때문에 여러 관찰자가 관찰하여도 기록한 결과의 차이가 작아서 신뢰도가 높다.

### ▌대표성을 가진다

시간표집법으로 관찰한 영유아의 행동 빈도는 평소에 영유아의 행동을 대표한다. 예를 들어, '눈가에 주름이 가도록 두 눈을 찡그리는 행동'을 측정하였을 때 1분 간격으로 3회, 5회, 4회 등이 나타났다면 기록한 빈도의 평균 수치는 평소 유아의 행동을 평균적으로 보여 주는 것이다.

**▌통계 처리가 가능하다**

시간표집법은 관찰기록을 숫자로 하기 때문에 평균, 빈도, 백분율 등 기술통계 분석이 가능하며, 집단 간 비교분석, 사전사후 분석 등 추리통계 분석도 가능하다.

**▌짧은 시간 내에 여러 유아를 관찰할 수 있다**

시간표집법은 관찰시간 단위를 짧게 정해 놓고 차례대로 여러 유아를 관찰하여 기록할 수 있다. 예를 들어, A 유아를 5분간 관찰하고 2~3분 쉬었다가 이어서 B 유아를 5분간 관찰하고 계속해서 다른 유아를 관찰할 수 있다. 따라서 교실에서 여러 유아의 행동을 관찰하여 자료를 수집할 때 용이하다.

**▌쉽고 빠르게 기록할 수 있다**

시간표집법은 정해진 시간 안에 정해진 행동을 표기하기 때문에 쉽고 빠르게 기록할 수 있다. 단, 어떤 행동을 관찰할 것인지, 얼마 동안 관찰할 것인지, 어떻게 기록할 것인지 등 관찰방법을 미리 정해 놓은 후 사전에 관찰자 훈련을 철저히 해야 한다.

**▌행동 수정의 목표를 정하는 데 유용하다**

시간표집법은 발생 빈도를 기록하기 때문에 문제행동의 경우 수정 목표를 정할 수 있어서 유용하다. 예를 들어, '대집단 활동 시간에 다른 친구에게 방해가 되는 행동'을 시간표집법으로 관찰했을 때 발생 빈도의 평균이 10회인 경우 향후 7회로 행동 수정의 목표를 정할 수 있다.

**▌자연스러운 상황에서 관찰할 수 있다**

시간표집법은 자유놀이, 대집단 활동, 소집단 활동 등 자연스러운 일상생활에서 나타나는 행동을 관찰·기록할 수 있는 방법이다. 반면에 실험연구나 조사연구에서는 인위적인 상황에서 영유아가 평소 행동과 다른 행동을 보이거나 솔직한 응답을 하지 않을 수도 있다. 따라서 시간표집법은 실험이나 조사연구에 비해 생태학적 타당성을 가지는 관찰기록 방법이라고 할 수 있다.

## 2) 시간표집법의 단점

시간표집법의 단점은 다음과 같다(김지은, 2014; 안선희 외, 2021; 황해익, 최혜진, 권유선, 2021).

### ▌자주 일어나는 행동만 기록할 수 있다

시간표집법을 이용하여 영유아의 행동을 관찰하기 위해서는 관찰하고자 하는 행동이 적어도 15분에 1번 이상 나타났을 때 가능하다(전남련 외, 2014). 행동 발생 빈도가 너무 적을 경우 기록의 효율성이 떨어지기 때문에 이 경우 4장에서 다룰 사건표집법이 더 적절하다.

### ▌단편적인 정보만 얻을 수 있다

시간표집법은 미리 정해 놓은 행동의 발생 빈도만 기록하기 때문에 일화기록법과 같이 풍부한 정보가 남지 않는다. 시간표집법은 행동이 몇 번 발생했는지, 얼마나 자주 일어났는지의 양적인 측면은 알려 주지만 세기, 크기 등 행동이나 말의 질적인 측면은 기록할 수 없다. 예를 들어, 적목놀이 발달 단계를 기록할 때 2단계 '쌓기' 행동을 보인 경우 발생 여부를 체크하기 때문에 무엇을 어떻게 쌓았는지 알 수 없다. 그렇기 때문에 시간표집법 관찰기록지에 메모란을 두어 사건이나 행동의 질적인 속성을 기록하기도 한다.

### ▌외현적 행동만 기록할 수 있다

시간표집법은 짧은 시간에 겉으로 드러나는 행동이나 말, 표정만 기록할 수 있다. 영유아의 생각이나 감정은 드러나지 않기 때문에 기록하기 어렵다.

### ▮ 인과관계를 알 수 없다

시간표집법은 정해진 행동의 발생 빈도만 기록하기 때문에 영유아 행동의 원인이나 행동으로 인한 결과는 알 수 없다. 영유아의 사회적 놀이를 시간표집법으로 기록하면 영유아의 혼자놀이 횟수가 높다는 정보는 얻을 수 있지만 그 이유에 대해서는 다른 관찰방법을 통해 파악해야 한다.

### ▮ 영유아 간 상호작용을 기록할 수 없다

시간표집법은 여러 명의 영유아를 순차적으로 관찰할 수 있다는 장점은 있으나 영유아 간에 일어나는 상호작용을 기록하기에는 부적합하다. 영유아 간에 주고받는 말과 행동을 기록하기에는 일화기록법이 더 적절하다.

### ▮ 관찰을 시작하기 전에 많은 준비를 해야 한다

시간표집법을 실시하기 위해서는 관찰대상 선정, 관찰행동의 선정, 관찰행동의 정의, 관찰기록지 만들기, 총 관찰시간 및 관찰시간 간격 선정 등 관찰지침에 따라 많은 준비를 해야 한다. 만약 여러 명의 관찰자가 관찰을 실시해야 한다면 관찰자별 기록결과의 차이가 발생하지 않도록 지침에 따라 철저히 훈련을 한 후 관찰해야 한다.

### ▮ 용어를 명확히 이해해야 한다

관찰하고자 하는 행동을 정확히 포착하기 위해서는 관찰을 실시하기 전에 미리 관찰행동의 정의나 용어를 명확히 이해하고 있어야 한다. 예를 들어, 적목놀이에서 '울타리 쌓기'는 '적목으로 담을 두르듯이 빙 둘러 쌓는다.'라고 정의할 수 있고, 관찰자는 이를 미리 파악하고 있어야 한다.

참 고 문 헌

김지은(2014). 영유아 행동관찰의 이해. 경기: 정민사.

박슬기, 김명순(2020). 취업모-영아와 조모-영아의 놀이 상호작용 및 언어적 행동유
　　　형의 차이와 영아의 놀이수준 비교 분석. 열린유아교육연구, 25(1), 263-285.

안선희, 문혁준, 김양은, 김영심, 안효진, 이경옥, 신혜원(2021). 아동관찰 및 행동연구
　　　(3판). 서울: 창지사.

이효진, 김명순(2019). 유아교육기관 실외놀이터의 놀이 유형과 신체활동수준 및 유
　　　아의 기본운동기술 간 관계. 열린유아교육연구, 24(2), 237-258.

전남련, 김기선, 이은임, 성은숙, 남궁기순, 이효수, 한혜선, 이은기, 신미선, 박은희,
　　　엄은옥, 김연옥(2014). 아동관찰 및 행동연구. 서울: 태영출판사.

황해익, 최혜진, 권유선(2021). 아동관찰 및 행동연구(3판). 경기: 공동체.


Powell, J., Martindale, A., & Kulp, S. (1975). An evaluation of time-sampling
　　　measures of behavior. *Journal of Applied Behavior Analysis*, *8*, 463-464.

Repp, A. C., Roberts, D. M., Slack, D. J., Repp, C. F., & Berkler, M. S. (1976).
　　　A comparison of frequency, interval, and time-sampling methods of data
　　　collection. *Journal of Applied Behavior Analysis*, *9*(4), 501-508.

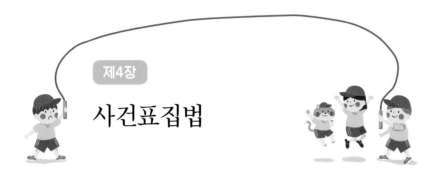

제4장

# 사건표집법

## 1 사건표집법의 특징

　사건표집법은 관찰하고자 하는 특정한 행동이나 사건을 명확히 정하고 그
것이 발생했을 때 관찰하여 기록하는 방법이다. 사건표집법의 종류로는 서
술식 사건표집법과 빈도 사건표집법이 있다. 서술식 사건표집법은 ABC 서
술식 사건표집법이라고도 하며, 사건이 일어나기 전 상황(Antecedent event:
A), 사건이나 행동(Behavior: B), 사건이 일어난 후 상황(Consequence: C)을
관찰하여 순서대로 적는 방법이다(안선희 외, 2021). 빈도 사건표집법은 사건
의 발생 빈도를 기록하는 방법이다. 사건표집법은 다음과 같은 특징이 있다.
　첫째, 사건표집법은 관찰의 단위가 사건 자체다. 따라서 사건이나 행동이
발생했을 때 시간에 관계없이 그 양상에 대해서 기록하면 된다. 둘째, 일상
생활 속 자연스러운 상황에서 관찰하여 기록할 수 있기 때문에 어린이집 보

육과정 중에 쉽게 활용할 수 있다. 특히 빈도 사건표집법은 서술식 사건표집법에 비하여 더 단순하고 편리하여 실생활에서 활용하기에 유용하다. 셋째, 서술식 사건표집법은 영유아 행동이 발생하는 원인을 파악하기 위한 관찰기록 방법으로 유용하다. 사건을 중심으로 관찰을 하여 원인과 결과 상황을 기록해서 분석해 보면 반복적으로 나타나는 사건이나 행동의 유발 요인을 파악하고 행동이나 또래 상호작용 패턴을 파악할 수 있다.

> **더 알아보기**     **표본기록법과 일화기록법**
>
> 사건을 중심으로 관찰하여 서술식으로 기록하는 방법에는 서술식 사건표집법 외에 표본기록법과 일화기록법이 있다. 표본기록법(specimen record)은 관찰자가 관찰 대상, 관찰장면, 관찰시간 등을 미리 정해 놓고, 영유아의 모든 말이나 행동을 일어난 순서대로 가장 자세하고 전체적으로 기록하는 관찰방법이다(황해익, 최혜진, 권유선, 2021). 일화기록법(anecdotal record)은 관찰자가 관심을 두고 있는 행동이나 사건에 초점을 두고 관찰하여 기록하는 방법이다.
>
> **표본기록법**은 정해진 시간 안에 일어나는 모든 행동과 말을 최대한 정확히 기록해야 하기 때문에 관찰자는 녹음기나 비디오 등 도구를 활용할 수 있다. 이 방법은 정해진 시간 내에 일어나는 모든 상황을 기록하기 때문에 관찰대상 아동에 관한 자료를 풍부하게 수집할 수 있다. 표본기록법은 관찰자가 그 자료를 통해 발생한 사건의 전후관계를 면밀히 파악할 수 있다는 장점이 있다. 하지만 기록해야 하는 양이 많고 시간이 오래 걸린다는 단점이 있다.
>
> **일화기록법**은 교실에서 가장 쉽게 사용할 수 있는 관찰기록법이다. 교사는 관찰대상 아동이나 사건에 초점을 두고 사건 발생 시 육하원칙에 따라 간략히 기록하기 때문에 별도의 준비 없이 관찰을 실시할 수 있다. 단, 기록이나 해석에서 관찰자의 편견이 개입될 수도 있고, 표본기록법에 비해 전후관계를 파악하기가 어렵다는 단점이 있다.

**사건표집의 작성요령 및 작성양식**

## 1) 사건표집의 작성요령

### (1) 서술식 사건표집의 작성요령

서술식 사건표집법을 사용하기 위해서는 다음과 같은 지침을 따른다(안선희 외, 2015; 전남련 외, 2014; 황해익, 최혜진, 권유선, 2021).

▌ **관찰하고자 하는 사건이나 행동을 선정한다**

서술식 사건표집법을 실시하기 위해서는 미리 어떠한 행동이나 사건을 관찰할 것인지 선정해야 한다. 공격적 행동, 친사회적 행동, 언어 표현, 놀이 방식 등 구체적으로 관찰대상이나 사건을 미리 선정해 놓아야 해당 사건이나 행동이 발생했을 때 이를 포착하여 관찰·기록할 수 있다.

▌ **관찰 가능한 상황을 파악한다**

서술식 사건표집법은 선정한 행동이나 사건이 발생할 만한 상황을 파악하여 해당 상황에서 관찰해야 효율적으로 진행할 수 있다. 예를 들어, 자유놀이 시간에 발생하는 공격적 행동, 대집단 활동 시간에 나타나는 주의력 분산행동, 소집단 활동 시간에 나타나는 돕기 행동 등 구체적으로 사건과 행동발생 상황을 결정해 놓으면 관찰이 더 용이해진다.

▌ **관찰양식을 정한다**

보통 서술식 사건표집법을 위한 관찰양식에는 관찰대상에 관한 정보, 관찰시간과 관찰장소, 관찰내용, 요약 및 교수전략이 포함된다.

### 관찰 보조도구를 활용한다

서술식 사건표집법은 초점이 되는 사건을 중심으로 전후 발생 상황도 기술해야 하므로 관찰과 동시에 많은 내용을 기록하기 어렵다. 따라서 녹음기, 비디오, 사진 등 보조도구를 활용하면 도움이 된다.

### (2) 빈도 사건표집의 작성요령

빈도 사건표집법을 사용하기 위한 지침은 다음과 같다(안선희 외, 2021; 황해익, 최혜진, 권유선, 2021).

### 관찰하고자 하는 사건이나 행동을 명확히 정한다

빈도 사건표집법을 실시하기 위해서는 관찰하고자 하는 사건이나 행동이 무엇인지 미리 정하고 목록을 만들어야 한다. 행동목록의 하위 범주가 중복되지 않는지, 중요한 요인이 제외되지 않았는지 확인해야 한다. 예를 들어, 공격 행동의 목록을 작성할 때 대물 공격, 대인 공격, 언어적 공격으로 범주화하고, 각 범주 아래 세부적인 행동(예: 찢는다, 던진다, 부러뜨린다 등)을 목록화한다.

### 관찰기록 양식과 관찰기록 방법을 정한다

관찰양식은 관찰하고자 하는 사건이나 행동에 따라 변형할 수 있으나 관찰을 시작하기 이전에 관찰대상, 관찰시간과 관찰장소, 관찰 지시사항 등 관찰양식이 명확해야 효율적으로 기록할 수 있다.

### 관찰대상을 정한다

빈도 사건표집법을 이용하여 여러 명의 아동을 동시에 관찰·기록할 수 있다. 여러 명을 관찰할 경우 행동발달 상황을 비교할 수 있고, 대집단 교수 전략을 계획하는 데 도움이 된다.

## 2) 사건표집의 작성양식

### (1) 서술식 사건표집의 작성양식

서술식 사건표집법을 실시하기 위해서 〈표 4-1〉과 같은 작성양식을 참조하여 기록할 수 있다.

#### 표 4-1  서술식 사건표집의 예

관찰대상: 김지애　　　　생년월일: 20○○년 4월 3일　　　성별: 여
관찰기관: ○○어린이집　　관찰기간: 20○○. 10. 1.~10. 31.
관찰시간: 10:20~10:50
관찰행동: 자유놀이 시간에 나타난 공격적 행동　　　　　　관찰자: 보조교사

| 날짜 | 사건 전 | 사건 | 사건 후 |
|---|---|---|---|
| 10. 1. | 지애가 책을 읽고 있는 수민이에게 다가가서 엄마놀이를 하자고 한다. 수민이가 계속 책만 본다. | 지애가 수민이의 머리카락을 잡아당기면서 "엄마놀이를 하자니까!" 라고 소리를 지른다. | 수민이가 울면서 선생님을 부른다. 지애는 역할놀이 영역으로 가서 베개 뒤에 숨는다. |
| 10. 4. | 민지랑 수민이가 시소를 타고 있다. 지애가 "나도 탈래." 하면서 다가간다. 친구들이 "기다려!"라고 말한다. | 약 1분 정도 기다리다가 지애가 민지를 시소에서 끌어 내리면서 "나도 타고 싶단 말이야!"라고 말한다. | 민지가 지애를 밀쳐서 지애가 넘어진다. 민지와 수민이가 시소를 그만 타자고 한 후 미끄럼틀 쪽으로 간다. 지애만 혼자 남는다. |

관찰요약:
• 지애는 친구들과 함께 놀고 싶어서 요청하지만 거절당했고 그 이후 공격적인 행동을 하였다.
• 공격적 행동을 반복하여 친구들이 지애를 따돌리는 모습이 보였다.

교수전략:
• 지애가 친구들과 함께할 수 있는 놀이를 찾아서 중재한다.
• 지애가 친구들의 놀이에 개입할 때 친절하게 말하는 방법을 연습한다.

## (2) 빈도 사건표집의 작성양식

빈도 사건표집법을 실시하기 위해 〈표 4-2〉와 같은 작성양식을 참조하여 관찰행동의 빈도를 기록할 수 있다.

### 표 4-2 빈도 사건표집 작성양식의 예

관찰아동: 김주영　　　　　생년월일: 20○○년 12월 10일　　　성별: 여
관찰일: 20○○. 3. 20.
관찰행동: 자유선택활동 시간의 공격적 행동

| 관찰양식 | | | | | | | |
|---|---|---|---|---|---|---|---|
| 유형 | 행동목록 | 1 | 2 | 3 | 4 | 5 | 빈도수 |
| 대물공격 | 찢는다. | / | / | | | | 2 |
| | 던진다. | | | | | | |
| | 부러뜨린다. | | | | | | |
| | 세게 두들긴다. | | | | | | |
| | 발로 찬다. | / | | | | | 1 |
| 대인공격 | 때린다. | / | | | | | 1 |
| | 빼앗는다. | | | | | | |
| | 때리거나 위협하는 흉내를 낸다. | | | | | | |
| | 머리, 팔, 옷을 잡아당긴다. | | | | | | |
| | 툭툭 친다. | / | / | / | | | 3 |
| | 자리를 빼앗는다. | | | | | | |
| | 친구에게 물건을 던진다. | / | | | | | 1 |
| | 발을 걸어 넘어뜨린다. | | | | | | |
| 언어공격 | 욕을 한다. | | | | | | |
| | 화가 나서 큰 소리 친다. | / | | | | | 1 |
| | 놀린다. | / | / | / | / | | 4 |
| | 말다툼한다. | | | | | | |

출처: 안선희 외(2021).

표 4-3 **시간표집법과 사건표집법의 비교**

| 비교 항목 | 시간표집법 | 사건표집법 | |
|---|---|---|---|
| | | 서술식 | 빈도 |
| 기록 단위 | 시간 | 사건이나 행동 | |
| 기록 방법 | 발생 빈도, 발생 여부 | 원인과 결과 서술 | 발생 빈도, 발생 여부 |
| 제공 정보 | 양적 | 질적 | 양적 |

출처: 김지은(2014).

**교실에서는 이렇게**

관찰배경: 학기 초에 비해 수아가 친구들을 때리거나 소리 지르는 경우가 많아졌다. 일시적으로 그런 것인지 수아의 공격적 행동을 관찰하여 행동 양상을 살펴볼 필요가 있다.

관찰방법: 빈도 사건표집법
관찰대상: 김수아          생년월일: 20○○년 9월 3일          성별: 여
관찰기관: ○○어린이집     관찰기간: 20○○. 10. 1.~10. 5.
관찰시간: 10:20~10:50     관찰장면: 자유놀이 시간
관찰행동: 공격적 행동      관찰자: 보조교사

| 날짜 | 손으로 때린다 | 소리 지른다 | 발로 찬다 | 욕설을 한다 | 비고 |
|---|---|---|---|---|---|
| 10. 1. | / | // | / | | 장난감 던짐 |
| 10. 2. | | // | / | | 책 찢음 |
| 10. 3. | | / | | / | |
| 10. 4. | / | / | / | | |
| 10. 5. | / | | | | |

관찰요약: 5일 동안 손으로 때린 횟수 3회, 소리 지른 횟수 6회, 발로 찬 횟수 3회, 욕설을 한 횟수 1회, 그 외에 장난감을 던지거나 책을 찢는 행동을 보였다.

교수전략: 수아의 공격적 행동은 대인 공격, 대물 공격, 언어 공격 등 다양한 양상으로 나타나고, 5일 동안 총 빈도수가 13회 이상으로 높았다. 공격적 행동이 높아진 원인을 파악하기 위한 관찰이 추가적으로 필요하다. 구체적인 행동 수정을 위해 행동 지도를 하고 놀이에서 교사 개입이 필요해 보인다.

[사진 4-1] 갈등 상황에 놓인 유아들

# 3 사건표집법의 실제

## 1) 영아

여기서는 영아 대상 빈도 사건표집법의 실제로 식습관과 자조행동(배변) 사례를, 서술식 사건표집법의 실제로 놀이행동 사례를 제시한다.

### (1) 식습관: 빈도 사건표집법

• 식습관
관찰대상: 김○○　　　　　生년월일: 20○○년 ○월 ○일　　　性별: 여
관찰기관: ○○어린이집　　　관찰기간: 20○○. 10. 1.~10. 31.

| 날짜 | 골라 먹는다 | 먹기 싫은 음식을 뱉는다 | 입에 물고 있는다 | 밥을 안 먹고 가만히 있는다 | 비고 |
|---|---|---|---|---|---|
| 10. 1. | / | /// | / | | |
| 10. 4. | | // | / | | |
| 10. 15. | | / | | / | |
| 10. 17. | / | / | / | | |
| 10. 25. | / | | | | |

[사진 4-2] 음식을 먹기 싫어하는 영아

## (2) 놀이행동: 서술식 사건표집법

• 공격적 행동

관찰대상: 이○○          생년월일: 20○○년 ○월 ○일          성별: 남

관찰기관: ○○어린이집     관찰기간: 20○○. 10. 1.~10. 31.

관찰시간: 10:20~10:50

관찰행동: 공격적 행동      관찰자: 보조교사

| 날짜 | 사건 전 | 사건 | 사건 후 |
|---|---|---|---|
| 10. 1. | 자기 간식을 다 먹고 친구들을 바라본다. | 친구의 간식을 빼앗는다. | 빼앗긴 친구가 울면서 선생님에게 다가간다. |
| 10. 4. | 친구가 가지고 노는 기차 장난감을 달라고 한다. | 기차 장난감을 빼앗아서 던진다. | 선생님이 제지를 하자 피해서 도망간다. |
| 10. 15. | 선생님이 레고 장난감을 꺼내어 주자 달려온다. | 레고들 더미 위에 온몸을 비비고 던진다. | 친구들도 따라 하려고 해서 선생님이 제지하고 바르게 놀도록 지도한다. |

[사진 4-3] 장난감을 던지려고 하는 영아

### (3) 자조행동(배변): 빈도 사건표집법

• 배변 훈련

관찰대상: 김○○          생년월일: 20○○년 ○월 ○일          성별: 여

관찰기관: ○○어린이집    관찰기간: 20○○. 10. 1. ~ 10. 31.

관찰행동: 대소변 행동    관찰자: 보조교사

| 날짜 | 화장실에서 대변을 눈다 | 화장실에서 소변을 눈다 | 이불에 실수한다 | 비고 |
|---|---|---|---|---|
| 10. 1. | / | /// | / | |
| 10. 4. | | // | / | |
| 10. 15. | | / | | |
| 10. 17. | / | / | / | |
| 10. 25. | / | | | |

[사진 4-4] 화장실을 사용하려는 영아들

## 2) 유아

여기서는 유아 대상 빈도 사건표집법의 실제로 낮잠 및 휴식, 대소집단 활동 사례를, 서술식 사건표집법의 실제로 놀이행동 사례를 제시한다.

### (1) 놀이행동: 서술식 사건표집법

• 방관행동
| 관찰대상: 김○○ | 생년월일: 20○○년 ○월 ○일 | 성별: 남 |

관찰기관: ○○어린이집    관찰기간: 20○○. 10. 1.~10. 31.

관찰시간: 10:20~10:50

관찰행동: 또래놀이 진입    관찰자: 보조교사

| 날짜 | 사건 전 | 사건 | 사건 후 |
|---|---|---|---|
| 10. 1. | 친구들이 공을 고르고 있다. | ○○는 1미터 떨어져서 친구들을 바라본다. | 친구들이 모두 공을 고르고 옆으로 빠져나오자 ○○도 공을 고르려고 다가간다. |
| 10. 4. | 놀이터에서 놀기 위해 친구들이 그네, 미끄럼틀 쪽으로 달려간다. | ○○는 천천히 신발을 신고 친구들이 놀고 있는 쪽을 약 5분 동안 앉아서 관찰한다. | 그네 있는 쪽으로 가서 울타리 옆에 서 있는다. |
| 10. 15. | 네 명의 친구가 블록으로 성을 만들고 있다. | ○○는 무릎을 꿇고 앉아서 친구들이 만드는 것을 바라본다. | 블록을 몇 개 집어서 작은 모형을 만든다. 친구들이 그게 뭐냐고 묻자, 집이라고 한다. |

[사진 4-5] 또래에게 접근하는 3세 남아

## (2) 낮잠 및 휴식: 빈도 사건표집법

• 낮잠 및 휴식 여부
  관찰대상: 4세반 유아 8명
  관찰기관: ○○어린이집
  관찰행동: 기본생활습관

  관찰일: 20○○. 4. 20.
  관찰자: 보조교사

| 유아 | 잠을 잔다 | 가만히 누워 있는다 | 옆 친구와 이야기한다 | 돌아다닌다 | 비고 |
|------|----------|-------------------|---------------------|-----------|------|
| 미진 | ✓ | ✓ | ✓ | ✓ | |
| 영수 | ✓ | ✓ | ✓ | | |
| 수진 | | ✓ | | | |
| 예은 | ✓ | ✓ | ✓ | ✓ | |
| 남석 | | ✓ | ✓ | | |
| 재하 | ✓ | | ✓ | ✓ | |
| 시영 | | ✓ | ✓ | | |
| 바다 | | ✓ | | | |

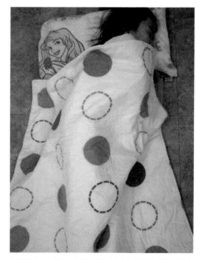

[사진 4-6] 낮잠 및 휴식 시간의 유아

## (3) 대소집단 활동: 빈도 사건표집법

• 소집단 활동
  관찰대상: 김○○          생년월일: 20○○년 ○월 ○일    성별: 여
  관찰기관: ○○어린이집      관찰기간: 20○○. 10. 1.~10. 31.
  관찰행동: 또래 상호작용     관찰자: 보조교사

| 날짜 | 친구를 방해한다 | 자리에서 일어난다 | 가만히 앉아만 있는다 | 낙서를 한다 | 비고 |
|---|---|---|---|---|---|
| 10. 1. | / | /// | / | | |
| 10. 4. | | // | / | | |
| 10. 15. | | / | | / | |
| 10. 17. | / | / | / | | |
| 10. 25. | / | | | | |

[사진 4-7] 색종이 접기 놀이 중인 유아들

## 연구에서는 이렇게

류승희, 이주영, 박소민, 임혜성(2021). 학습지원을 위한 교사-유아 상호작용 연구: 수학 그림책을 활용한 이야기나누기를 중심으로. **유아교육학논집**, **25**(1), 31-60.

이 연구는 상호작용 교수이론(teaching through interaction)에 근거하여 학습지원을 위한 교사-유아 상호작용의 빈도와 질을 분석하는 데 목적이 있다. 이를 위해 만 4, 5세 유아와 교사가 수학 그림책을 활용한 이야기 나누기를 하는 장면을 녹화한 동영상 27편을 수집하여 교실관찰척도체계로 교사-유아 상호작용을 분석하였다. 동영상은 전사하여 연구자 3인이 교사-유아 상호작용을 분석 기준에 따라 코딩하였으며, 통계처리를 하였다.

표 4-4 **교사-유아 상호작용 분석 기준**

| 범주 | 지표 | 예시 |
|---|---|---|
| 개념발달 | 학습목표의 명확성 | 숫자 5만큼 솜공을 가져올 수 있니? |
| | 실생활과 연결 | 우리 반 친구들은 12명인데, 우리 반에 20개의 쿠키가 있다면 어떤 방법으로 쿠키를 나눠 가질 수 있을까? |
| 피드백의 질 | 사고과정 촉진하기 | 너는 왜 그렇게 생각하니? |
| | 정보 제공하기 | 사람을 셀 때는 '~명'이라고 하는 거란다. |
| 언어 모델링 | 반복과 확장 | 유아: 숫자 친구들.<br>교사: 숫자 친구들이 많이 생겼지요. |
| | 고급어휘 사용 | '반복'이란 똑같은 게 자꾸자꾸 계속된다는 뜻이야. |

**연구에서는 이렇게**

> 김윤지, 정지은, 최영은(2020). 준구조화 놀이 상황에서 어머니와 유아의 공동주
> 　의 시도하기: 개인차와 관련 요인을 중심으로. **한국심리학회지: 발달**, **33**(2),
> 　145-164.

　이 연구는 자연스러운 상황에서 유아와 어머니의 공동주의 시도하기를 관찰
하고 둘 간의 상호작용, 개인차와의 관련성을 살펴보고자 하였다. 연구자들은
유아-어머니 쌍의 상호작용이 담긴 30분짜리 영상 전체를 초기 사회적 의사소
통 척도를 준거로 눈 마주치기, 시선 교환, 가리키기, 눈 마주치며 가리키기, 보
여 주기 행동 등 공동주의 시도하기의 빈도를 측정하였다. 연구결과, 어머니는
유아보다 시도하기 비율이 높았고, 여아의 어머니들이 남아의 어머니들보다 눈
마주치며 가리키기를 더 하는 경향이 나타났다. 흥미롭게도, 어머니의 교육수준
이 높을수록, 공감 정확도가 높을수록 유아의 시도하기 수준도 높았다. 반면, 개
인적 고통을 더 느끼는 어머니일수록 자녀의 시도하기 수준이 낮았다. 또한 가
리키기를 많이 하는 어머니일수록 자녀에게 비언어적으로 단어의 의미를 더 잘
전달하였다.

# 4 사건표집법의 장점과 단점

## 1) 사건표집법의 장점

### (1) 서술식 사건표집법의 장점

서술식 사건표집법의 장점은 다음과 같다(안선희 외, 2021; 황해익, 최혜진, 권
유선, 2021).

❚ 사건의 인과관계에 대해 알 수 있다

서술식 사건표집법은 사건이 포함된 전후관계를 기록하기 때문에 그 행동의 배경을 전체적으로 알 수 있게 해 준다. 영유아가 어떠한 행동을 했을 때 그 행동이 발생하게 된 원인과 그에 따른 결과, 영향을 준 요인 등 맥락적 요인을 파악할 수 있다.

❚ 관찰대상에 제약이 없다

서술식 사건표집법은 어린 영아, 장애아 등 대상에 관계없이 관찰하여 기록할 수 있는 방법이다.

❚ 자연스러운 상황에서 관찰할 수 있어서 생태학적 타당성을 가진다

서술식 사건표집법은 유아들의 어떤 행동이나 사건이 일어나게 된 경위와 결과를 자연스러운 상황에서 관찰할 수 있다. 즉, 영유아의 행동은 실험 상황에서 인위적으로 만들어진 것이 아니기 때문에 영유아 본래의 행동에 거의 근접한 관찰결과로 생태학적 타당성을 가진다.

❚ 개별 유아를 단위로 관찰할 수 있다

유아의 특정한 행동에 관한 정보와 그 행동이 일어나기 전후의 상황에 관한 세부적인 정보를 바탕으로 개별 아동의 행동을 수정하거나 지도하기 위한 전략을 세우는 데 활용할 수 있다.

❚ 영유아발달의 질적인 정보를 제공한다

서술식 사건표집법은 시간표집법이나 빈도 사건표집법보다 영유아발달과 관련된 사건의 세부적인 내용을 기록하기 때문에 질적인 측면을 알 수 있다.

❚ 시간의 흐름에 따른 변화를 비교적 정확히 알 수 있다

서술식 사건표집법은 중심 사건이 발생할 때마다 반복해서 기록하기 때문에 시간이 흐르면서 사건이나 그것을 일으키는 원인 등이 변화되는 모습을 알 수 있다. 또한 사건이 일어났을 때마다 기록하기 때문에 잘못된 기억으로 인한 왜곡을 방지할 수 있다.

(2) 빈도 사건표집법의 장점

빈도 사건표집법의 장점은 다음과 같다(김지은, 2014; 안선희 외, 2021; 황해익, 최혜진, 권유선, 2021).

❚ 편리하다

빈도 사건표집법은 관찰양식이 매우 간단하고 관찰기록을 하기 위한 노력을 많이 하지 않아도 될 만큼 단순하기 때문에 쉽게 사용할 수 있다. 따라서 어린이집에서 매우 유용하게 사용될 수 있다.

❚ 수량화하여 분석할 수 있다

서술식 사건표집법이 질적인 정보를 제공해 준다면, 빈도 사건표집법은 양적인 정보를 제공해 준다. 사건이 발생했는지 여부를 기록하므로 쉽게 수량화하고 통계적으로 분석할 수 있다.

❚ 시간이 적게 든다

빈도 사건표집법은 관찰하고자 하는 사건이나 행동이 발생했을 때 발생 여부만 기록하기 때문에 서술식 사건표집법에 비해 시간이 적게 걸린다.

❚ 여러 발달영역을 동시에 관찰할 수 있다

빈도 사건표집법은 영유아의 언어발달, 신체발달, 사회성발달 등 여러 발

달영역에 해당하는 항목을 미리 정해 놓고 행동 발생 여부를 동시에 기록할
수 있다.

## 2) 사건표집법의 단점

### (1) 서술식 사건표집법의 단점

서술식 사건표집법의 단점은 다음과 같다(김지은, 2014; 안선희 외, 2021; 황해
익, 최혜진, 권유선, 2021).

#### ▌ 수량화할 수 없다

서술식 사건표집법은 사건이 일어난 원인, 사건이나 행동과 그것으로 인
해 발생한 상황에 대해서 서술식으로 기록하기 때문에 빈도 사건표집법이나
시간표집법에서와 같이 수량화할 수 없다.

#### ▌ 시간과 노력이 많이 든다

서술식 사건표집법은 관찰하고자 하는 사건이 발생할 때까지 기다렸다가
기록해야 하기 때문에 총 관찰시간을 예측할 수 없다. 또한 동시에 여러 사
람을 관찰하여 기록할 수 없다는 단점이 있다.

#### ▌ 편견이 개입될 수 있다

서술식 사건표집법은 관찰자가 관찰대상과 사건에 초점을 두고 기록하기
때문에 사건의 원인과 결과에 대한 주관적인 관찰과 해석이 개입될 여지가
있다. 즉, 관찰자는 관찰대상의 의도하지 않은 행동도 의도하여 행동한 것으
로 잘못 해석할 수 있어 주의를 요한다.

(2) 빈도 사건표집법의 단점

빈도 사건표집법의 단점은 다음과 같다(안선희 외, 2021; 황해익, 최혜진, 권유선, 2021).

▌행동이나 사건의 질적인 측면을 알 수 없다

빈도 사건표집법은 행동이나 사건의 발생 여부만 기록하기 때문에 대상 아동의 행동이 다른 아동에게 미치는 영향, 아동 간의 상호작용 등 질적인 측면을 알 수 없다.

▌행동이나 사건의 원인을 알 수 없다

빈도 사건표집법은 행동이나 사건의 발생 여부만 기록하기 때문에 행동이나 사건의 원인을 파악하는 데는 적합하지 않다.

참 고 문 헌

김윤지, 정지은, 최영은(2020). 준구조화 놀이 상황에서 어머니와 유아의 공동주의 시도하기: 개인차와 관련 요인을 중심으로. 한국심리학회지: 발달, 33(2), 145-164.

김지은(2014). 영유아 행동관찰의 이해. 경기: 정민사.

류승희, 이주영, 박소민, 임혜성(2021). 학습지원을 위한 교사-유아 상호작용 연구: 수학 그림책을 활용한 이야기나누기를 중심으로. 유아교육학논집, 25(1), 31-60.

안선희, 문혁준, 김양은, 김영심, 안효진, 이경옥, 신혜원(2021). 아동관찰 및 행동연구 (3판). 서울: 창지사.

전남련, 김기선, 이은임, 성은숙, 남궁기순, 이효수, 한혜선, 이은기, 신미선, 박은희, 엄은옥, 김연옥(2014). 아동관찰 및 행동연구. 서울: 태영출판사.

황해익, 최혜진, 권유선(2021). 아동관찰 및 행동연구(3판). 경기: 공동체.

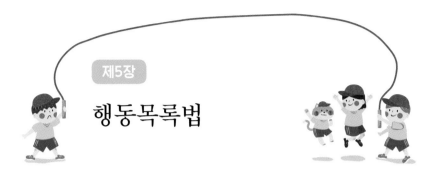

제5장

# 행동목록법

## 1 행동목록법의 특징

행동목록법은 관찰자가 관찰할 행동의 목록을 작성하여 해당되는 행동이 있는지 없는지를 관찰하여 표시하는 방법이다. 특정 행동의 출현 유무를 확인하기 위한 것으로, 사전에 아동의 행동 특성에 관한 목록을 미리 작성하기 때문에 체크리스트법이라고도 한다. 행동목록법은 아동의 구체적인 행동이 나타나는지를 확인하기 위해 혹은 전반적인 발달수준을 파악하기 위해 사용된다.

행동목록법은 다음과 같은 특징이 있다(안선희 외, 2021; 이정환, 박은혜, 2011).

첫째, 이 방법은 다른 관찰방법과는 다르게 구조화된 작업을 필요로 한다. 즉, 관찰이 시작되기에 앞서 특정 행동에 대해 관찰할 수 있는 목록을 만들어야 한다. 관찰에서 사용되는 이러한 기록양식을 행동목록 또는 체크리스트라고 한다. 목록을 만드는 과정은 매우 중요한데, 목록은 문항 간에 서로 중복됨이 없이 명확하고 구체적으로 작성하여야 한다. 또한 행동목록은 주어진 상황에서 특정한 행동의 출연 여부에 초점을 두어 작성된다. 특히 특정행동의 출현 여부를 체크하는 단순한 체크리스트가 아닌 아동의 발달수준을 파악하기 위한 경우에는 상위개념의 행동을 잘 나타낼 수 있는 행동목록을 구성하는 것이 필요하다.

둘째, 행동목록은 어느 한 시점에서 어떤 행동의 출현 유무에 관심이 있을 때 사용한다. 행동이 관찰되면 예, 관찰되지 않으면 아니요로 표기하여, 관찰하고자 하는 대상의 현재 상태를 평가할 수 있다.

셋째, 행동목록은 시간에 따른 행동의 변화를 알아보고자 할 때 사용한다. 어린이집에서 보육교사가 행동의 출현 유무를 행동목록에 표기하고 일정 기간에 동일한 행동목록을 사용하면 관찰대상의 발달상 변화를 파악할 수 있다. 관찰대상이 시간이 지남에 따라 나타내는 변화를 확인할 수 있다.

## 2 행동목록의 작성요령 및 작성양식

### 1) 행동목록의 작성요령

아동의 행동을 평가하기 위해서는 행동목록표, 즉 체크리스트를 만들어야 하는데, 작성절차는 다음과 같다(안선희 외, 2021).

#### ▌적절한 주제를 선택한다
조사하고자 하는 적절한 주제를 선택하고, 주제에 관한 문헌조사 등을 통해 조사하고자 하는 주제를 철저하게 연구해야 한다.

**┃ 관찰행동의 범주를 명확하게 정의하고, 항목을 구체적으로 기술한다**

관찰하려는 특정 영역에서 가능한 한 포괄적이고 대표적인 목록을 구성하여 문항 간 중복이 없도록 한다. 하나의 행동목록표에 모든 행동을 포함하기에는 어려움이 있으나, 특정 행동만을 포함하는 것은 문제가 될 수 있다. 따라서 특정 영역을 대표하면서 하위 영역을 고루 포함하는 문항들로 구성해야 한다.

**┃ 문항을 명료하게 기술한다**

행동목록에 포함할 문항은 가능한 한 관찰 가능한 구체적 행동을 나타내는 것이어야 한다. 또한 자세하고 정확하게 묘사되어야 하고, 명료하게 기술되어 해석에 어려움이 없어야 한다.

**┃ 문항이 만들어지면 행동목록표를 논리적으로 조직한다**

행동목록을 배열할 때는 일정한 체계가 있어야 한다. 문항은 쉬운 것에서부터 어려운 것의 순서로 배열하며, 일반적인 발달수준에 따라 조직한다. 이러한 과정이 행동목록표를 통한 관찰을 용이하게 하며, 행동목록표로부터 얻은 자료에 대한 신뢰도와 타당도를 높여 준다.

**┃ 목록을 만든 이후에는 예비조사를 해야 한다**

행동목록표를 작성하고 난 이후에는 예비조사를 통해 수정·보완하는 작업을 거치는 것이 필요하다. 적절한 연구대상을 선정해 평가하고, 이후 수정하고 보완하는 작업이 필요하다.

표 5-1 **문항 작성법**

| |
|---|
| ※ 다음의 문항을 읽고 객관적인 관찰에 의해 평가가 가능한 문항에 표시해 보시오. |

     _____ 1. 자를 수 있다.
     _____ 2. 5초 동안 한 발로 균형을 잡는다.
     _____ 3. 대부분의 소근육 과제를 할 수 있다.
     _____ 4. 작은 사물을 잡기 위해 엄지와 집게 손가락을 사용한다.

- 1번 문항은 기준이 모호하므로 객관적 관찰에 의한 평가가 불가능하다. 어떻게 자를 수 있는지에 대한 명확한 기준이 제시되어야 한다.
- 2번 문항은 정확한 시간과 자세를 구체적으로 기술하였으므로 객관적 관찰이 가능하다.
- 3번 문항은 대부분과 소근육 과제가 무엇을 의미하는지 명확하게 제시되어 있지 않아 객관적 관찰에 의한 평가가 불가능하다.
- 4번 문항은 아동이 사물을 어떻게 잡는지를 객관적 관찰을 통해 확인할 수 있다.

출처: Nilsen (2001).

## 2) 행동목록의 작성양식

행동목록을 작성할 때는 대상 아동의 성별, 연령, 생년월일, 날짜 등의 정보와 행동 모두가 포함되어야 한다. 〈표 5-2〉에는 교사가 아동의 언어발달 중 말하기와 듣기 영역의 발달이 어느 수준인지를 알고 싶을 때 유용하게 사용할 수 있는 행동목록이 제시되어 있다.

표 5-2  **행동목록 양식의 예**

| 말하기 및 듣기 영역 발달 | | | | |
|---|---|---|---|---|
| 관찰아동 | | 관찰일 | | |
| 생년월일 | | 관찰자 | | |

| 발달 지표 | 평가문항 | 예 | 아니요 |
|---|---|---|---|
| 지시 따르기 | 유아가 항상 보고 사용하는 일상 사물에 대한 지시를 적절하게 수행한다. | | |
| 부정 표현 이해하기 | '안 돼요' '그만' '아니야' 등의 부정문을 듣고 이해한다. | | |
| 의문사 이해하기 | 쉬운 의문사(무엇, 누구, 어디) 질문을 이해한다. | | |
| 질문에 반응하기 | 예/아니요 질문에 바르게 반응한다. | | |
| 단어 사용하기 | 간단한 호칭, 사물 이름, 명령어, 인사 등 표현하는 말이 20개 이상 된다. | | |
| 의문사 사용하기 | 쉬운 의문사(무엇, 누구)를 사용하여 질문한다. | | |
| 기본적인 요구를 말로 표현하기 | 다른 사람에게 말로 요구한다. | | |
| 부정 표현하기 | 상대방이 한 말이나 지시에 거부나 부정을 표현한다. | | |

출처: 이종숙 외(2009).

어린이집에서는 아동의 기본생활습관 형성을 점검하기 위해 다음과 같은 행동발달관찰 기록지를 사용하기도 한다. 정리정돈, 손 씻기, 규칙 준수, 존댓말 사용, 옷입기 등에 대한 다음과 같은 행동목록을 통해 아동의 기본생활습관을 평가해 본다. 교사는 몇 개월 후에 진전이 있는지 확인하기 위해 관찰대상 아동의 기록지를 다시 점검해 본다. 이러한 과정에서 교사는 모든 아동을 대상으로 행동목록을 활용하여 기본생활습관 형성에 관한 정보를 얻을 수 있다.

### 행동발달관찰 기록지

관찰유아: 홍○○  
관찰자: 정○○  

연령: _____3세_____ (남), 여 )

| 관찰일 | 1회 | 2회 | 3회 | 4회 | | 5회 | 6회 |
|---|---|---|---|---|---|---|---|
| | 11/2 | | | | | | |

| 영역 | 내용 | 1회 | 2회 | 3회 | 4회 | 5회 | 6회 |
|---|---|---|---|---|---|---|---|
| 기본<br>생활<br>습관 | 1. 정리정돈을 할 수 있다(장난감, 작업, 간식 책상). | ✓ | | | | | |
| | 2. 간식/식사 시간 전에 손을 씻는다. | ✓ | | | | | |
| | 3. 규칙(차례, 약속)을 잘 지키는 편이다. | ✓ | | | | | |
| | 4. 어른에게 존댓말을 사용한다. | ✓ | | | | | |
| | 5. 음식을 골고루 먹는다. | ✓ | | | | | |
| | 6. 낮잠을 잔다. | ✓ | | | | | |
| | 7. 교사의 지시를 잘 이해하고 따른다. | ✓ | | | | | |
| | 8. 물건을 소중히 다루고 아껴 쓴다. | ✓ | | | | | |
| | 9. 고마워, 괜찮아, 미안해 등의 말을 적절하게 사용한다. | | | | | | |
| | 10. 혼자서 옷을 입을 수 있다. | ✓ | | | | | |
| | 11. 화장실 사용 후 뒤처리를 혼자 한다. | | | | | | |

출처: ○○어린이집 20○○년 관찰기록지.

[사진 5-1] 3세 남아가 혼자서 옷을 입는 모습

[사진 5-2] 3세 남아가 혼자서 손을 씻는 모습

# 3 행동목록법의 실제

## 1) 영아

여기서는 영아 대상 행동목록법의 실제로 놀이행동, 대소집단 활동, 자조행동 사례를 제시한다.

### (1) 놀이행동

| 관찰영아 | 2세 남아 | 관찰일시 | 20○○년 11월 2일 | |
|---|---|---|---|---|
| 관찰자 | 교사 ○○○ | 관찰장소 | ○○어린이집 교실 | |
| 평가문항 | 1. 양쪽 발을 교대로 계단을 오른다. | | | ○ |
| | 2. 두 발로 깡충깡충 뛰어다닌다. | | | ○ |
| | 3. 층계의 맨 아래층에서 바닥으로 뛰어내린다. | | | ○ |
| | 4. 세발자전거를 탄다. | | | ○ |
| | 5. 블록 3개로 탑을 쌓는다 . | | | ○ |
| | 6. 점프하여 두 발로 착지한다. | | | × |
| | 7. 가위를 한 손으로 쥐고 종이를 자른다. | | | ○ |
| |  [사진 5-3] 양쪽 발을 교대로 계단을 오르는 2세 남아의 모습 | | | |
| 평가 | ○○이는 계단을 오르내리고 뛰어다니는 행동을 잘 수행하였으나, 안정감 있는 착지나 균형 잡기에는 어려움이 있다. ○○이는 점프하여 두 발로 착지하는 것을 제외하고 체크리스트에 있는 모든 신체발달 항목을 수행하였다. | | | |

## (2) 대소집단 활동

| 관찰영아 | 2세 남아 | 관찰일시 | 20○○년 10월 19일 |
|---|---|---|---|
| 관찰자 | 교사 ○○○ | 관찰장소 | ○○어린이집 교실 |

| 평가문항 | | |
|---|---|---|
| | 1. 놀이를 할 때 색이나 모양, 크기별로 구분한다. | ○ |
| | 2. 어른이 그려 준 위아래 선을 보고 따라 그릴 수 있다. | ○ |
| | 3. 셋의 개념을 안다. | ○ |
| | 4. 색깔을 두 가지 이상 말한다. | ○ |
| | 5. 매일 특정 시간에 하는 특정 활동을 안다. | ○ |
| | 6. 종종 크기(크다, 작다)에 관한 단어를 말한다. | × |
| | 7. 실수 없이 혹은 실수를 즉각 시정하여 퍼즐 조각을 맞춘다. | ○ |
| | 8. 특정한 책을 찾아오라고 할 때 찾아온다. | ○ |
| | 9. 지시할 때 물건을 '위' '아래' '안에' 놓는다. | ○ |
| | 10. 동작 그림을 보고 동사로 말한다 . | ○ |
| | 11. 모양(네모, 세모, 동그라미)을 구분한다 . | ○ |

[사진 5-4] 블록이나 장난감을 색깔별로 분류하고 있는 2세 남아

| 평가 | ○○이는 알고 있는 색의 종류가 많으며 정확하게 이름을 댈 수 있다. 숫자 개념도 좋아 사물의 개수를 20까지도 셀 수 있다. 크기별로 장난감을 구분하는 것은 가능하나, 크기에 관한 단어를 이야기하지는 않는다. 하나의 그림을 같은 모양의 구멍에 맞추는 손잡이퍼즐은 할 수 있으나, 여러 조각으로 하나의 그림을 완성해야 하는 조각퍼즐을 하는 것은 어려워한다. |
|---|---|

## (3) 자조행동

| 관찰영아 | 2세 여아 | 관찰일시 | 20○○년 12월 7일 |
|---|---|---|---|
| 관찰자 | 교사 ○○○ | 관찰장소 | ○○어린이집 교실 |

| 평가문항 | | |
|---|---|---|
| | 1. 혼자 양말이나 신발을 벗는다. | ○ |
| | 2. 신발을 혼자 신는다. | ○ |
| | 3. 혼자서 바지와 T셔츠를 입고 벗을 수 있다. | × |
| | 4. 혼자 음식을 흘리지 않고 먹는다. | × |
| | 5. 대소변 실수를 하지 않는다. | × |
| | 6. 혼자 이를 닦는다. | ○ |
| | 7. 혼자 얼굴과 손을 씻고 수건으로 닦는다. | ○ |

[사진 5-5] 2세 여아가 혼자 양말을 벗는 모습

| 평가 | ○○이는 바지는 혼자 입고 벗기가 가능하나 아직 T셔츠 입고 벗기는 도움이 필요하다. 음식을 거의 흘리지 않고 먹고, 대소변 실수를 거의 하지 않지만, 간혹 실수를 하는 경우가 있다. 혼자서 양치를 할 수 있으나, 치아 곳곳을 깨끗하게 닦는 연습을 꾸준히 할 필요가 있다. |
|---|---|

## 2) 유아

여기서는 유아 대상 행동목록법의 실제로 놀이행동, 대소집단 활동, 자조
행동 사례를 제시한다.

### (1) 놀이행동

| 관찰영아 | 4세 남아 | 관찰일시 | 20○○년 12월 14일 |
|---|---|---|---|
| 관찰자 | 교사 ○○○ | 관찰장소 | ○○어린이집 교실 |
| 평가문항 | 1. 종이 조각들을 풀로 붙인다. | | ○ |
| | 2. 큰 붓으로 그림을 그린다. | | ○ |
| | 3. 종이를 잘게 찢을 줄 안다. | | ○ |
| | 4. 날아오는 공을 두 손으로 잡으려 한다. | | × |
| | <br>[사진 5-6] 종이 조각들을 풀로 붙이는 4세 남아의 모습 | | |
| 평가 | ○○이는 날아오르는 공을 두 손으로 잡으려는 것을 제외하고 체크리스트에 있는 모든 신체발달 항목을 수행하였다. | | |

## (2) 대소집단 활동

| 관찰영아 | 3세 남아 | 관찰일시 | 20○○년 12월 21일 |
|---|---|---|---|
| 관찰자 | 교사 ○○○ | 관찰장소 | ○○어린이집 교실 |
| 평가문항 | 1. 유아가 항상 보고 사용하는 일상 사물에 대한 지시를 적절하게 수행한다. | | ○ |
| | 2. '안 돼요' '그만' '아니야' 등의 부정문을 듣고 이해한다. | | ○ |
| | 3. 쉬운 의문사(무엇, 누구, 어디) 질문을 이해한다. | | ○ |
| | 4. 예/아니요 질문에 바르게 반응한다. | | ○ |
| | 5. 간단한 호칭, 사물 이름, 명령어, 인사 등 표현하는 말이 20개 이상 된다. | | ○ |
| | 6. 쉬운 의문사(무엇, 누구)를 사용하여 질문한다. | | ○ |
| | 7. 다른 사람에게 말로 요구한다. | | ○ |
| | 8. 상대방이 한 말이나 지시에 대해 거부나 부정을 표현한다. | | ○ |
| | <br>[사진 5-7] 교사와 이야기하는 3세 남아의 모습 | | |
| 평가 | ○○이는 부정문이나 의문문을 잘 이해하고, 다른 사람과 상호작용할 때 적절하게 의사를 표현할 수 있다. | | |

## (3) 자조행동

| 관찰영아 | 5세 여아 | 관찰일시 | 20○○년 12월 1일 |
|---|---|---|---|
| 관찰자 | 교사 ○○○ | 관찰장소 | ○○어린이집 교실 복도 |

| | 문항 | 1회 | 2회 |
|---|---|---|---|
| 평가문항 | 1. 정리정돈을 할 수 있다(장난감, 작업, 급식 책상). | | |
| | 2. 손을 잘 씻는다. | ○ | ○ |
| | 3. 규칙(차례, 약속)을 잘 지킨다. | | |
| | 4. 어른에게 존댓말을 사용한다. | | ○ |
| | 5. 음식을 골고루 먹는다. | | |
| | 6. 교사의 지시를 잘 이해하고 따른다. | | ○ |
| | 7. 물건을 소중히 다루고 아껴 쓴다. | | ○ |
| | 8. '고마워, 괜찮아, 미안해' 등의 말을 적절하게 사용한다. | | ○ |
| | 9. 혼자서 옷을 입을 수 있다. | ○ | ○ |
| | 10. 화장실 사용 후 뒤처리를 혼자 한다. | ○ | ○ |

**[사진 5-8] 혼자서 단추를 잠그는 5세 여아의 모습**

| 평가 | 편식이 매우 심하고 활동 후 정리를 거의 하지 않는 등 기본생활습관 전반에서 잘 수행하지 못하였다. 3개월 이후 편식은 여전히 심하고, 정리정돈과 규칙 준수에는 어려움이 있었으나, '응'에서 '네'로 존댓말을 사용할 수 있게 되었고, 기본생활습관 전반에서 발전된 모습을 보였다. |
|---|---|

**연구에서는 이렇게**

남보람, 장영선, 송경신, 박은혜(2020). 지체장애 유아 통합교육을 위한 물리적 환경준비도 체크리스트 개발 및 내용타당화 연구. **유아특수교육연구**, **20**(3), 33-56.

이 연구에서는 통합 유아교육기관의 물리적 환경을 일반교사와 특수교사가 함께 점검할 수 있는 체크리스트를 개발하고 그에 따른 내용 타당도를 점검하는 것을 목적으로 하였다. 먼저 선행연구를 분석하여 통합 환경에서의 지체장애 유아를 위한 물리적 환경준비도 체크리스트 항목을 추출하였으며, 4점 척도에 따라 설문지를 제작하여 10인의 전문가에게 내용 타당도를 검증받고, 개방형 설문란에 의견을 수렴하여 그에 따라 체크리스트를 수정하였다. 이후 보완된 내용을 토대로 설문지를 작성하여 10인의 전문가에게 다시 발송하여 2차 내용 타당도를 검증하였다. 추가적으로 보완해야 하는 부분들을 점검하고 반영하여 최종 문항을 개발하였다. 최종 문항은 실내 환경, 실외 환경, 활동 지원의 3개 주요 영역, 10개의 하위 영역, 총 42문항으로 구성되었다.

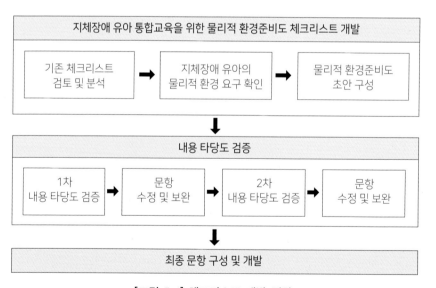

[그림 5-1] 체크리스트 개발 절차

**연구에서는 이렇게**

김진숙, 박경연(2017). 영유아 청각 및 의사소통 행동 체크리스트의 신뢰도와 타당도 검증. *Audiology and Speech Research*, *13*(3), 222-230.

이 연구의 목적은 영유아 초기의 듣기 능력을 정확하게 평가하여 영유아의 의사소통 능력을 분석하고 전반적 영역과 비교할 수 있도록 개발된 영유아 청각 및 의사소통 행동 체크리스트(Infant-Toddler Auditory and Communicative Behavioral Checklist: IT-ACBC)를 더 많은 대상자를 통해 내적신뢰도, 검사-재검사신뢰도, 공인타당도 등을 검증하고 이를 전반적인 발달평가도구와 비교하여 평가도구의 특성을 확인하고자 하였다.

IT-ACBC는 영유아 초기의 청각 및 의사소통 행동을 짧은 시간에 월령구간별로 구조적으로 평가할 수 있는 36문항으로 구성된 부모보고형 설문지다.

 표 5-3 **영유아 청각 및 의사소통 행동 체크리스트(IT-ACBC)**

| 월령 구간 | 확인 | 청각 · 의사소통 행동 | 월령 구간 | 확인 | 청각 · 의사소통 행동 |
|---|---|---|---|---|---|
| 1~3 | | 갑작스러운 큰 소리에 놀라거나 깬다. | 14~ 15 | | 책 속의 그림을 가리키는 말('멍멍'-강아지, '빵빵'-차, '음메'-소 등)을 하면 해당 그림을 가리킬 수 있다. |
| | | 큰 소리에 젖거나 우유병을 빠는 동작을 멈춘다. | | | '엄마' '아빠' 이외에 2~3개 정도의 단어를 알고 사용한다. |
| | | 엄마 목소리(친숙한 목소리)를 듣고 울다가 조용해지는 등의 반응을 한다. | 16~ 17 | | 간단한 질문을 이해하고 한 단어("응" "아니" 등)나 몸동작으로 답한다. |
| 4~5 | | 소리가 나는 곳을 찾으려는 행동(고개를 돌리는 등)을 한다. | | | 간단한 심부름(기저귀, 신발, 컵 등을 가져오기)을 한다. |
| | | 이상한 소리(자음이나 모음으로 표현할 수 없는)를 내며 놀기 시작한다. | | | 10~20개의 단어를 알고 말한다. |
| | | 반복적인 모음 소리(/아~//오~/)를 내기 시작한다. | | | 매일 새로운 단어를 배우고 사용한다. |
| 6~7 | | 자기 이름에 반응하기 시작한다. | 18~ 19 | | 20개 이상의 단어를 알고 사용한다. |
| | | 다양한 소리("껄껄" "끼끼" "걸걸", 비명 소리, '흐-읍' 하며 들이마시는 소리 등)를 낼 수 있다. | | | '나' '이거' '저거'와 같은 대명사를 사용할 줄 안다. |
| | | 음악 소리를 좋아하고 반응하기 시작한다. | | | "배고파." "쉬 마려워?"와 같은 단순한 예, 아니요 식의 질문을 이해한다. |
| 8~9 | | 자기 이름을 작은 소리로 불러도 확실히 반응한다. | 20~ 21 | | "이게 뭐야?"와 같은 간단한 질문에 답한다. |
| | | '까꿍'이나 '짝짝꿍' 놀이 등을 따라 하고 즐긴다. | | | 말로 하는 간단한 지시 사항에 따라 행동한다. |
| | | 익숙한 물건의 이름(혹은 단어: 컵, 신발, 우유, 까까 등)을 안다. | | | 집에서 사용하는 다양한 일상적 어휘를 사용한다. |
| 10~ 11 | | 말소리와 같은 옹알이로 의사 표현을 하고 대화하듯 응답할 수 있다. | 22~ 23 | | 단어의 끝 억양을 높여 질문의 형태로 묻는다. |
| | | 간단한 말소리를 따라 내거나 흉내 낼 수 있다. | | | 세 단어 이상을 사용하여 문장으로 말한다("아가 코 자." "나 우유 시려." 등). |
| | | 지시어("가져와." "이리 와." "더 줄까?" 등)의 의미를 알고 행동한다. | | | '컵 안에' '책상 밑에' '의자 위에' 등의 부사구를 이해한다. |
| 12~ 13 | | 어른들이 사용하는 어구("이거 지지" "아빠, 빠이빠이" 등)의 억양을 흉내 낼 수 있다. | 24~ 26 | | 사물의 크기를 구분한다(큰/작은 공). |
| | | 지시어("가져와." "이리 와." "더 줄까?" 등)뿐만 아니라, '네 신발 어디 있어?'와 같은 간단한 질문도 이해한다. | | | 배설 욕구를 말이나 행동으로 표현한다. |
| | | '엄마' '아빠' 이외에 적어도 한 단어 이상을 알고 사용한다. | | | '어디'나 '언제'와 같은 질문에 답한다. |

# 4 행동목록법의 장점과 단점

## 1) 행동목록법의 장점

행동목록법의 장점은 다음과 같다(김지은, 2008; 안선희 외, 2021; 전남련 외, 2014; 홍순정, 최석란, 2010).

### ▌빠른 시간 안에 작성이 가능하다

행동목록법은 복잡한 정보를 하나의 체크로 바꾸어 주기 때문에 효율적인 장점이 있다. 논리적으로 잘 배열된 목록일수록 기록의 신속함을 증가시켜 주어, 여러 가지 행동에 관한 자료가 빠르고 효율적으로 기록된다. 또한 기록이 간편하여 행동을 자주 기록할 수 있고, 새로운 정보가 있을 때마다 기록을 갱신할 수도 있다. 서술식 사건표집법과 같은 방법을 통해 아동의 행동을 확인하는 것보다 행동목록법을 통해 시간을 절약할 수 있다.

### ▌쉽게 수량화할 수 있다

행동목록법은 복잡한 기술적 정보들을 하나의 체크로 바꾸어 주어서 수량화가 용이하기에 양적 분석이 가능하다는 장점이 있다. 또한 또래들에 비해 대상 아동의 발달 혹은 성취 정도가 어떠한지를 쉽게 파악할 수 있어, 부모에게 아동의 발달상태를 보여 주기에 좋은 도구다. 어린이집이나 유치원에서 학부모에게 신체, 언어, 사회정서 및 인지 발달의 각 영역별로 아동의 발달상태에 대한 간략한 정보를 제공하는 데 사용되기도 한다.

### ▌사용하기가 쉽다

행동목록법은 특별한 훈련 없이 관찰할 수 있는 가장 단순한 방법이다.

서술식 사건기록법에서의 객관적 기록을 위한 훈련이나, 시간표집법에서의 복잡하고 정교한 범주 및 부호화 체계에 대한 사전 훈련 없이 쉽게 사용할 수 있다. 평가가 필요할 때마다 사용할 수 있으므로, 현장에서 보육교사가 쉽게 사용할 수 있다. 또한 기록 및 평가 방법이 단순하여 관찰자의 노력이 적게 든다.

### ▌관찰자가 시간이나 장소에 제한받지 않아 편리하다
행동목록법은 관찰하는 동안이나 관찰 후에도 기록이 가능하다. 또한 일화기록법과 같은 서술식 관찰방법과는 다르게 한 번에 여러 아동의 행동을 기록하는 데 사용할 수 있다.

### ▌다른 관찰에도 적용이 가능하다
행동목록법은 융통성이 있어, 여러 평가방법과 함께 사용할 수 있다. 아동의 행동뿐만 아니라 상호작용의 패턴, 행동의 순서 등의 관찰이 가능하여, 시간표집법이나 사건표집법과 같은 다른 관찰에도 적용할 수 있다. 포트폴리오에도 병행하여 사용할 수 있다.

### ▌집중적인 관찰이 필요한 행동을 발견하는 데 도움이 된다
행동목록법은 아동이 빈번하게 보이는 행동뿐만 아니라 자주 보이지 않는 행동들을 기록하는 경우에도 사용할 수 있다는 장점이 있다. 또한 특정 기술이나 행동 등 다양한 주제나 대상을 평가하는 데 효율적이다.

### ▌반복적 사용으로 아동의 단계적인 발달을 기록하고 관찰하는 데 도움이 된다
행동목록법은 아동의 행동을 관찰할 때 계속적으로, 누적적으로 사용함으로써 행동발달 단계 및 아동의 개인적 발달을 기록하고 관찰하는 데 도움이 된다. 동일한 양식을 반복 사용해서 변화된 행동을 추가하여 기록하는 것은 현장에서 사용하기에 용이하므로 보육교사들이 유용하게 사용할 수 있다.

## 2) 행동목록법의 단점

행동목록법의 단점은 다음과 같다(김지은, 2008; 안선희 외, 2021).

❚ 행동목록에 제시되어 있는 문항 외의 관찰이 불가능하다

행동목록법은 관찰하고자 하는 특성의 여부에 대해 기록하기 때문에 관찰 행동과 그것이 발생하는 상황에 대한 세부적인 정보를 제공하지 못한다. 아동을 평가하기 위해 행동목록표에만 의존하는 경우, 행동목록표에 제시되어 있지 않은 행동에 대해 알지 못하게 된다. 따라서 아동의 행동에 대해 정확하게 이해하기 위해서는 다른 관찰방법을 함께 사용하여 평가하는 것이 필요하다.

❚ 행동목록을 개발하는 데 시간과 노력이 많이 든다

행동목록법을 사용할 때는 행동목록을 개발하는 것이 중요한데, 행동목록은 사용하기에는 용이하나 작성하기 위해서는 많은 시간과 노력이 든다. 행동목록을 구성할 때 포괄적이면서 상호 배타적인 항목을 구성해야 하는데, 행동단위를 조직적으로 분류하는 것은 매우 어려운 일이다. 또한 이러한 행동목록을 개발하는 것은 관찰자의 역량, 즉 연구 경험에 따라 유용성이 좌우된다는 단점이 있다.

❚ 행동의 출현 빈도나 지속성, 질적 수준에 대한 다양한 정보를 제공하지 못한다

행동목록법은 목록에 제시되어 있는 특성이 있는지에 대해서만 기록하기 때문에, 아동 행동의 출현 유무는 알 수 있으나 행동이 일어나는 상황에 대한 구체적인 내용을 알려 주지 못한다는 단점이 있다. 즉, 행동이 어떻게 일어났

는지에 대해서 알 수 없고, 행동의 빈도나 질적 수준에 대한 정보는 얻을 수 없다. 이러한 부분에 대한 자료는 다른 기록방법들을 사용해서 보완해야 한다.

### ▌관찰자의 편견이 개입될 수 있다

행동목록이 명료하게 구성되지 않으면 관찰자들이 동일한 아동의 행동에 대해 다르게 평정할 수 있다. 관찰자의 주관적인 판단이 개입되지 않도록 행동목록을 관찰 가능하고 명확한 문항으로 구성할 필요가 있다. 이러한 단점을 보완하기 위해 여러 관찰자가 동일한 행동에 대해 행동목록을 평정하는 방법을 사용할 수 있다.

### ▌체크할 문항이 많다면 시간이 많이 소요된다

행동목록의 양에 따라 시간이 많이 소요될 수 있어, 현장에서 일과 시간 중에 사용하기에 어려울 수 있다. 현장에서 보육교사들이 행동목록에 표기하는 동안 아동과 상호작용하는 시간이 줄어들 수 있으므로, 적용이 용이한 문항으로 구성할 필요가 있다.

참 고 문 헌

김지은(2008). 아동관찰 및 행동연구. 서울: 학현사.

김진숙, 박경연(2017). 영유아 청각 및 의사소통 행동 체크리스트의 신뢰도와 타당도 검증. *Audiology and Speech Research*, 13(3), 222-230.

남보람, 장영선, 송경신, 박은혜(2020). 지체장애 유아 통합교육을 위한 물리적 환경 준비도 체크리스트 개발 및 내용타당화 연구. 유아특수교육연구, 20(3), 33-56.

안선희, 문혁준, 김양은, 김영심, 안효진, 이경옥, 신혜원(2021). 아동관찰 및 행동연구

(3판). 서울: 창지사.

이정환, 박은혜(2011). 유아관찰워크북. 서울: 한국어린이육영회.

전남련, 황연옥, 이혜배, 강은숙, 권경미(2014). 아동관찰 및 행동연구. 경기: 양서원.

홍순정, 최석란(2010). 아동관찰 및 행동연구. 경기: 교문사.

Nilsen, B. (2001). *Week by week: Plans for observing and recording young children* (2nd ed.). Albany, NY: Delmar.

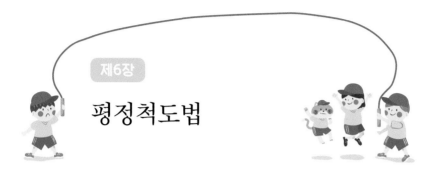

제6장

# 평정척도법

## 1 평정척도법의 특징

　평정척도법은 관찰된 행동의 질적인 차이를 평가할 때 사용하는 방법으로 각 항목에 대해 점수나 가치로 평정하는 것을 말한다. 또한 행동을 측정하기 위해 흔히 사용되는 방법으로, 관찰에서 얻은 자료를 수량화하기 위해 고안된 것이다. 어떤 행동의 출현 유무뿐만 아니라 행동의 질적 특성이나 행동의 출현 빈도의 정도를 평가할 때 사용한다. 즉, 사람의 특성이나 성격을 미리 정해진 범주에 따라 평가할 때 사용되는 관찰도구다. 아동의 행동을 일정한 기간에 지속적으로 관찰하고 난 후 선정된 준거에 따라 행동의 특성을 판단하기 위해 평정척도를 사용할 수 있다. 행동목록법처럼 관찰자가 관찰하려는 행동 영역에 대해 사전에 알고 있는 경우에 사용된다.

　평정척도법은 숙달된 관찰자나 교사가 사용하여야 하는데, 행동의 관찰에 적절한 장면을 선택하고, 그 장면에서 관찰을 기록하고 해석하는 숙달된 기술이 신뢰도를 줄 수 있기 때문이다. 또한 평정척도를 사용할 때는 관찰자의 편견을 비롯한 여러 가지 오류가 발생할 수 있으므로 관찰자의 엄정한 태도가 요구된다.

평정척도법은 개별 아동의 행동 및 특성을 다른 아동의 그것과 비교하여 숫자, 언어, 그림과 같은 여러 가지 평정척도로 나타낸다. 평정에 사용되는 척도의 유형은 수집하려는 자료의 성격과 관찰의 목표에 따라 결정하게 된다. 평정척도의 대표적인 유형으로는 기술평정척도, 숫자평정척도, 도식평정척도, 표준평정척도 등이 있다(김지은, 2008; 안선희 외, 2021; 전남련 외 2014).

## ▌기술평정척도

기술평정척도는 평정하는 행동을 수준에 따라 구체적인 행동으로 서술해 구성한 척도다. 행동의 한 차원을 질적 차이를 나타내는 연속적인 몇 개의 범주로 나누어 기술하고, 관찰자로 하여금 대상의 행동을 가장 잘 나타내는 진술문을 선택하게 하는 방법이다. 진술문은 행동적으로 기술되어야 하고, 범주 간 차이가 구별될 수 있어야 한다. 한 행동에 대해 3~5개의 범주에 따라 평가하게 된다.

**차례지키기 행동**

- 차례를 지켜야 함을 모른다.
- 차례를 지켜야 하는 것을 알지만, 거의 지키지 못한다.
- 차례를 지키는 편이나, 지키지 못할 때도 있다.
- 자기 차례를 잘 시킨다.

출처: 이은해, 이미리, 박소연(2006).

### ▌숫자평정척도

숫자평정척도는 어떤 특성을 나타내려는 정도에 따라 각 항목에 숫자를 부여해 점수를 줌으로써 자료를 평정한다. 숫자는 일종의 점수로서 평정된 자료를 수량화해 통계적으로 분석할 수 있게 해 준다. 숫자를 배정하는 방법은 일반적으로 가장 긍정적인 척도치에 가장 높은 점수를 주는 것으로, 5점 척도인 경우 5, 4, 3, 2, 1로 배정한다. 이와는 다르게 +와 −로 나누어 배정하는 방법도 있다. 5점 척도인 경우 +2, +1, 0, −1, −2로 점수를 줄 수 있다.

숫자평정척도는 평정자마다 평정의 준거가 다를 수 있어 각 척도치를 기술하는 행동적 준거가 필요하므로 기술평정척도와 병행하여 사용하기도 한다. 기술평정의 경우에도 단독으로 사용할 경우 자료를 수량화할 수 없고, 기술적 유목에 따른 척도치가 점수화되면 수량화하기에 유용하기 때문이다. 기술평정의 각 범주에 일련의 숫자를 배정함으로써 숫자평정척도로 전환이 가능하다.

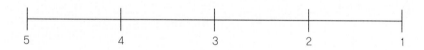

### ▌도식평정척도

도식평정척도는 관찰자의 판단을 돕기 위해 기술적인 유목에 선을 첨가한 형태를 말한다. 도식평정척도에서는 일정한 직선을 제시하는데, 관찰자는 판단을 할 때 도식평정의 선을 시각적 단서로 활용할 수 있고, 관찰하는 행동의 연속성을 가정하여 판단하게 된다. 선은 척도치에 따라 같은 간격으로 나뉜 횡적인 직선을 많이 사용한다. 직선상의 동일한 간격은 각각의 단계가 동일한 급간임을 보여 주므로 다른 평정척도에 비해 효과적인 특성이 있다.

▌ 표준평정척도

표준평정척도는 관찰자에게 평정의 대상을 다른 일반 대상과 비교할 수 있도록 구체적인 준거나 표준을 제시하는 방법이다. 이 유형은 기술평정에서 각 범주를 객관적인 유목으로 기술한 형태로, 일반적으로 숫자평정이나 도식평정과 함께 사용된다.

| 최상위 | 상위 | 중간 | 하위 | 최하위 |
| --- | --- | --- | --- | --- |
| 5%에 속함 | 20%에 속함 | 50%에 속함 | 20%에 속함 | 5%에 속함 |

## ② 평정척도의 작성요령 및 작성양식

### 1) 평정척도의 작성요령

평정척도를 작성할 때는 다음과 같은 절차를 따라야 한다(Nicolson & Shipstead, 1994). 평정척도의 작성요령은 행동목록의 작성방법과 유사하다.

▌ 적절한 주제를 선정한다

평정하고자 하는 적절한 주제를 선정하고, 선정한 주제에 관한 문헌을 조사한다.

▌ 평정할 문항을 명확하고 분명하게 제시한다

애매모호한 용어를 사용하는 경우 관찰자에 따라 해석이 달라질 수 있으므로 모든 관찰자에게 동일하게 해석될 수 있는 용어를 사용한다. 가능한 한 명확하고 간결하며 분명한 용어를 선택하며, 가치판단적인 용어는 사용하지 않도록 한다.

▌기록방법을 결정한다

기술평정척도, 숫자평정척도, 도식평정척도, 표준평정척도 중에서 관찰자의 필요 및 주제에 가장 적합한 평정척도를 선택한다. 적절한 평정척도의 유형을 결정한 이후에는 각 범주가 중복되지 않도록 범주에 명확한 의미를 부여한다.

▌예비조사를 실시한다

평정척도의 초안을 작성한 후에는 예비조사를 하고, 필요하다면 수정을 통해 보완한다.

> 더 알아보기 ┃ **평정척도 사용 시 유의사항**
>
> 평정척도를 사용하는 경우에는 다음과 같은 유의사항을 지켜야 한다(김지은, 2008; 안선희 외, 2021). 첫째, 평정에 앞서 대상 아동에 대한 다른 사람의 의견을 물어보지 않는다. 둘째, 평정에 앞서 모든 항목을 확인한다. 셋째, 평정할 때 대상 아동에 대한 사전의 전반적인 인식에 영향을 받지 않도록 한다. 넷째, 평정척도 양식에 대상 아동의 발달에 대해 간단하게 요약해 둔다.

## 2) 평정척도의 작성양식

다음은 평정척도를 통한 관찰 사례다. 평정척도의 유형에 따라 조금씩 다른 양식으로 기록할 수 있다.

### 기술평정척도

다음은 아동의 쓰기 행동을 평가하는 데 사용한 기술평정척도의 사례다(이미화 외, 2012).

아동의 행동을 가장 잘 나타내는 곳에 체크하시오.

쓰기: 쓰기도구 사용하기
____ 쓰기도구를 바르게 사용하는 것을 어려워한다.
____ 교사의 도움이 있으면 쓰기도구를 바르게 사용한다.
____ 스스로 쓰기도구를 사용한다.

[사진 6-1] 4세 유아가 쓰기도구를 사용하는 모습

## 숫자평정척도

다음은 아동의 말하기 능력을 알아보기 위해 숫자평정척도를 활용한 사례다(이미화 외, 2012).

| | 문항 | 미흡(1) | 보통(2) | 우수(3) |
|---|---|---|---|---|
| 말<br>하<br>기 | 1. 정확한 발음으로 말하고, 다양한 낱말과 문장을 상황에 맞게 말한다. | | | |
| | 2. 자신의 느낌, 생각, 경험을 적절한 낱말과 문장으로 말한다. | | | |
| | 3. 주제를 정하여 함께 이야기를 나누고, 이야기 지어 말하기를 즐긴다. | | | |
| | 4. 바르고 고운 말을 때와 장소, 대상에 알맞게 사용한다. | | | |

## 도식평정척도

다음은 과제 수행 능력을 알아보기 위한 도식평정척도의 사례다(홍순정, 최석란, 2010). 도식평정척도는 보육 현장에서 아동을 대상으로 다양한 영역의 발달 상황을 점검하기 위해 빈번하게 사용된다.

유아의 과제 수행 능력에 해당되는 란에 체크하시오.

| | 매우<br>그렇다 | 약간<br>그렇다 | 보통<br>이다 | 거의<br>그렇지<br>않다 | 전혀<br>그렇지<br>않다 |
|---|---|---|---|---|---|
| 1. 교사의 지시를 주의 깊게 듣는다. | ├ | ┼ | ┼ | ┼ | ┤ |
| 2. 교사의 지시에 따른다. | ├ | ┼ | ┼ | ┼ | ┤ |
| 3. 과제에 집중한다. | ├ | ┼ | ┼ | ┼ | ┤ |
| 4. 과제를 끝마친다. | ├ | ┼ | ┼ | ┼ | ┤ |
| 5. 과제를 열심히 한다. | ├ | ┼ | ┼ | ┼ | ┤ |
| 6. 또래와 협동하여 과제를 한다. | ├ | ┼ | ┼ | ┼ | ┤ |
| 7. 혼자서 과제를 할 줄 안다. | ├ | ┼ | ┼ | ┼ | ┤ |

[사진 6-2] 5세 유아가 친구와 함께 과제를 수행하는 모습

| 표준평정척도

다음은 아동의 언어 능력을 평가하는 데 적용한 표준평정척도의 사례다(김지은, 2008).

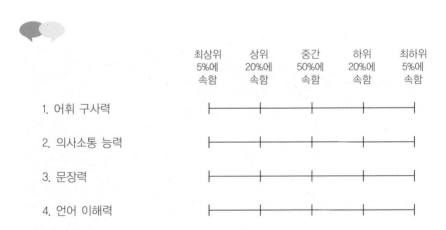

|  | 최상위<br>5%에<br>속함 | 상위<br>20%에<br>속함 | 중간<br>50%에<br>속함 | 하위<br>20%에<br>속함 | 최하위<br>5%에<br>속함 |
|---|---|---|---|---|---|
| 1. 어휘 구사력 | ├ | ┼ | ┼ | ┼ | ┤ |
| 2. 의사소통 능력 | ├ | ┼ | ┼ | ┼ | ┤ |
| 3. 문장력 | ├ | ┼ | ┼ | ┼ | ┤ |
| 4. 언어 이해력 | ├ | ┼ | ┼ | ┼ | ┤ |

교실에서는 이렇게

　주말 지낸 이야기 나누기를 할 때, 시간에 따라 일어난 사건을 정리하여 말하는 것은 아직 어려우나, 전개된 내용을 상황에 따라 필요한 문장과 낱말로 표현할 수 있고, 내용을 설명하는 데 글자를 활용할 수 있다.

| | 문항 | 미흡(1) | 보통(2) | 우수(3) |
|---|---|---|---|---|
| 말하기 | 1. 정확한 발음으로 말하고, 다양한 낱말과 문장을 상황에 맞게 말한다. | | | ✓ |
| | 2. 자신의 느낌, 생각, 경험을 적절한 낱말과 문장으로 말한다. | | | ✓ |
| | 3. 주제를 정하여 함께 이야기를 나누고, 이야기 지어 말하기를 즐긴다. | | ✓ | |
| | 4. 바르고 고운 말을 때와 장소, 대상에 알맞게 사용한다. | | ✓ | |

[사진 6-3]
유아가 그린 주말 지낸 이야기
그림 및 설명

[사진 6-4]
주말 지낸 이야기
나누기를 하는 유아의 모습

## 3 평정척도법의 실제

### 1) 영아

여기서는 영아 대상 평정척도법의 실제로 놀이행동, 자조행동(이 닦기, 배변)의 사례를 제시한다.

#### (1) 놀이행동

| 관찰영아 | 2세 여아 | 관찰일시 | 20○○년 7월 6일 10시 30분~11시 |
|---|---|---|---|
| 관찰자 | 교사 ○○○ | 관찰장소 | ○○어린이집 실외놀이터 |

| 평가문항 | 문항 | 전혀 그렇지 않다 | 다소 그렇지 않다 | 보통 이다 | 다소 그렇다 | 매우 그렇다 |
|---|---|---|---|---|---|---|
| | 1. 놀이에 규칙이 있음을 안다. | | | | ✓ | |
| | 2. 규칙에 따라 놀이한다. | | | | ✓ | |
| | 3. 놀이기구와 놀잇감을 안전하게 사용한다. | | | | ✓ | |

[사진 6-5] 2세 여아가 바르게 앉아 미끄럼틀을 내려오는 모습

| 평가 | ○○이는 놀이터에서 놀이기구를 안전하게 사용하는 모습을 보였다. |
|---|---|

## (2) 자조행동(이 닦기)

| 관찰영아 | 2세 남아 | 관찰일시 | 20○○년 10월 19일 12시 30분~1시 30분 |
|---|---|---|---|
| 관찰자 | 교사 ○○○ | 관찰장소 | ○○어린이집 화장실 |

<table>
<tr><td rowspan="11">평가문항</td><td rowspan="2">문항</td><td>전혀<br>그렇지<br>않다</td><td>다소<br>그렇지<br>않다</td><td>보통<br>이다</td><td>다소<br>그렇다</td><td>매우<br>그렇다</td></tr>
<tr><td></td><td></td><td></td><td></td><td></td></tr>
<tr><td>1. 스스로 이 닦기를 시도한다.</td><td></td><td></td><td>✓</td><td></td><td></td></tr>
<tr><td>2. 스스로 손과 몸 씻기를 시도한다.</td><td></td><td></td><td>✓</td><td></td><td></td></tr>
</table>

[사진 6-6] 2세 남아가 교사와 함께 칫솔질을 하는 모습

| 평가 | 신체 청결과 관련된 내용으로, ○○이는 스스로 이 닦기나 손 씻기를 시도하나 교사의 도움이 필요하다. |
|---|---|

## (3) 자조행동(배변)

| 관찰영아 | 2세 남아 | 관찰일시 | 20○○년 10월 19일 1시 30분~2시 |
|---|---|---|---|
| 관찰자 | 교사 ○○○ | 관찰장소 | ○○어린이집 화장실 |

| 평가문항 | 문항 | 전혀 그렇지 않다 | 다소 그렇지 않다 | 보통 이다 | 다소 그렇다 | 매우 그렇다 |
|---|---|---|---|---|---|---|
| | 1. 정해진 곳에서 배변한다. | | | | ✓ | |
| | 2. 화장실에서 배변한다. | | | | ✓ | |

[사진 6-7] 2세 남아가 화장실에서 남아용 소변기를 사용하는 모습

| 평가 | 배변 습관과 관련된 내용으로, ○○이는 배변 습관이 잘 형성되어 있다. |
|---|---|

## 2) 유아

여기서는 유아 대상 평정척도법의 실제로 놀이행동, 식습관, 대소집단 활동의 사례를 제시한다.

### (1) 놀이행동

| 관찰영아 | 5세 남아 | | 관찰일시 | 20○○년 12월 7일 11시~11시 30분 | | |
|---|---|---|---|---|---|---|
| 관찰자 | 교사 ○○○ | | 관찰장소 | ○○어린이집 교실 | | |
| 평가문항 | 문항 | | | 미흡(1) | 보통(2) | 우수(3) |
| | 1. 스스로에게 정직하고 언행에서 다른 사람을 배려한다. | | | | | ✓ |
| | 2. 주변 사람에게 예의 바르게 행동하고, 약속 및 공공규칙을 지킨다. | | | | ✓ | |
| | 3. 자원을 절약하고 자연을 보호해야 하는 이유를 알고 이를 실천한다. | | | | | ✓ |
| | <br>[사진 6-8] 교실에서 지킬 약속을 보며 친구와 약속하는 5세 남아 | | | | | |
| 평가 | 사회적 가치를 알고 지키는지를 알아보는 내용으로, 다른 사람을 배려하여 행동하고, 타인의 시선을 의식해 공공규칙을 지키려는 편이며, 자원을 아끼는 습관을 가지고 있다. | | | | | |

(2) 식습관

| 관찰영아 | 4세 여아 | 관찰일시 | 20○○년 12월 1일 10시~10시 30분 |
| --- | --- | --- | --- |
| 관찰자 | 교사 ○○○ | 관찰장소 | ○○어린이집 교실 |

| | 문항 | 미흡 (1) | 보통 (2) | 우수 (3) |
| --- | --- | --- | --- | --- |
| 평가문항 | 1. 적당량의 음식을 골고루 먹는다. | | ✓ | |
| | 2. 식사 예절을 지킨다. | | ✓ | |

[사진 6-9] 음식을 입에 넣고 이야기하는 4세 여아

| 평가 | 바른 식생활을 하는지를 알아보는 내용으로, ○○이는 몸에 좋은 음식을 알고, 교사의 도움이 있으면 고르게 섭취할 수 있다. 식사 예절을 알고 있으나, 음식을 입에 넣고 이야기를 하거나 제자리에서 간식을 먹지 않는다. 교사의 격려가 있어야 음식을 다 먹고 제자리에서 음식을 남기지 않고 먹을 수 있으므로, 스스로 적당량의 음식을 바른 자세로 먹을 수 있도록 지속적인 지도가 필요하다. |
| --- | --- |

## (3) 대소집단 활동

| 관찰영아 | 5세 여아 | 관찰일시 | 20○○년 12월 1일 10시~10시 30분 |
|---|---|---|---|
| 관찰자 | 교사 ○○○ | 관찰장소 | ○○어린이집 교실 |

<table>
<tr><td rowspan="12">평가문항</td><td>문항</td><td>미흡<br>(1)</td><td>보통<br>(2)</td><td>우수<br>(3)</td></tr>
<tr><td>1. 20까지 물체의 수량을 안다.</td><td></td><td></td><td>✓</td></tr>
<tr><td>2. 구체물을 가지고 더하기와 빼기를 한다.</td><td></td><td></td><td>✓</td></tr>
<tr><td>3. 위치와 방향을 여러 가지 방법으로 나타내고, 자신의 위치와 사물의 위치에 따라 물체가 다르게 보이는 것을 안다.</td><td></td><td>✓</td><td></td></tr>
<tr><td>4. 기본 도형의 공통점과 차이점을 인식하고, 도형의 분해와 결합을 할 수 있다.</td><td></td><td></td><td>✓</td></tr>
<tr><td>5. 길이, 크기, 무게의 속성을 비교하여 순서를 정하고, 임의 단위를 사용하여 길이를 측정한다.</td><td></td><td></td><td>✓</td></tr>
</table>

[사진 6-10] 자 이외의 물건이나 자신의 손으로 길이를 측정하는 5세 여아

| 평가 | 유아의 수학적 탐구 능력을 확인하는 내용으로, 수와 연산의 기초 개념을 잘 알고 있고, 공간과 도형의 기초 개념에 대해 우수하여 여러 가지 모양의 도형을 구성하는 것을 잘한다. 기초적인 측정뿐만 아니라 임의 측정 단위를 사용하여 길이를 적합하게 측정한다. |
|---|---|

## 연구에서는 이렇게

김경철, 이민영(2021). 유치원 생활습관 기반 유아 인성 평가도구 개발 및 타당화 연구. **유아교육연구**, **41**(1), 265-291.

이 연구는 유아기 바른 인성발달을 위하여 개별 유아의 인성 함양 정도와 그 특성을 파악하고, 교육계획에 반영할 기초 자료를 제공하기 위해 유치원 생활습관에 기반한 유아 인성 평가 도구를 개발하는 것에 목적이 있다. 이를 위해 문헌연구와 예비조사를 통하여 이론적·실제적 근거를 갖춘 문항을 제작하였으며, 1, 2차 내용타당도 검증과 예비검사를 거쳐 최종 문항을 개발하였다.

이 연구에서 개발한 유치원 생활습관 기반 유아 인성 평가도구는 유아교육기관에서 유아가 생활 중에 보이는 일상습관 혹은 반복적인 행동 양상을 관찰함으로써 인성을 평가하도록 제작된 질문지로 기본생활습관, 대인관계, 사회질서, 자아존중, 자기조절의 5개 요인, 총 38개 문항으로 구성되었다. 평가도구는 6점 리커트형 척도로 평정하며, 그 내용은 관찰빈도에 근거하여 '거의 대부분 그렇지 않다(1점)' '대부분 그렇지 않다(2점)' '그렇지 않은 편이다(3점)' '그런 편이다(4점)' '대부분 그렇다(5점)' '거의 대부분 그렇다(6점)'와 같다. 평가도구의 전체 점수 범위는 38~228점이며, 하위요인별 높은 점수는 해당 영역에서의 인성이 강점으로 나타남을 의미한다.

#### 표 6-1  유치원 생활습관 기반 유아 인성 평가도구의 최종 문항(기본생활 요인)

| 하위요인 | 문항 | 거의 대부분 그렇지 않다 | 대부분 그렇지 않다 | 그렇지 않은 편이다 | 그런 편이다 | 대부분 그렇다 | 거의 대부분 그렇다 |
|---|---|---|---|---|---|---|---|
| 기본생활 | 음식을 먹은 후, 자기 자리를 스스로 정리한다. | | | | | | |
| | 쓰레기를 쓰레기통에 버린다. | | | | | | |
| | 물을 사용한 후, 수도꼭지를 잠근다. | | | | | | |
| | 풀, 사인펜, 매직 등을 사용한 후, 뚜껑을 닫아 보관한다. | | | | | | |
| | 공동으로 사용하는 휴지, 색종이, 쓰기 도구 등 유치원 물건을 낭비하지 않는다. | | | | | | |
| | 종이, 플라스틱 등의 쓰레기를 분리하여 버린다. | | | | | | |
| | 자신이 사용한 물건이나 소지품을 제자리에 정리한다. | | | | | | |

## 연구에서는 이렇게

서영주, 김영근(2020). 부부갈등과 아동의 외현화 문제행동 간의 종단적 관계에서 놀이성을 통한 또래 놀이방해 행동의 조절된 매개효과. **정서·행동장애연구**, 36(3), 251-269.

이 연구의 목적은 부부갈등과 아동의 외현화 문제행동 간의 관계에서 놀이성을 통한 또래 놀이방해 행동의 조절된 매개효과를 검증하는 것이다. 이를 위해 한국아동패널(PSKC)의 2차부터 7차까지의 종단 자료를 활용해 SPSS Macro(PROCESS; Hayes, 2013)를 사용하여 분석하였다.

부부갈등을 측정하기 위해서 Markman, Stanley와 Blumberg(1994)가 개발한 척도를 사용하였다. 이 척도는 '전혀 그렇지 않다(1점)'에서 '매우 그렇다(5점)'까지의 범위로 평정하는 5점 리커트형 척도로 총 8문항으로 구성되어 있고, 척도의 점수가 높을수록 부부갈등 수준이 높음을 의미한다.

아동의 외현화 문제행동을 측정하기 위해 Achenbach와 Rescorla(2000)가 개발하고 오경자와 김영아(2009)가 한국판으로 표준화한 유아행동척도(Child Behavior Checklist 1 1/2-5, CBCL 1.5-5, 부모 보고식)의 주의집중 문제 5문항과 공격행동 19문항을 사용하였다. 이 척도는 '전혀 해당되지 않는다(0점)'에서 '자주 그런 일이 있거나 많이 그렇다(2점)'까지의 범위로 평정할 수 있도록 구성된 3점 리커트형 척도로, 점수가 높을수록 외현화 문제행동이 높음을 의미한다.

아동의 또래 놀이방해 행동을 측정하기 위해서 Fantuzzo, Coolahan, Mendez, McDermott와 Sutton-Smith(1998)가 수정하고, 최혜영과 신혜영(2008)이 국내 적용을 위해 타당화한 PIPPS를 수정해 사용하였다. 최근 1개월 동안 유치원의 자유선택활동 시간에 일어난 또래 놀이방해(play disruption) 행동을 교사가 관찰하여 평정한 총 13문항으로 구성되고 '전혀 그렇지 않다(1점)'에서 '항상 그렇다(4점)'까지의 범위로 평정하는 4점 리커트형 척도로, 점수가 높을수록 또래 놀이방해 행동이 많이 일어나는 것을 의미한다.

아동의 놀이성을 측정하기 위해서 Fantuzzo 등(1995)이 개발한 또래 간의 놀이를 평정하는 척도를 Fantuzzo 등(1998)이 수정하고 최혜영과 신혜영(2008)이 국내 적용을 위해 타당화한 PIPPS를 수정해 사용하였다. 총 9문항의 자료는 최근 1개월 동안 유치원의 자유선택활동 시간에 일어난 아동의 놀이를 교사가 관찰하여 '전혀 그렇지 않다(1점)'에서 '항상 그렇다(4점)'까지의 범위로 평정하는 4점 리커트형 척도로, 점수가 높을수록 놀이 상호작용이 높은 것을 의미하며 사회적 유능감을 예측하기 위해 흔히 사용한다.

# 4 평정척도법의 장점과 단점

## 1) 평정척도법의 장점

평정척도법의 장점은 다음과 같다(김지은, 2008; 안선희 외, 2021; 홍순정, 최석란, 2010).

### ❙ 사용이 간편하다

평정척도는 빠르고 쉽게 사용할 수 있다. 관찰자들은 필요한 정보를 얻기 위해 별도의 시간을 내지 않아도 매일의 경험을 토대로 아동에 관한 지식을 적용할 수 있다. 따라서 관찰을 하면서 바로 기록하지 않고, 보육교사가 편리한 시간에 기록할 수 있다.

### ❙ 여러 특성이나 발달영역을 한번에 평가할 수 있다

평정척도법은 행동을 관찰하고 기록하는 데 시간과 노력이 많이 들지 않고, 많은 발달영역을 한꺼번에 평가할 수 있다. 또한 여러 아동을 한번에 평가할 수 있어서 유용하다. 이러한 효율성과 경제성은 보육교사들이 현장에서 평정척도를 활용하는 데 도움이 된다.

### ❙ 행동의 질을 평가할 수 있다

행동목록법과는 다르게, 평정척도법은 행동의 유무뿐만 아니라 행동의 빈도나 정도를 평가할 수 있어 보육 현장에서 유용하게 사용할 수 있다. 또한 평정척도를 계속해서 사용하면 시간의 흐름에 따른 행동의 변화에 대한 정보도 얻을 수 있어 보육교사가 아동의 발달을 평가하는 데 용이하다.

▌ 특별한 훈련 없이 사용할 수 있다

평정척도법의 평정자는 문항을 읽고 판단한 후 해당되는 것을 선택하면 되기 때문에 특별한 훈련 없이 쉽게 사용할 수 있다. 잘 만들어진 평정척도는 관찰자가 이해하기에도 쉽고 사용하기에도 어려움이 없다.

▌ 아동의 단계를 평가하는 데 유용하다

행동목록법에서 아동의 행동에 대해 미리 정해진 목록에서 달성 여부만을 확인하는 것과 다르게, 평정척도법에서는 특정 행동에 대한 아동의 발달단계를 묘사하는 것이 가능하다.

## 2) 평정척도법의 단점

평정척도법의 단점은 다음과 같다(안선희 외, 2021; 전남련 외, 2014).

▌ 관찰자마다 견해 차이가 있고 관찰자의 편견이 개입될 수 있다

평정척도는 관찰결과에 대한 판단을 요구하는 것이므로 관찰자의 오류와 편견이 개입될 가능성이 있다. 보육교사들은 아동에 대한 선입견이나 이전에 알고 있던 다른 정보에 기초해서 아동을 평가하기 쉽다(Linn & Miller, 2005).

▌ 척도를 개발하기가 어렵다

관찰자가 평정하고자 하는 것을 명확하게 정의하고 객관적인 항목과 범주를 구성하는 것은 어려운 일이다. 또한 직접 개발하지 않고 다른 사람이 만든 평정척도를 사용할 경우 자신의 생각과 다른 문항들로 인해 당황할 수 있다.

**▌행동의 원인에 대해 알려 주지 못한다**

행동목록법이 행동이 나타나는지 여부를 알려 주는 것과 마찬가지로, 평정척도법은 각 행동이 관찰되는 상황에 대한 설명 없이 행동의 수준만을 기록하게 된다. 아동의 행동과 관련된 상황에 대한 전반적인 정보를 제공하는 일화기록이나 연속기록과는 다르게, 평정척도는 일어난 상황을 명확하게 해 주는 추가 정보를 제공하지 않아 행동의 원인에 대해 설명하지 못한다는 단점이 있다.

**▌모호한 용어로 인한 문제가 발생할 수 있다**

평정척도에서 용어들이 애매한 경우가 있어 관찰자들이 서로 다른 평가를 할 수 있다. 평정척도에서 사용하는 '자주' '때때로' '드물게'와 같은 용어들에 대해 관찰자들이 다른 기준을 가지고 평가할 수 있는 것이다. 이러한 모호한 용어는 평정척도를 통해 얻은 정보를 신뢰할 수 없게 한다.

**▌목록 외의 것은 관찰할 수 없다**

행동목록과 마찬가지로 평정척도에 제시되어 있는 항목 이외의 내용에 대해서는 알지 못한다.

**더 알아보기**   평정자 오류

평정척도법을 사용하는 경우 다음과 같은 오류를 주의해야 한다(김지은, 2008; 이은해, 1996; 황해익, 2012).

✳ 후광효과: 아동을 평가할 때 관찰대상 주변의 요소가 평정에 작용하는 것을 말한다. 관찰대상인 아동에 대한 사전 정보나 호감, 인성이 평정에 영향을 주어 관찰 아동을 과대평가하거나 과소평가하여 평정하는 오류다. 이러한 후광효과는 쉽게 제거하기 어려운 요인으로, 평정자들이 가장 많이 범하는 오류다.

✳ 중앙집중의 오류 혹은 중심화 경향의 오류: 평정자가 평정을 할 때 양극단 점수를 피하고 중간 점수를 많이 주게 되는 경향을 말한다. 특히 관찰자가 평정할 때 대상에 대해 판단하기 어려운 경우, 평정하는 대상에 대해 잘 모르는 경우, 이와 같은 경향이 많이 나타난다.

✳ 관용의 오류: 평정자들이 지나치게 관대하게 평정하는 경향이다. 아는 사람에 대해 실제보다 더 높게 평정하거나, 타인에 대해 관대하게 평정하는 오류를 말한다.

✳ 엄격성의 오류: 엄밀하고 낮은 평정을 하는 경향이다. 지나치게 엄격한 기준으로 평정하여 거의 모든 대상에게 낮게 평정하는 오류를 말한다.

✳ 논리성의 오류: 논리적으로 서로 관련되어 있는 문항에 대해 같은 평정을 하게 되는 것을 말한다. 주도적으로 행동한다는 문항과 독자적으로 행동한다는 문항이 논리적인 관계를 갖고 있다고 생각하는 평정자들은 이 문항들을 유사하게 평정하는 경향이 있다.

✳ 근접의 오류: 평정자들이 시공간적으로 가까이 있는 항목들에 대해 유사하게 평정하는 오류를 말한다. 평정척도에서 문항 간의 상관을 알아보았을 때 가까이 있는 문항과의 상관이 멀리 떨어진 문항과의 상관보다 더 높게 나타났다.

✳ 비교의 오류와 대비의 오류: 평정자가 관찰대상을 어떻게 지각하고, 자신이 지니고 있는 특성을 관찰대상이 가지고 있는지 없는지를 비교하여 자신과 유사하게 또는 자신과 정반대로 평정하는 오류를 말한다.

참 고 문 헌

김경철, 이민영(2021). 유치원 생활습관 기반 유아 인성 평가도구 개발 및 타당화 연구. 유아교육연구, 41(1), 265-291.

김지은(2008). 아동관찰 및 행동연구. 경기: 학현사.

서영주, 김영근(2020). 부부갈등과 아동의 외현화 문제행동 간의 종단적 관계에서 놀이성을 통한 또래 놀이방해 행동의 조절된 매개효과. 정서·행동장애연구, 36(3), 251-269.

안선희, 문혁준, 김양은, 김영심, 안효진, 이경옥, 신혜원(2021). 아동관찰 및 행동연구 (3판). 서울: 창지사.

이미화, 이정림, 여종일, 김경미, 김명순, 이경옥, 이완정, 최일선, 최혜영(2012). 5세 누리과정 유아평가척도개발. 서울: 육아정책연구소.

이은해(1996). 아동연구방법. 경기: 교문사.

이은해, 이미리, 박소연(2006). 아동 연구방법의 이해. 서울: 학지사.

전남련, 황연옥, 이혜배, 강은숙, 권경미(2014). 아동관찰 및 행동연구. 경기: 양서원.

홍순정, 최석란(2010). 아동관찰 및 행동연구. 경기: 교문사.

황해익(2012). 아동연구방법. 경기: 정민사.

Linn, R. L., & Miller, M. D. (2005). *Measurement and assessment in teaching* (9th ed.). Upper Saddle River, NJ: Prentice Hall.

Nicolson, S., & Shipstead, S. G. (1994). *Though the looking glass: Observation in the early childhood classroom.* New York, NY: Macmillan Publishing Company.

# 제3부

# 아동행동연구를
# 위한 대안적 방법

제3부에서는 아동행동연구를 위한 대안적 방법으로 질문
지법, 면접법, 실험연구, 검사도구, 사례연구, 포트폴리오
평가에 대해 다룬다.

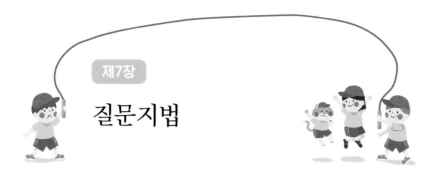

제7장

# 질문지법

## 1 질문지법의 특징

조사연구는 아동, 청소년, 성인을 대상으로 자신의 태도, 감정, 지각, 행동 등에 대해 질문하고 자료를 수집하여 수행하는 연구방법이다. 이러한 조사 연구의 대표적인 방법으로 질문지법과 면접법이 있는데, 질문지법은 질문지 에 제시된 문항에 응답자가 자신의 응답을 기록하게 하고 이를 통해 자료를 수집하는 방법이다.

조사연구에서 자료수집의 한 방법으로 가장 빈번하게 사용되는 도구는 질 문지다. 질문지(questionnaire)란 어떤 문제나 사물에 관한 필요한 사항을 알 아보기 위해 만든 일련의 문항을 체계적으로 조직하여 작성한 글을 말한다. 질문지법은 Stanly Hall 등이 1891년에 사용한 이후 주로 사회 문제나 사건 에 대한 개인의 의견이나 태도를 알아보기 위해 사용되었다.

질문지법은 짧은 시간에 다수를 대상으로 조사할 수 있다는 장점 때문에 다른 연구방법보다 연구자들이 손쉽게 사용하는 방법이기는 하지만, 그것의 사용을 결정할 때는 다음과 같은 점을 고려할 필요가 있다. 즉, '첫째, 질문지를 통해 필요한 정보를 얻을 수 있는가? 둘째, 응답자가 성실하게 응답할 수 있는 문항인가? 셋째, 질문지보다 더 신뢰할 만하고 타당한 자료수집 방법은 없는가?' 등에 대해 사전에 검토할 필요가 있다(송인섭 외, 2001).

질문지법으로 자료를 수집하여 연구를 실시하기 위해서는 사전에 질문지 문항 작성 및 구성, 응답 방식 등에 대한 구체적이고 정밀한 검토가 요구된다.

연구대상이 아동인 경우 질문지를 이용할 때 다음과 같은 점에 주의를 기울여야 한다. 나이가 어린 아동은 문자 해독 능력이 없거나, 글자를 읽을 수 있다고 하더라도 그 의미를 정확하게 파악하고 응답하는지를 알 수가 없다. 또한 아동은 주의집중 시간이 짧기 때문에 많은 문항이 포함된 질문지는 성실한 답변이 어려우므로 문항 수를 고려할 필요가 있다.

## ② 질문지의 작성요령 및 작성양식

### 1) 질문지의 작성요령

질문지를 작성하기 위해서는 다음과 같은 사항을 고려해야 한다(이순형 외, 2014; 이은해, 이미리, 박소연, 2006; 정옥분, 임정하, 김경은, 2014; Brown, Cozby, Kee, & Worden, 1999).

▌질문지의 작성목적, 문항의 내용과 범위, 실시대상을 명백히 한다
질문지의 전체적인 문항 구성을 위해서는 어떤 목적으로 질문지를 사용하는지, 질문지 문항의 종류와 문항 수 그리고 실시대상이 아동, 청소년, 성인

중 누구인지를 명확하게 제시한다.

**▌질문지를 구성하기 이전에 연구문제를 분명하게 정의한다**

조사연구를 위한 질문을 구성하기 위해서는 연구문제를 분명하게 정의해야 하는데, 그 이유는 정의된 연구문제와 일치하는 문항을 질문지에 포함시켜야 하기 때문이다. 따라서 질문지를 구성하기 전에 연구문제를 명확히 함으로써 질문 문항을 통해 얻을 정보를 고려하여 질문을 작성해야 한다.

**▌연구목적을 설명하고 연구 협조를 요청하는 안내문을 작성한다**

질문지를 이용한 조사연구에서는 질문지 첫 페이지에 제시하는 안내문의 역할이 중요하다. 응답자가 연구에 적극적으로 참여하고 솔직하게 응답할 수 있도록  안내문에 응답 소요 시간, 응답자의 비밀 보장, 회수 기일, 감사 표현 등과 같은 내용을 포함한다.

**▌질문지에 사용할 질문 형식을 사전에 결정한다**

질문지에 사용할 질문이 개방형인지 폐쇄형인지 결정한 다음, 하나의 질문 문항에는 하나의 질문만 포함하고, 질문은 간단명료하게 기술하며, 응답자가 이해할 수 있는 어휘를 사용하고, 질문들이 상호 배타적이도록 구성한다.

**▌문항의 글자 크기, 질문지 크기, 인쇄 형태 등 질문지의 체제를 미리 정한다**

문항의 글자 크기는 응답자가 읽는 데 어려움이 없어야 하고, 전체 문항 수는 응답자가 부담을 느끼지 않고 대답할 수 있는 분량이어야 한다.

**▌질문하는 순서가 중요하므로 문항을 배치할 때 순서를 고려한다**

편안한 마음으로 마지막 문항까지 응답하도록 응답자가 쉽게 응답할 수 있는 문항을 질문지의 앞부분에 배치한다. 앞의 질문이 다음 질문의 응답에 영향을 줄 수 있으므로 동일한 내용에 관련된 질문 중 일반적인 것을 먼저 묻고 구체적인 것을 나중에 묻는다. 응답자에게 민감한 질문은 나중에 배치하는 것이 좋으며, 이러한 질문이 연구에 반드시 필요하지 않다면 질문 목록에서 제외한다.

▌질문지를 작성한 후 예비조사를 실시하기 전에 문장을 다듬는다

질문 문항의 의미가 분명하지 않을 경우 이에 대한 응답을 신뢰할 수 없다. 구조가 복잡한 문장이나 어려운 단어를 사용하면 응답자가 이해하기 어려우므로 문장은 짧고 명확하게 구성하여 의미를 정확하게 전달한다. 하나의 문항에는 하나의 질문만 포함되도록 작성하고, 부정문보다는 긍정문으로 질문을 작성한다(Ceci & Bruck, 1993).

▌작성된 질문지를 사용하여 예비조사를 실시한다

질문지 문항이 연구목적을 수행하기에 적절한지, 연구대상에게 적합한지, 오류는 없는지 등을 확인하기 위해 예비조사를 실시한다. 예비조사를 실시하면 개별 질문 문항과 주어진 응답에 대한 응답자의 해석 및 반응을 알아볼 수 있다.

▌예비조사 결과를 토대로 질문지를 분석하고 수정 및 보완한다

예비조사를 통해 얻은 정보는 문장을 수정 및 보완하는 데 중요한 자료가 된다. 예비조사 결과 자료를 분석하여 질문 문항의 오류나 문제점을 발견하고 문제가 있는 문항은 수정 및 보완하거나 삭제한다.

## 2) 질문지의 작성양식

조사연구에서 사용되는 질문은 폐쇄형이거나 개방형이고, 질문지는 응답

방식에 따라 개방형 질문지와 폐쇄형 질문지로 구분된다. 폐쇄형 질문과 개방형 질문 중 어떤 것을 사용하는지에 따라 응답자의 응답 여부에 차이가 있다.

### (1) 폐쇄형 질문

폐쇄형 질문지(closed-ended questionnaire)는 연구자가 제시하는 몇 개의 반응 범주 중에서 응답을 선택하게 하거나 서열을 매기도록 만든 문항 형식을 말한다. 폐쇄형 질문은 사지선다형 시험문제처럼 주어진 응답들 중에서 선택하여 응답하는 형식이다. 폐쇄형 질문은 응답 범주가 분명하고 비교적 응답 범주의 수가 적을 때 사용되며, 명목 변수처럼 범주가 서로 배타적이고 포괄적일 때 사용된다. 폐쇄형 질문의 종류에는 양자택일형, 선다형, 순위형, 평정척도형 등이 있다(이순형 외, 2014).

**더 알아보기** **폐쇄형 질문의 장점**

- 응답이 범주화되어 있어 응답자가 응답하기 쉽다.
- 응답이 범주화되어 있어 연구자가 응답을 분석하기 쉽다.
- 질문지를 바로 부호화할 수 있어 시간과 비용을 줄일 수 있다.
- 소득 수준, 교육 수준 등과 같은 예민한 문항에 적절하다.

출처: 조복희(2009).

#### ① 양자택일형 질문

양자택일형 질문은 질문에 대해 예-아니요, 있다-없다, 그렇다-아니다 등의 각 응답 세트에서 하나의 응답을 선택하도록 하는 질문 형식이다. 양자택일형 질문으로는 추상적이거나 일반적인 질문보다는 구체적인 질문을 제시하는 것이 적절하다. 예를 들어, 연구대상의 성별을 질문하거나 경험 여부를 질문하는 경우가 대표적이다.

유아의 성별은 무엇입니까? (          )

　① 남아　　　② 여아

### ② 선다형 질문

선다형 질문은 하나의 질문에 대해 연구자가 미리 상호 배타적이면서 질문에 대한 모든 응답을 포괄하는 몇 개의 응답을 제시하여 그중에서 응답자 자신의 의견이나 태도와 일치하는 하나 또는 지정한 개수만큼의 응답을 선택하게 하는 형식이다. 주어진 질문에 대해 나올 수 있는 모든 응답을 예비조사 등을 통해 사전에 충분히 조사하여 가능한 모든 응답의 내용을 선택 항목에 포함시켜야 한다. 제시된 응답 이외에 다른 응답이 나올 경우를 대비하여 기타 항목을 포함시키고, 기타의 내용은 구체적으로 작성하게 한다.

어머니의 교육수준은 다음 중 어디에 해당합니까? (          )

　① 초등학교 졸업　　　② 중학교 졸업　　　③ 고등학교 졸업
　④ 대학교 졸업　　　　⑤ 대학원 졸업 이상

### ③ 순위형 질문

순위형 질문은 서열형 질문이라고도 불리며, 일정한 기준에 따라 제시된 항목에 대해 순서를 정하여 응답하도록 하는 형식이다. 순위형 질문의 응답은 단어나 문장을 여러 개 나열하는 것이 일반적이지만, 나이 어린 아동을 대상으로 할 경우에는 그림을 보여 주고 하나씩 순서대로 선택하게 한다.

평소 하루 일과 중 시간을 가장 많이 할애하는 언어활동 세 가지를 순서대로 나열하시오. ( 　,　　,　　 )

① 한글 읽기　　　② 한글 단어 쓰기　　　③ 이야기 나누기
④ 한글 자모 배우기　　⑤ 한글 단어 배우기

④ 평정척도형 질문

평정척도형 질문은 리커트형 질문이라고도 불리며, 선다형 질문과 함께 질문지에서 보편적으로 사용되는 질문 형식이다. 응답자의 의견이나 태도를 조사하고자 할 때 응답자에게 사전에 정해진 척도에 따라 자신의 생각을 평정하여 하나를 선택하도록 한다. 척도는 연구자의 필요, 응답자의 연령 등에 따라 구분되는데, 3점, 5점, 7점 척도가 보편적이다. 평정척도는 문항의 성격에 따라 찬성 정도, 만족 정도, 선호도 등을 응답하도록 구성한다. 예를 들어, 5점 척도의 경우 '전혀 그렇지 않다, 별로 그렇지 않다, 보통이다, 그렇다, 매우 그렇다'로 구분된다.

| 문항 | 전혀 그렇지 않다 | 대체로 그렇지 않다 | 조금 그렇지 않다 | 보통이다 | 조금 그렇다 | 대체로 그렇다 | 매우 그렇다 |
|---|---|---|---|---|---|---|---|
| 커다란 개나 동물을 보면 무서워한다. | | | | | | | |
| 하던 일이 잘 안 풀리면 몹시 실망한다. | | | | | | | |
| 실수하면 어쩔 줄 몰라 한다. | | | | | | | |

## (2) 개방형 질문

개방형 질문지(open-ended questionnaire)는 응답 형식에 대한 제약 없이 응답자가 자신의 생각이나 의견을 자유롭게 기술하는 문항 형식이다. 즉, 개방형 질문은 응답자가 원하는 방식으로 자유롭게 응답한다. 개방형 질문은 폐쇄형 질문에 들어갈 응답 대안들을 파악하기 위한 탐색적 연구에 유용하며, 응답자의 흥미, 태도, 가치관 등에 관한 질적인 문제를 조사하거나 질문지를 작성하기 위한 예비조사의 경우에 많이 활용된다. 개방형 질문을 통해 연구자가 기대하지 않았던 정보뿐만 아니라 예상치 못했던 문제점도 알 수 있다. 연구자가 생각하지 못했던 흥미로운 응답을 얻을 수도 있으나, 응답자가 응답하는 데 상대적으로 많은 시간과 노력이 요구되므로 반응이 성의 없거나 응답하지 않을 가능성이 높고, 다양한 응답이 나올 경우 분석을 위해 많은 노력이 필요하다.

- 선생님이 담당하고 있는 반은 몇 세반입니까? (        세반)
- 보육교사의 역할 중 가장 어려운 점은 무엇이라고 생각하십니까?
  (                                                      )

> **더 알아보기**     개방형 질문의 장점
>
> - 응답의 모든 범주를 알 수 없는 경우 사용된다.
> - 응답자가 자신의 의견을 자세하고 분명하게 응답할 수 있다.
> - 응답이 몇 개의 범주로 묶일 수 없는 경우에 적절하다.
> - 응답자의 창의성, 자기표현의 기회를 허용한다.

출처: 조복희(2009).

# 3 질문지법의 실제

질문지를 활용한 조사연구는 질문지 문항을 이해해야 하므로 문자 해독 능력이 선행되어야 한다. 따라서 영아나 유아를 대상으로 질문지를 직접 작성하도록 하는 것은 불가능하므로 질문지를 사용해 영유아 대상의 내용에 대한 자료를 수집할 경우 일반적으로 부모와 교사에게 실시한다. 질문지법의 실제에서 사례로 제시되는 질문지는 영유아 대상의 내용을 부모 또는 교사가 작성하는 질문지다.

## 1) 영아

일반적으로 영아의 발달 특성을 파악하기 위한 자료수집에는 개방형 문항이나 선다형 문항으로 구성된 질문지가 많이 사용된다. 여기에서는 영아 대상의 기질 질문지와 전반적 발달 특성을 살펴보는 질문지를 사례로 제시한다.

### (1) 기질 측정 부모용 질문지

나이 어린 영아의 기질을 측정할 때 사용되는 부모용 질문지 중 여기서는 Fullard, McDevitt와 Carey(1984)의 걸음마기 아동 기질 질문지(Toddler Temperament Questionnaire: TTQ)를 소개한다. 이 질문지는 활동수준, 규칙성, 접근성, 적응성, 반응강도, 기분, 지구성, 주의분산도, 반응역의 9개 측정 영역으로 구분된다. 각 측정 영역의 사례 문항은 〈표 7-1〉과 같으며, 각 문항은 '전혀 그렇지 않다' 1점에서 '항상 그렇다' 6점까지의 리커트형 척도다.

**표 7-1 걸음마기 아동 기질 질문지 문항**

| 측정 영역 | 사례 문항 |
|---|---|
| 활동수준(12문항) | 옛날이야기를 듣거나 그림책을 볼 때 가만히 있지 않는다. |
| 규칙성(11문항) | 매일 비슷한 시각(30분 이내)에 잠자리에 든다. |
| 접근성(12문항) | 의사에게 처음 가도 무서워하는 기색이 없다. |
| 적응성(9문항) | 가지고 싶어 하는 장난감이나 과자를 3, 4분 늦게 주어도 잘 참고 기다린다. |
| 반응강도(10문항) | 음식을 먹을 때 좋거나 싫은 표시를 하지 않고 조용히 먹는다. |
| 기분(13문항) | 새로운 장소에 처음 가면 기분이 좋아서 웃거나 미소 짓는다. |
| 지구성(11문항) | 좋아하는 장난감을 가지고 10분 이상 계속해서 논다. |
| 주의분산도(11문항) | 놀고 있는 방에서 시끄러운 소리가 나도 계속해서 논다. |
| 반응역(18문항) | 싫어하는 음식은 좋아하는 음식에 섞어 주어도 역시 싫어한다. |

출처: 곽금주(2002).

## (2) 영유아발달평가 부모용 질문지

Ireton(1990)이 개발한 영유아발달평가 부모용 질문지(Child Development Review-Parent Questionnaire: CDR-PQ)는 출생부터 5세까지의 유아를 대상으로 영유아의 발달, 학습, 적응, 건강, 시각 및 청각 능력을 포함한 내용을 포괄적으로 다루는 질문지다. CDR-PQ에는 6개의 개방형 질문과 26개의 문제행동 문항이 제시되어 있고, 부모는 6개의 개방형 질문에 응답하고 문제행동 목록 중 해당하는 항목에 표시한다.

# child development review

*Parent Questionnaire*

Child's Name _____ Matthew _____ Sex ☑ Male ☐ Female
Last / First / Initial

Birthdate [ ] [ ] [ ]   Today's Date [ ] [ ] [ ]   Age [ 2 ] [ 0 ]
Month Day Year / Month Day Year / Years Months

Your Name _____ Relationship to Child _____

Your Address _____ Telephone _____ Mother

**A WORD TO PARENTS:** Your answers to these questions can help us to understand your child. They also let us know what questions and concerns you may have about your child. The possible problems list at the bottom of the page provides another way of knowing your concerns about your child.

| 1. Please describe your child briefly? | 4. Does your child have any special problems or disabilities? What are they? |
|---|---|
| Very happy kid. Loves to play. Some "terrible twos" stuff. | Health–urinary reflux. Healthy otherwise. |
| 2. What has your child been doing lately? | 5. What questions or concerns do you have about your child? |
| Loves to climb on things. Puts train track pieces together. | Not talking very much. Eating–skips meals–used to eat everything. |
| 3. What are your child's strengths? | 6. How are you doing, as a parent and otherwise, at this time? |
| A real sweet kid. | Three children–very busy. Hard to find time for self. Doing pretty well. |

The following statements describe possible problems that your child may have. Read each statement carefully and check (✓) those statements that describe your child.

1. (✓) Health problems.
2. ( ) Growth, height, or weight problems.
3. (✓) Eating problems — eats poorly or too much, etc.
4. ( ) Bowel and bladder problems, toilet training.
5. (✓) Sleep problems. –up at night
6. ( ) Aches and pains; earaches, stomachaches, headaches, etc.
7. ( ) Energy problems; appears tired and sluggish.
8. ( ) Seems to have trouble seeing.
9. ( ) Seems to have trouble hearing.
10. ( ) Does not pay attention; poor listener.
11. (?) Does not talk well for age.
12. ( ) Speech is difficult to understand (Age 3 and older.)
13. ( ) Does not seem to understand well; is slow to "catch on."
14. ( ) Clumsy; walks or runs poorly, stumbles or falls (Age 2 and older.)
15. ( ) Clumsy in doing things with his/her hands.
16. ( ) Immature; acts much younger than age.
17. ( ) Dependent and clingy.
18. ( ) Passive; seldom shows initiative.
19. ( ) Disobedient; does not mind well.
20. (✓) Temper Tantrums.
21. ( ) Overly Aggressive.
22. ( ) Can't sit still; may be hyperactive.
23. ( ) Timid, fearful, or worries a lot.
24. ( ) Often seems unhappy.
25. ( ) Seldom plays with other children.
26. ( ) Other?

**STOP**

[그림 7-1] 영유아발달평가 부모용 질문지

## 2) 유아

부모와 교사에게 유아의 발달에 관한 질문지를 실시하는 예는 매우 다양한데, 여기에서는 최근 많이 활용되는 교사가 작성한 평정척도형 또래놀이 관련 질문지를 사례로 제시한다.

### (1) 놀이성 질문지

놀이성이란 유아에게 놀이행동을 일으키는 심리적 성향 또는 태도를 의미한다. 유아를 대상으로 이들의 놀이성을 측정하는 대표적인 질문지로는 Barnett(1991)이 개발한 유아의 놀이성 척도(Children's Playfulness Scale: CPS)를 들 수 있으며, 국내에서는 주로 유애열(1994)이 번안한 질문지를 사용하여 유아의 놀이성을 측정한다.

유아용 놀이성 질문지는 신체적 자발성 4문항(예: 놀이 중에 신체적으로 활발하게 움직인다), 사회적 자발성 5문항(예: 놀이 도중 다른 친구의 접근에 쉽게 반응한다), 인지적 자발성 4문항(예: 놀이 도중 자기 나름대로의 놀이방법을 찾아낸다), 즐거움의 표현 5문항(예: 놀이 도중 만족감을 보여 준다), 유머감각 5문항(예: 다른 친구와 농담한다)의 총 23문항으로 구성되어 있다. 각 문항은 '전혀 그렇지 않다' 1점에서 '매우 그렇다' 5점까지의 리커트형 척도로 되어 있으며, 점수가 높을수록 놀이성 수준이 높음을 의미한다.

### (2) 또래놀이행동 질문지

또래놀이행동은 유아가 또래와의 놀이 상호작용에서 보이는 행동 특성으로 또래와 상호작용을 시도하거나 반응할 때 보이는 사회적·상호작용적 놀이행동을 의미한다. 유아를 대상으로 이들의 또래놀이행동을 측정하는 대표적인 질문지로는 Coolahan, Fantuzzo, Mendez와 McDermott(2000)이 개발한 또래놀이행동척도(Penn Interactive Peer Play Scale: PIPPS)가 있다. 많은 국

내 연구에서는 이를 타당화한 최혜영과 신혜영(2011)의 또래놀이행동척도를
사용하여 유아의 또래놀이행동을 측정한다.

| 번호 | 문항 | 전혀 그렇지 않다 | 대체로 그렇지 않다 | 보통 이다 | 대체로 그렇다 | 매우 그렇다 |
|---|---|---|---|---|---|---|
| 1 | 놀이 중에 협응이 잘 이루어진 움직임을 보인다. | | | ✓ | | |
| 2 | 놀이 중에 신체적으로 활발하게 움직인다. | | | | ✓ | |
| 3 | 놀이 중에 조용한 것보다 활동적인 것을 선호한다. | | | | | ✓ |
| 4 | 놀이 중에 많이 뛰어다닌다. | | | | | ✓ |
| 5 | 놀이 도중 다른 친구의 접근에 쉽게 반응한다. | | | ✓ | | |
| 6 | 다른 친구와 함께 놀이를 시작한다. | | | ✓ | | |
| 7 | 다른 친구와 협동하여 놀이한다. | | | ✓ | | |
| 8 | 놀잇감을 나누어 가지려고 한다. | | | | ✓ | |
| 9 | 다른 친구와 놀이할 때 주도적인 역할을 한다. | | | ✓ | | |
| 10 | 놀이 도중 자기 나름대로의 놀이방법을 찾아낸다. | | ✓ | | | |
| 11 | 놀잇감을 색다르게 가지고 논다. | | ✓ | | | |
| 12 | 놀이 도중 색다른 역할을 취한다. | | ✓ | | | |
| 13 | 놀이 동안 활동을 변화시키기보다 한 가지 활동을 지속한다. | | | ✓ | | |
| 14 | 놀이 동안 즐거움을 표현한다. | | | | ✓ | |
| 15 | 놀이 도중 만족감을 보여 준다. | | | | ✓ | |
| 16 | 놀이에 열성임을 보여 준다. | | | | ✓ | |
| 17 | 놀이 도중 정서적 표현을 억제한다. | | | ✓ | | |
| 18 | 놀이하는 동안 노래를 부르거나 이야기를 한다. | | | | ✓ | |
| 19 | 놀이 도중 다른 친구와 농담한다. | | | ✓ | | |
| 20 | 놀이하는 동안 가볍게 친구를 놀린다. | | | | ✓ | |

[그림 7-2] 유아의 놀이성 질문지 예

| 번호 | 문항 | 전혀 그렇지 않다 | 그렇지 않다 | 보통 이다 | 그렇다 | 매우 그렇다 |
|---|---|---|---|---|---|---|
| 1 | 친구의 놀잇감을 빼앗는다. | | | | ✓ | |
| 2 | 친구와 놀잇감을 나누지 않는다. | | | | ✓ | |
| 3 | 친구에게 언어적 비난을 한다. | | | ✓ | | |
| 4 | 친구의 물건이나 놀잇감을 부순다. | | | | ✓ | |
| 5 | 차례를 지키지 않는다. | | | | ✓ | |
| 6 | 친구의 놀이를 방해한다. | | | | ✓ | |
| 7 | 친구와의 상호작용에서 신체적 공격성을 보인다. | | | ✓ | | |
| 8 | 친구들이 제안한 놀이를 거부한다. | | | | ✓ | |
| 9 | 몸싸움이나 말씨름을 시작한다. | | | | | ✓ |
| 10 | 친구들에게 반대하거나 따르지 않는다. | | | | ✓ | |
| 11 | 놀이를 제안 받았을 때 거절한다. | | | ✓ | | |
| 12 | 친구와의 상호작용에서 울거나, 징징거리거나, 화를 낸다. | | | | ✓ | |
| 13 | 고자질을 한다. | | | ✓ | | |
| 14 | 친구가 예의바르게 행동하도록 지시해 준다. | | | | ✓ | |
| 15 | 친구와 놀이하면서 이야기를 만들어 가며 말한다. | | | | ✓ | |

[그림 7-3] 유아의 또래놀이행동 질문지 예

유아의 또래놀이행동 질문지는 총 30문항으로, 놀이상호작용 9문항(예: 친구와의 놀이에서 긍정적 감정을 표현한다), 놀이방해 13문항(예: 친구에게 언어적 비난을 한다), 놀이단절 8문항(예: 놀이를 시작할 때 도움이 필요하다)으로 구성되어 있다. 각 문항은 '전혀 그렇지 않다' 1점에서 '매우 그렇다' 5점까지의 리커트형 척도로 되어 있으며, 놀이상호작용 문항의 점수가 높을수록 또래 간 놀이 상호작용이 활발함을 의미하고, 놀이방해와 놀이단절 문항의 점수가 높을수록 놀이 방해와 놀이단절이 더 많이 나타남을 의미한다.

### 연구에서는 이렇게

우수경(2013). 어머니의 놀이성과 유아의 성 및 놀이성에 따른 유아의 사회적 능력. **열린유아교육연구**, 18(4), 263-283.

5세 유아 249명 중 유아와 어머니의 놀이성이 상이나 하 집단에 속하는 유아 165명과 그들의 어머니를 대상으로 질문지를 사용하여 유아의 놀이성과 사회적 능력, 어머니의 놀이성 검사를 하였다. 연구결과, 여아가 남아보다 사회적 능력이 높고, 놀이성이 높은 유아들이 놀이성이 낮은 유아보다 사회적 능력이 높았다. 그리고 유아의 놀이성이 낮은 경우 어머니의 놀이성이 낮은 집단 유아의 사회적 능력이 높은 반면, 유아의 놀이성이 높은 경우 어머니의 놀이성이 높은 집단 유아의 사회적 능력이 높았다. 또한 남아는 놀이성이 낮은 경우 어머니의 놀이성이 높은 집단 유아의 사회적 능력이 높은 반면, 여아는 놀이성이 높은 경우 어머니의 놀이성이 높은 집단 유아의 사회적 능력이 높았다.

**연구에서는 이렇게**

성미영(2016). 유아의 놀이성, 정서통제, 정서불안정이 또래놀이행동에 미치는 상대적 영향 비교. **한국보육지원학회지**, **12**(1), 37-55.

유아의 놀이성, 정서통제, 정서불안정이 또래놀이행동에 미치는 상대적 영향을 비교하기 위해 어린이집에 다니는 만 4세 및 5세 유아 209명을 대상으로 연구를 실시하였다. 유아의 놀이성을 측정하기 위해 '놀이성척도'를, 정서통제와 정서불안정을 측정하기 위해 '정서규제체크리스트'를, 또래놀이행동을 측정하기 위해 '또래놀이행동척도'를 사용하였다. 이 연구의 결과는 다음과 같다. 첫째, 연령에 따라 유아의 또래놀이행동, 놀이성, 정서통제, 정서불안정에 차이가 있는 것으로 나타났다. 둘째, 유아의 놀이상호작용은 정서통제와 놀이성에 의해 영향을 받는 것으로 나타난 반면, 유아의 놀이방해와 놀이단절은 정서불안정과 놀이성에 의해 영향을 받는 것으로 나타났다. 이와 같은 연구결과에 기초하여 유아의 또래놀이행동에 영향을 미치는 정서 관련 변인의 중요성에 대해 논의한 후 향후 과제와 제언을 제시하였다.

**교실에서는 이렇게**

## 아동행동평가척도(CBRS)

어린이집 5세반 아동을 대상으로 개별 아동에 대해 교사가 아동행동평가척도(Child Behavior Rating Scale: CBRS) 17문항이 포함된 질문지를 작성하여 아동의 행동 특성을 파악해 볼 수 있다. 문항의 예로는 '반복해서 말하지 않아도 규칙과 지시를 따른다, 과제를 성공적으로 완수한다, 집단놀이 활동 시 또래와 협력한다' 등이며, 개별 문항은 '전혀 그렇지 않다' 1점부터 '매우 그렇다' 5점까지의 5점 평정척도로 구성되며, 점수가 높을수록 아동의 행동은 더 긍정적인 것으로 볼 수 있다.

#  질문지법의 장점과 단점

## 1) 질문지법의 장점

질문지법의 장점은 다음과 같다(송인섭 외, 2001; 이순형 외, 2014; 정옥분, 임정하, 김경은, 2014; 조복희, 2009).

### ▌동시에 다수의 응답자로부터 필요한 정보를 얻을 수 있다

면접법에서는 면접자와 피면접자가 일대일로 만나서 자료를 수집해야 하므로 한 번에 한 명의 응답자로부터만 정보를 얻을 수 있는 반면, 질문지법에서는 인쇄된 다량의 질문지를 다수의 응답자가 모여 있는 장소에서 배부하거나 온라인상에서 질문지를 배부하여 한 번에 많은 정보를 얻을 수 있다.

### ▌자료수집에 시간과 비용이 적게 든다

질문지를 사용해 다수의 응답자로부터 자료를 수집하고, 질문지를 간편하게 제작할 수 있으므로 면접법이나 실험연구 등에 비해 시간과 비용이 적게 드는 장점이 있다.

### ▌응답자의 익명성이 보장된다

질문지에 응답자의 인적사항을 기재하지 않으므로 응답자가 솔직하게 자신의 의견을 작성할 수 있고, 응답자의 익명성이 보장되므로 다른 방법으로 조사하기 어려운 개인적 생활 경험이나 심리적 특성을 알아볼 수 있다.

### ▌연구자가 응답자에게 미치는 영향을 줄일 수 있다

관찰법이나 면접법에서는 관찰자 또는 면접자의 존재가 응답자에게 직간

접적으로 영향을 미치기 때문에 조사결과가 왜곡될 우려가 있는 반면, 질문지법에서는 질문자의 존재가 응답자에게 영향을 미치지 않으므로 신뢰할 만한 정보를 얻을 수가 있다.

▌응답자가 자신의 의견을 표현할 수 있는 충분한 시간을 가질 수 있다

면접법에서는 응답자가 면접자의 질문에 대답해야 하는 시간이 한정적이지만, 질문지법에서는 응답자가 질문지를 작성하는 데 시간적 제약이 많지 않으므로 응답자가 질문지 문항에 대한 반응 압력을 느끼지 않고 질문지에 응답할 수 있다.

## 2) 질문지법의 단점

질문지법의 단점은 다음과 같다(송인섭 외, 2001; 이순형 외, 2014; 정옥분 외, 2014; 조복희, 2009).

▌질문 문항에 대한 융통성이 부족하다

질문지의 문항은 구조화된 형태로 구성되고, 응답자가 자기보고 방식으로 응답하므로 응답자가 질문 문항의 의미를 제대로 이해하지 못하는 경우 추가적인 설명이 불가능하다.

▌문자 해독 능력이 없는 응답자를 대상으로 자료를 수집할 수 없다

면접법은 문장 이해 능력과 관계없이 면접자의 질문에 피면접자가 응답하여 면접이 진행되는 반면, 질문지법은 문자로 쓰인 질문 문항의 의미를 응답자가 이해해야 하므로 응답자의 문장 이해 능력에 의존한다. 따라서 문자 해독 능력이 부족한 대상에게는 질문지를 사용하기 어렵다.

**▌ 질문지에 응답한 내용의 진위를 확인하기 어렵다**

관찰법이나 면접법의 경우 관찰자나 면접자가 직접 응답자의 행동, 표정을 보고 응답의 진위를 어느 정도 변별할 수 있으나, 질문지법의 경우 응답자가 질문지를 작성할 때 연구자가 함께 있지 않으므로 응답 내용의 사실 여부를 확인하기 어렵다. 응답자가 거짓으로 응답하거나 사회적으로 바람직한 방향으로 응답할 수도 있다.

**▌ 질문지의 회수율이 낮다**

연구자가 질문지를 배송할 경우에는 일반적으로 회수율이 낮아진다. 처음 예상한 수의 질문지만큼 회수되지 않고, 전체 배부된 질문지 중 일부만 회수될 가능성이 높으므로 연구자는 질문지를 통해 자료를 수집할 경우 필요한 응답자 수보다 많은 수의 질문지를 배부할 필요가 있다.

> **⟩ 더 알아보기** **질문지 문항의 반응 유형**
>
> 질문지 문항의 반응 유형(response set)은 응답자가 문항 각각에 대해 자신의 견해대로 솔직하게 응답하는 것이 아니라 모든 문항에 대해 특정한 관점에서 일관되게 응답하는 경향을 말한다. 질문지 응답에서 가장 빈번하게 나타나는 반응 유형은 일반적으로 사람들이 바람직하다고 생각하는 응답만 선택하는 경우, 모든 문항에 동일한 응답을 반복적으로 선택하는 경우 등이다.

출처: 이순형 외(2014).

참 고 문 헌

곽금주(2002). 아동심리평가와 검사. 서울: 학지사.

성미영(2016). 유아의 놀이성, 정서통제, 정서불안정이 또래놀이행동에 미치는 상대
　　적 영향 비교. 한국보육지원학회지, 12(1), 37-55.

송인섭, 김정원, 정미경, 김혜숙, 신은영, 박소연(2001). 아동연구방법. 서울: 학지사.

우수경(2013). 어머니의 놀이성과 유아의 성 및 놀이성에 따른 유아의 사회적 능력.
　　열린유아교육연구, 18(4), 263-283.

유애열(1994). 유아의 상상놀이와 교사개입에 관한 관찰연구. 연세대학교 대학원 박
　　사학위논문.

이순형, 이혜승, 권혜진, 이영미, 정윤주, 한유진, 성미영, 권기남, 김정민(2014). 아동
　　관찰 및 행동연구(2판). 서울: 학지사.

이은해, 이미리, 박소연(2006). 아동 연구방법의 이해. 서울: 학지사.

정옥분, 임정하, 김경은(2014). 생활과학 연구방법론. 서울: 학지사.

조복희(2009). 아동연구의 방법. 경기: 교문사.

최혜영, 신혜영(2011). 확인적 요인분석을 통한 또래 놀이행동 척도의 타당화. 아동학
　　회지, 32(2), 35-52.


Babbie, E. (2014). *The practice of social research* (14th ed.). Belmont, CA:
　　Wadsworth.

Barnett, L. A. (1991). The playful child: Measurement of a disposition to play. *Play
　　& Culture*, 4(1), 51-74.

Brown, K. W., Cozby, P. C., Kee, D. W., & Worden, P. E. (1999). *Research
　　methods in human development* (2nd ed.). Mountain View, CA: Mayfield
　　Publishing.

Ceci, S. J., & Bruck, M. (1993). The suggestibility of the child witness.
　　*Psychological Bulletin, 113*, 403-439.

Coolahan, K., Fantuzzo, J., Mendez, J., & McDermott, P. (2000). Preschool peer
　　interactions and readiness to learn: Relationships between classroom

peer play and learning behaviors and conduct. *Journal of Educational Psychology, 92*(3), 458–465.

Fullard, W., McDevitt, S. C., & Carey, W. B. (1984). Assessing temperament in one-to-three-year-old children. *Journal of Pediatric Psychology, 9*(2), 205–217.

Graziano, A. M., & Raulin, M. L. (2020). *Research methods: A process of inquiry* (9th ed.). Needham Heights, MA: Allyn & Bacon.

Ireton, H. R. (1990). *Child Development Review-Parent Questionnaire.* Minneapolis, MN: Behavior Systems, Inc.

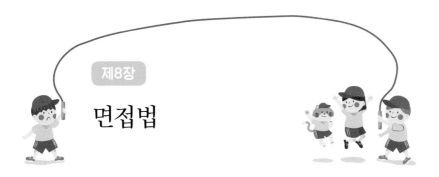

제8장

# 면접법

## 1 면접법의 특징

　면접법은 훈련을 받은 면접자와 면접 대상자 간의 직접적인 상호작용을 통해 면접 대상자에 대한 자료를 수집하는 방법이다. 면접은 임상적 진단이나 상담 및 치료 분야에서 주로 사용되어 왔으며, 최근 하나의 연구방법으로 적용되어 피면접자의 태도나 감정, 가치관을 파악하는 데 유용한 방법이다(안선희 외, 2015). 면접법은 면접 대상자의 상황에 따라 융통성 있게 질문을 하고 그에 대한 응답뿐만 아니라 비언어적인 행동이나 주변 환경과 같은 정보도 함께 관찰할 수 있어 보다 다양한 정보를 얻을 수 있다(황해익, 최혜진, 권유선, 2021). 면접은 다양한 목적을 가지고 사용될 수 있다. 예를 들어, 질문지를 작성하기 전 질문지에 포함될 문항을 선정하기 위한 예비조사나 연구가설을 도출하기 위하여 시행되기도 한다. 그리고 실험 처치 이전과 이후의 측정에 활용되기도 하며, 관찰결과나 질문지 자료를 보충하는 데 사용되기도 한다.

면접법은 인간의 심리와 행동을 연구하려는 목적으로 관찰법이나 질문지법과 함께 널리 적용되고 있는 연구방법이다. 면접법은 연구자가 관심을 두고 있는 주제에 대해 직접 질문을 하여 필요한 정보를 수집하므로 아동이 일상생활에서 자발적인 반응을 보일 때까지 기다렸다가 관찰하지 않아도 된다는 점에서 관찰법과 비교하여 볼 때 자료수집에 효과적인 방법이다(황혜정 외, 2011). 또한 면접법은 글자를 읽거나 쓰는 능력이 부족한 아동에게는 질문지법을 실시할 수 없다는 제한점을 보완하여 아동의 내면을 심층적으로 알아볼 수 있는 방법이다. 아동과 관련된 정보의 많은 부분은 그들과 매일 관계를 맺는 주 양육자인 부모 및 성인을 통해 알 수도 있으므로 부모와 같은 주 양육자를 피면접자로 하여 면접을 실시하기도 한다. 이와 같이 면접법은 아동과 관련된 정보를 얻기 위하여 아동뿐만 아니라 부모나 교사와 같은 주변 성인으로부터 정보를 수집할 수 있는 연구방법으로 아동 대상 연구에서는 필수적인 방법이다.

아동을 대상으로 하는 면접법은 아동과 자연스럽게 대화를 나누는 과정에서 그들의 발달 및 행동 특성을 평가하는 방법이다. 이러한 특성으로 인하여 아동을 대상으로 효과적인 면접을 진행하기 위해서는 아동의 특성을 알고 이를 고려한 면접자의 훈련이 매우 중요하다.

아동을 대상으로 효과적인 면접을 진행하기 위한 방법은 다음과 같다(안선희 외, 2015; 이순형 외, 2014). 먼저, 아동의 반응을 끌어내기 위해 편안하고 자연스러운 분위기를 형성하고 질문 방식을 적절하게 사용해야 한다. 예를 들어, 아동이 자신의 생각을 잘 표현할 수 있도록 개방형 질문과 폐쇄형 질문을 적절하게 조합하여 구성하는 것이 필요하다. 만약 개방형 질문에 대해서 적절한 답을 하지 못하는 경우에는 '예' 또는 '아니요'로 대답할 수 있는 폐쇄형 질문으로 다시 물어보는 것이 아동의 반응을 끌어내는 데 도움이 될 수 있다. 그리고 아동의 응답에 대해서 "왜 그렇게 생각하니?"와 같은 개방형 질문을 할 때 아동은 면접자가 생각하지 못한 반응을 보이기도 하는데, 이 경우 아동의 생각을 알 수 있는 좋은 정보를 제공한다.

　아동에게 질문을 할 때에는 비형식적이고 일상적인 대화 같이 느끼도록 한다. 아동은 면접자가 질문하는 것 자체가 시험이라고 생각할 수 있으며, 자신의 생각을 말하지 않고 면접자가 기대하는 정답을 추측하여 말할 수 있다. 따라서 아동이 면접 상황을 시험처럼 느껴서 정답을 말해야 한다고 인식하지 않도록 한다. 그리고 면접자는 아동에게 일방적으로 질문을 계속 하거나, 대답을 강요하는 분위기를 조성하지 않도록 해야 한다. 또한 면접자가 질문을 모호하게 하거나 잘못하였을 경우 아동은 질문에 잘못된 반응을 보일 수 있다. 그리고 아동이 보이는 반응은 아동의 개인 특성이나 문화적 배경의 영향을 받을 수 있으므로 면접자는 문화적 다양성을 충분히 고려하여 아동의 의견을 수용해 주도록 한다. 따라서 면접법은 면접자가 아동과 상호작용하는 훈련이 필요한 방법이다.

　면접과정에서 면접자는 아동의 응답을 잘 기록하는 것이 필요하다. 그런데 아동의 응답을 바로 기록하는 경우 면접에 방해가 될 수 있으므로 사전에

**더 알아보기** **아동의 반응을 촉진하는 면접자의 대화방법**

　면접대상 아동의 언어발달을 고려하여 면접자는 다음과 같은 방법을 통해 면접에 참여한 아동이 보다 편안한 분위기에서 자신의 이야기를 할 수 있도록 촉진할 수 있다.

- 아동의 언어적 표현을 확대하며 반응하기
- 새로운 정보를 추가하면서 긍정적으로 반응하기
- 반복적인 운율 사용하기
- 아동의 행동을 직접 설명해 주기
- 긴 문장으로 말할 수 있도록 적절한 개방형 질문을 사용하기
- 문장을 완성할 수 있는 적당한 단어를 알려 주기

미리 부모와 아동에게 녹음에 대한 동의를 구한 후 녹음기 등을 사용하여 녹음하고 면접이 끝난 다음에 전사하는 것이 더 좋다. 면접 시간은 아동의 집중 시간을 고려하여 20분 이내로 가능한 한 짧게 하는 것이 바람직하다. 만약 장시간 면접을 해야 하는 경우 면접 중간에 휴식 시간을 갖고 아동이 좋아하는 놀이를 하며 긴장감을 풀어 주도록 배려하는 것이 필요하다.

> **더 알아보기** | **면접 상황의 구조화 정도에 따른 분류**
>
> \* **구조화 면접**: 표준화 면접이라고도 하며, 면접의 내용과 순서가 사전에 치밀하게 준비되고 이에 따라 면접이 실시되는 형태다. 면접 내용 및 방법은 면접표에 작성된 내용을 따르며, 면접표에는 일반적인 면접상 주의사항, 질문 내용, 질문의 순서, 질문 방법 등이 포함된다. 면접자는 면접표에 제시되어 있는 어법이나 문장의 순서 등을 바꿀 수 없으며 개방형 질문에서도 구체적인 지침을 따라야 한다. 예를 들면, 면접을 통한 표준화 검사가 이에 해당한다. 구조화 면접은 면접자의 행동에 일관성이 있어 자료의 신뢰도와 객관성이 높으므로 수집된 정보를 서로 비교할 수 있으며, 면접자 훈련이 비교적 용이하다. 그러나 면접 시 융통성이 없으므로 면접계획에 없는 내용은 파악할 수 없어 새로운 사실을 발견할 가능성은 적다.
>
> \* **비구조화 면접**: 비표준화 면접이라고도 하며, 연구목적에서 크게 벗어나지 않는 한 질문의 내용이나 형식, 순서 등을 면접자가 피면접자의 반응과 면접 상황에 따라 융통성 있게 조절하는 방법이다. 면접의 분위기는 자유롭고, 면접자가 자유개방식으로 질문하는 방식을 취한다. 구체적인 면접표를 준비하지 않지만 핵심 질문과 대략적인 절차를 준비한다. 비구조화 면접은 목표로 하는 내용을 깊이 있게 얻을 수 있고, 면접을 융통성 있게 진행하여 새로운 사실을 발견할 수 있다. 그러나 면접자의 자질과 훈련 정도에 영향을 많이 받고, 자료의 신뢰도에 문제가 생길 수 있으며, 면접결과를 분석하기 어렵다는 단점이 있다.
>
> \* **반구조화된 면접**: 사전에 면접에 대한 치밀한 계획을 세우되, 면접에서 면접자가 융통성 있게 면접을 진행시키는 방법으로 실제로 가장 많이 사용되는 방법이다. 구조화된 면접과 비구조화된 면접의 장단점을 절충하여 보완된 형태다.

출처: 백욱현(2006); 황해익(2010); 황해익, 최혜진, 권유선(2021).

언어 능력이 제한적이고 추상적 개념에 대한 이해가 부족한 아동을 대상으로 면접을 실시하기 위해서는 내용을 정확하게 전달하고 아동의 생각을 표현하는 데 도움이 될 수 있는 보조도구(인형, 그림 등)를 사용하거나 게임이나 놀이를 통한 면접방법을 적용할 수 있다. 또한 부모 또는 교사와의 반구조화된 면접을 통하여 아동에 대한 정보를 미리 얻는 것도 매우 유용한 접근이 된다.

> **더 알아보기**　　반구조화된 면접 시 사전에 준비할 수 있는 질문의 예
>
> ＊ 연구문제: 다문화가정의 가정문해환경은 어떠한가?
>
> ＊ 면접 질문:
> 　평소 자녀에게 책을 읽어 주는 사람은 누구인가요?
> 　유아의 한글교육을 위해 학습지를 사용하시나요?
> 　어머니가 자녀에게 한글 읽기와 쓰기를 얼마나 가르치나요?
> 　자녀의 읽기, 쓰기에 어머니와 아버지의 책임이 어느 정도 있다고 생각하시나요?

출처: 성미영 외(2010).

## ② 면접을 위한 지침

실제 면접을 진행할 때 면접자는 다음과 같은 점을 유의하여 피면접자에게 질문을 해야 한다(안선희 외, 2021; 이종승, 2009; 황혜정 외, 2011).

### ▌핵심 질문을 미리 구성한다

일반적으로 핵심 질문을 5~7개 정도로 구성하며, 피면접자가 질문에 대해서 먼저 응답을 했다면 굳이 모든 질문을 할 필요는 없다. 면접자가 질문

을 할 때 더듬거리거나 우물거리면 면접 대상자가 이해하지 못하거나 부담을 느끼게 되고 면접 시간이 길어진다. 따라서 면접자는 사전에 질문 내용을 숙지하고 질문을 여러 번 읽어 봄으로써 정확하게 전달하는 연습을 하는 것이 필요하다.

### ▌질문은 구체적으로 한다

질문이 추상적인 경우 질문의 의도가 잘못 전달되거나 응답하기 어려울 수 있다. 따라서 질문은 피면접자가 잘 이해할 수 있도록 구체적으로 해야 한다. 예를 들어, 부모의 양육철학을 연구주제로 부모 대상 면접을 실시할 때는 부모에게 양육철학에 대해서 직접적으로 질문하기보다는 부모가 평소 보이는 구체적인 양육행동에 대해 질문하는 것이 좋다.

### ▌적절하게 추가 질문(probing)한다

피면접자가 계속 '모른다'고 응답할 경우 다시 추가로 질문을 하여 그 원인

---

**더 알아보기**  **효과적으로 추가 질문(probing)하는 방법**

면접자가 피면접자의 대답이 불충분하거나 적절하지 못할 때 추가로 질문하여 응답을 이끌어 내는 방법

- 면접 대상자에게 응답할 시간적 여유를 주고 기다리기
- 질문을 다시 한 번 반복하기
- "네." "아, 그렇습니까?" 등으로 격려와 관심 표현하기
- 면접 대상자의 반응을 그대로 반복하여 응답하기
- "어떤 점에서 그렇게 생각하십니까?" 등 상세한 대답을 할 수 있는 기회를 제공하기
- "혹시 더 추가로 말씀하시고 싶은 것이 있습니까?" 등 추가 응답을 할 수 있도록 촉진하기

출처: 송인섭 외(2001).

을 탐색한다. 피면접자가 모른다는 응답을 반복하는 이유는 피면접자가 질문에 대해 잘 이해하지 못했거나 응답하는 데 심리적 거부감을 가지고 있는 경우 그리고 피면접자의 자기방어적 태도, 수줍음 등이 그 원인일 수 있다.

### ▌아동 대상 면접 시에는 발달 특성을 고려한다

성인과 달리 아동은 질문을 듣고 이해하는 능력과 자신의 생각을 언어로 표현하는 능력이 아직 제한적이다. 따라서 아동이 이해할 수 있는 구체적인 질문과 그들의 응답을 끌어낼 수 있는 전략이 미리 준비되어야 한다. 그리고 아동은 성인에 비해 주의집중 시간이 짧으므로 면접 시간이 지나치게 길어지지 않도록 핵심 질문을 간략하게 준비하고, 한 번에 면접을 마무리할 수 없다면 몇 차례로 나누어서 진행하는 것도 고려할 수 있다. 아동은 면접 상황이 낯설고 어색하여 자신의 생각을 잘 말할 수 없거나 면접에 응하지 않으려는 태도를 보일 수 있다. 면접자는 면접대상인 아동이 면접에 보다 편안하게 응할 수 있도록 친밀감을 형성하려고 노력하고, 물리적 환경이 아동에게 친숙함과 편안함을 줄 수 있도록 배려할 필요가 있다.

### ▌아동과 관련된 정보는 주 양육자 면접을 통해서 알 수 있다

아동과 관련된 정보의 상당 부분은 매일 관계를 맺는 부모 또는 교사와 같은 주 양육자를 대상으로 한 면접을 통해서도 알 수 있다. 또한 부모 및 교사 면접을 통한 정보수집은 발달적으로 문제가 있는 경우 임상적 진단을 위해서 사용되는 주요한 방법이다. 임신부터 출생까지의 과정과 전반적인 성장 과정, 중요한 병력이나 주요 발달 지표에 대해 질문하고 아동의 발달에 대한 주 양육자의 지각을 포함하여 면접을 실시할 수 있다.

**• 더 알아보기** 면접연구의 절차

① 면접자 선정 및 훈련 단계

이 단계는 면접을 위한 사전준비에 해당하며, 특히 면접자가 두 사람 이상일 경우 면접자 간의 차이가 연구결과에 영향을 주지 않도록 면접자 훈련이 필수적이다.

② 면접자 및 면접 대상자의 면접 의도 점검 단계

면접 대상자의 연령, 성별, 사회경제적 지위 등을 자세히 조사하고, 면접에 대한 면접 대상자의 관심 정도를 예측해 두는 것이 필요하다.

③ 면접 시간 및 장소 선정 단계

면접 시간과 장소를 정하면서 면접 대상자가 면접에 잘 응할 수 있도록 미리 면접의 목적과 면접자의 신분, 면접 대상자로 선정한 이유, 면접에 필요한 시간 등을 함께 알려 주는 것이 좋다.

④ 면접 단계

실제 면접을 진행하는 단계에서는 면접 대상자가 면접자를 신뢰하고 자신의 생각을 솔직하게 이야기할 수 있도록 안락하고 편안한 분위기를 조성해 주는 것이 필요하다. 또한 외부의 소음으로 인하여 면접을 방해받지 않고 성공적으로 진행하기 위해서는 조용하고 편안한 분위기의 장소를 선정하는 것이 중요하다. 피면접자가 면접 장소를 편하게 느끼도록 꾸며야 하며, 면접자와 피면접자 간의 좌석배치도 고려해야 한다. 특히 면접 대상자의 특성을 고려하여 주의집중이 가능한 시간 동안 면접이 이루어지도록 면접 시간을 조정한다. 면접자는 면접 대상자와 비슷한 옷차림과 외모를 갖추도록 하여 피면접자가 편안하고 낯설지 않다는 느낌을 갖도록 한다.

⑤ 면접결과 기록 및 분석 단계

면접내용을 녹음한 자료, 현장 기록 메모 등을 바탕으로 면접 내용을 글로 기록하는 전사과정을 거쳐 자료를 정리 · 분석하여 최종 연구 보고서로 작성한다. 연구를 수행한 후에는 연구에 침여해 준 면접 대상자에게 연구결과의 주요 내용을 알려 주는 것이 더욱 의미 있다.

한편, 주 양육자와의 효과적인 면접을 위해서는 다음과 같은 사항을 고려해야 한다(안선희 외, 2021; 황해익, 최혜진, 권유선, 2021).

▌주 양육자를 면접하기에 앞서 아동과 친숙해질 수 있는 시간을 마련하도록 한다
면접자가 아동과 친근하게 상호작용을 하면 부모가 긴장을 풀고, 면접자가 자녀에 대해 알고 있다는 점에서 신뢰감을 형성하여 진솔한 대화를 나눌 수 있게 된다.

▌양육자의 말뿐만 아니라 전해지는 느낌을 함께 잘 관찰해야 한다
면접에서 양육자가 응답하는 말과 함께 억양, 눈빛, 태도 등 뉘앙스를 함께 살펴 전체적인 분위기를 기록해 두도록 한다.

▌아동이 어릴수록 부모는 자녀에 대한 평가에 예민할 수 있다는 것을 이해한다
자녀가 어릴수록 면접자가 보이는 반응에 부모가 더 예민하게 느낄 수 있고, 자녀의 발달상태나 특성과 관련해 자칫 자신의 양육에 문제가 있거나 자녀의 발달에 문제가 있는 것처럼 받아들일 수 있다. 이 경우 부모가 솔직하게 응답하지 않게 되거나, 응답의 신뢰도가 낮아질 수 있으므로 면접자는 부모가 자신의 자녀를 평가하는 것으로 느낄 수 있는 말과 행동은 자제하도록 한다.

교실에서는 이렇게

어린이집에서는 정기적 혹은 비정기적으로 부모와 상담을 실시하여 아동에 대한 상호 이해를 높이고 있다. 부모와의 상담은 면접법의 형태로 이루어지고 있으며, 교사는 상담 전 부모에게 사전에 질문을 하여 부모의 궁금한 점이나 의견을 받아 효과적으로 상담을 진행할 수 있다.

[사전 질문지의 예]

안녕하십니까? 개별 상담에 앞서 부모님께서 궁금하신 내용과 가정에서의 생활에 대해 미리 알려 주시면 상담 시 참고하여 준비하도록 하겠습니다.

| | |
|---|---|
| 자녀는 가정에서 주로 어떻게 시간을 보내나요? | |
| 자녀는 가정에서 부모와의 관계가 어떤가요? | |
| 자녀에 대해서 염려되시는 부분이 있으신가요? | |
| 자녀의 어린이집 생활에 대해 궁금한 점이 있으신가요? | |
| 담임교사에게 특별히 당부할 말씀이 있으신가요? | |

감사합니다.

○○어린이집

## 3 면접법의 실제

### 1) 영아

여기서는 영아기 자녀를 둔 부모를 대상으로 실시하는 연구의 예로 부모발달면접에 대해 살펴본다.

#### (1) 부모발달면접(Parent Development Interview)

부모발달면접은 어머니가 일상생활에서 아동과의 경험, 아동과의 관계, 양육에 대한 정서적 경험, 자신의 부모와의 관계, 아동과의 분리 경험 및 죄책감 등의 주제 관련 질문에 자유롭게 대답하는 방식으로 진행된다. 면접에 소요되는 시간은 총 1시간~1시간 반 정도이며, 질문의 내용에 따라 자기초점 반영기능(self-focused RF)과 아동초점 반영기능(child-focused RF)으로 구분할 수 있다(박혜근, 2015).

표 8-1 **부모발달면접 질문**

| 반영기능 차원 | 질문 |
| --- | --- |
| 자기초점 반영기능<br>(self-focused RF) | • 부모로서 가장 고통스럽고 힘든 점은 무엇인가요?<br>• 영아 때문에 당신에게 변화된 점이 있나요?<br>• 부모로서 정말 화가 났던 때를 이야기해 주세요.<br>• 누군가로부터 보살핌을 받고 싶다고 느낀 적이 있다면 이야기해 주세요. |
| 아동초점 반영기능<br>(child-focused RF) | • 지난 일주일 동안 영아와 정말 힘들었던 때를 묘사해 주세요. 지난 일주일 동안 영아와 힘들지 않게 잘 지낸 시간을 묘사해 주세요.<br>• 영아가 무척 화가 났을 때는 어떻게 하나요?<br>• 영아가 거부당했다고 느낀 적이 있을까요?<br>• 당신과 영아가 떨어져 있던 때를 생각해 보세요. |

출처: 박혜근(2015).

## 2) 유아

여기에서는 유아를 대상으로 실시하는 면접법의 예로 맨체스터 애착 면접을 살펴보면서 시행방법을 살펴보고 유아가 구성한 이야기를 평가하는 방법에 대해 구체적으로 알아보도록 한다.

### (1) 맨체스터 애착 면접

#### ① 시행방법

맨체스터 애착 면접(Manchester Attachment Story Task)은 Green, Stanley와 Goldwyn이 2000년에 개발한 방법으로, 아주 어린 영아를 대상으로 실시하는 낯선 상황 실험의 개념과 성인 애착 면접을 통합하여 고안한 도구다. 실험자는 유아에게 다쳤을 때, 아플 때, 악몽을 꾸었을 때, 엄마를 잃어버렸을 때의 상황을 들려주고, 이러한 상황에서 주인공 아이에게 무슨 일이 일어날지에 대한 이야기를 완성하도록 요구한다. 이때 유아는 인형놀이를 통해 이야기를 완성하게 된다. 4, 5세부터 9.5세 유아를 대상으로 평가할 수 있는 면접방법이다(김숙령, 2001).

[사진 8-1] 맨체스티 애착 면접에서 이야기를 만들고 있는 유아

② 평가방법

맨체스터 애착 면접은 그림이나 인형놀이 등을 통해 유아가 갖고 있는 애착 인물에 대한 정신적 표상을 측정하고자 하는 방법이다. 인형놀이를 통해 다치거나, 아프거나, 엄마를 잃어버렸을 때와 같은 스트레스 상황에서 유아가 어떻게 반응하는지를 관찰함으로써 유아의 애착 유형을 파악하게 된다. 각 유아가 구성한 이야기의 내용과 유아가 보이는 행동을 바탕으로 9점 척도로 점수를 부여하여 평가할 수 있다. 각 척도는 근접성 추구, 양육자의 따뜻함, 양육자 민감성, 자기돌봄, 강압적, 갈등이 있는 행동, 이야기 내용이 얼마나 진실된 것인지, 이야기 내용이 간결하고 분명한지, 주제와 관련된 이야기를 하고 있는지, 어법상 명확하고 조리 있게 이야기하는지를 평가하여 유아의 애착 유형을 분류한다.

실험자는 유아에게 다쳤을 때, 아플 때, 악몽을 꾸었을 때, 엄마를 잃어 버렸을 때의 상황을 연출해 주고, 이러한 상황에서 주인공 아이에게 무슨 일이 일어날지에 대한 이야기를 완성하도록 요구한다. 이 방법은 국내 유아를 대상으로 적용하는 데 문화적 차이에 따른 문제가 없도록 상황을 수정하여 아버지, 어머니, 할머니, 남아(또는 여아)로 구성된 인형 가족을 사용하여 유아가 경험할 수 있는 사건을 놀이 방식으로 면접할 수 있다(김숙령, 2001). 애착과 관련된 다섯 가지 상황은 다음과 같다. 첫째, 가족들이 저녁 식사를 하는 동안, 유아가 물을 엎지르고 어머니는 이것에 대해 이야기한다(중심 주제: 유아에 대한 애착 인물의 권위와 애정). 둘째, 가족이 놀이공원에 있는 동안 유아가 바위에 오르다 넘어져 무릎을 다쳐 피가 나고 운다(중심 주제: 고통은 애착행동과 보호행동을 이끌어 냄). 셋째, 유아가 잠을 자려고 하다가 괴물이 방에 있다고 소리친다(중심 주제: 두려움은 애착행동과 보호행동을 이끌어 냄). 넷째, 엄마와 아빠가 멀리 여행을 떠나고 할머니는 유아를 돌보기 위해 유아와 함께 집에 남아 있게 된다(중심 주제: 분리불안과 대처 능력). 다섯째, 할머니는 아빠, 엄마가 여행을 떠나고 며칠 지나 창밖을 내다보면서 부모님이 돌아오고 있다고 유아에게 이야기해 준다(중심 주제: 부모를 환영하는지 혹은 회피나 저항, 비조직적인 행동을 보이는지가 주된 초점).

유아는 인형놀이를 통해 이야기를 완성하게 되며, 이야기의 내용과 유아가 보이는 행동을 바탕으로 근접성 추구, 양육자의 따뜻함, 양육자 민감성, 자기돌봄, 강압적, 갈등이 있는 행동 등을 평가하게 된다. 가족 이야기의 애착 안정성 기준은 〈표 8-2〉와 같다. 애착의 불안정성을 평가하기 위해서는, 첫째, 이야기 상황에서 제시되는 중심 주제에 대한 회피성('모르겠다' '몰라요' 등), 둘째, 비일관성과 이상한 반응 여부(인형을 바닥에 세게 던지거나 교통사고가 나서 죽는다든지 등 이야기에 어울리지 않는 반응), 등장인물의 이름만 반복하는 반응 등의 두 가지 기준에 따라 평가한다.

표 8-2 가족 이야기의 애착 안정성 기준

| 가족 이야기 | 애착 안정성의 기준 |
|---|---|
| 가족식사 | • 유아가 엎지른 물이 깨끗이 치워짐<br>• 부모가 야단을 치는 것이 지나치게 격렬하지 않음 |
| 놀이공원 | • 부모나 형(언니)이 다친 유아를 안아 주거나 밴드를 붙여 주고 아픈 것을 달래 줌 |
| 잠자는 방의 괴물이야기 | • 부모가 유아를 달래 줌<br>• 유아가 위로를 얻기 위해 부모에게 감<br>• 궁극적으로 유아가 다시 잠들 수 있는 것으로 끝맺음 |
| 엄마 아빠의 여행 | • 부모가 멀리 떠나는 것에 대한 유아다운 대처행동을 보임(예: 할머니와 놀거나 잠자러 감) |
| 엄마 아빠가 돌아오심 | • 가족들이 서로 마주보고 껴안거나 대화함<br>• 가족원이 모두 자연스러운 어떤 활동을 함 |

출처: 김숙령(2001).

# ④ 면접법의 장점과 단점

## 1) 면접법의 장점

면접법은 자료수집 과정, 응답률, 적용대상, 면접 시 얻을 수 있는 정보와 응답의 측면에서 다음과 같은 장점이 있다(정옥분, 2008; 조복희, 2008; 황해익, 최혜진, 권유선, 2021).

▍자료수집 과정에서 융통성이 있으며 심층적이고 상세한 정보를 얻을 수 있다

면접법은 면접자와 피면접자가 질문과 응답을 주고받으며 자료를 수집하므로, 조사 전에는 예상되지 않아 미리 준비하지 못하였지만 새롭게 제기된 의문점에 대해서 바로 다시 질문하여 자세한 내용을 알아볼 수 있다.

▍응답률이 높다

면접법은 면접자와 피면접자가 직접 대면하여 정보를 얻기 때문에 응답이 누락되지 않을 수 있으므로 응답률이 높은 특징이 있다.

▍대상의 범위가 다양하여 표본의 폭이 넓다

면접법은 연구대상의 글자를 읽고 쓰는 능력이 제한적이어서 설문지를 사용한 조사가 어려운 경우에도 대화를 통해 피면접자의 생각을 알아볼 수 있다는 점에서 적용대상의 폭이 넓다.

▍질문에 대한 응답 이외의 주요 정보를 얻을 수 있다

피면접자가 질문에 응답하는 내용뿐만 아니라 면접과정에서 관찰을 통해 피면접자가 보이는 비언어적인 행동이나 태도에 대한 정보를 얻을 수 있다.

▌면접 대상자의 동기를 유발할 수 있어서 응답 내용의 타당성이 높다

피면접자가 면접에 참여한다는 것의 의미는 면접과정에서 이루어지는 질문에 대한 응답에 비교적 적극적으로 자신의 의견을 말하고자 하는 동기를 가지고 있다는 것이며, 면접자는 피면접자가 성실하게 응답할 수 있도록 독려할 수 있으므로 타당한 응답 내용을 기대할 수 있다.

## 2) 면접법의 단점

면접법은 이와 같은 장점을 가지고 있으나 실시과정 및 분석에서 연구자는 다음과 같은 점을 고려하여야 한다(백욱현, 2006; 황해익, 2010; 황혜정 외, 2011).

▌면접을 실시하기가 불편하다

면접을 하기 위해서는 면접자와 피면접자가 면접할 시간, 장소 등을 선정해야 하고, 미리 질문 내용을 숙지하였더라도 상황에 따라서 면접자의 융통성 있는 면접 진행이 필요하므로 사전에 준비할 내용이 많아 불편한 점이 있다.

▌시간적 · 경제적 부담이 크다

면접을 하기 위해서는 면접자, 면접 시간, 면접 장소 및 환경 구성을 위한 비용이 요구되므로 많은 사람을 대상으로 면접을 실시하기에는 어려움이 있다.

▌면접자에 따라 결과에 영향을 받는다

면접은 진행과정에서 피면접자의 반응에 따라 적절한 질문을 통해 응답을 끌어내야 하고, 예상치 못한 반응을 보이거나 새로운 의문점이 제기되었을 때 대처하는 능력이 필요하므로 면접자의 준비 정도와 숙련도에 따라 면접 결과가 달라질 수 있다.

▌ 표준화된 자료의 수집이 어렵다

면접은 미리 질문 내용을 준비하여 모든 피면접자에게 동일한 질문을 하더라도 면접 상황과 피면접자의 경험에 따라 면접 내용이 모두 동일하기는 어렵다. 그리고 면접과정은 면접자가 응답 내용을 판단하여 적절한 질문을 하는 방식이므로 주관적인 판단을 완전히 배제하기는 어렵다.

▌ 응답결과를 표준화하거나 수량화하여 분석하기 어렵다

면접자와 피면접자가 대화를 통해 수집한 자료는 수량화하여 결과를 제시하기 어려울 때가 있다. 이 경우에는 응답이 가지는 의미를 분석해 볼 수 있다.

## 연구에서는 이렇게

김민정, 이경화(2021). 효과적인 영유아부모 면담을 위한 요인으로서 개별면담준거 개발을 위한 요구분석. **미래유아교육학회지**, 28(14), 155-176.

이 연구에서는 교사가 영유아기 자녀를 둔 부모와 효과적인 개별면담을 할 수 있도록 개별면담 준거를 개발하고자 유아교육과 상담분야의 전문가로부터 내용타당도를 확인하고, 서울과 경기 지역 영유아교육기관을 이용하는 학부모 60명을 대상으로 요구조사를 실시하였다.

개별 면담에 대한 부모이 요구에서 사전 조사지를 보내 양육환경을 파악하고, 기록된 설문지를 토대로 면담을 준비하면 교사들이 체계적인 개별면담을 진행하는 데 도움이 될 것으로 제시하였다. 또한 이 연구에서 영아기 자녀를 둔 부모 개별면담 시 영유아 관찰을 통한 기록을 함께 제시하는 것이 필요하다고 하였다. 유아기 부모의 개별면담에서는 또래관계나 동영상자료, 사진자료를 제시하는 것을 고려할 필요가 있다고 하였다. 동영상 자료나 사진자료는 부모가 자신의 자녀에 대해 잘 이해하고 파악할 수 있어 부모 개별 면담 시 사용할 수 있는 유용한 자료라고 보았다.

이러한 결과는 부모 면담 시 사전 조사와 다양한 교사의 기록자료를 준비하여 활용한다면 부모 면담에 유용한 자료가 될 수 있다는 점을 보여 주는 결과다.

## 연구에서는 이렇게

김지현, 정혜영(2020). 유아교사가 경험한 교수매체의 의미 탐구: 포토보이스를 중심으로. **어린이교육비평**, **10**(2), 89-126.

이 연구에서는 유아교사의 고유한 경험이 이루어지는 특정한 상황과 맥락 속에서 경험의 의미를 이해하고자 면접 시 포토보이스 방법을 사용하였다. 포토보이스는 사진이라는 시각적 이미지를 활용하여 연구참여자들의 관점을 중시하고, 다양한 목소리를 공유하며, 자신의 삶을 성찰해 볼 수 있다는 장점이 있다. 포토보이스 방법을 사용한 면접에서 사진은 연구참여자가 인식하고 직접 경험한 것을 사진으로 표현하고, 그것에 대해 이야기를 하는 방법이다.

면접은 집단면접으로 진행되어 자신이 선정한 사진을 소개하고, 사진 속 상황을 설명하는 방식으로 진행하였다. 집단면접 과정에서 연구주제와 관련하여 연구참여자들의 경험과 고민을 드러낼 수 있도록 다음과 같은 질문을 하여 사진에 대한 토론을 더욱 깊이 있게 촉진하였다.

• 선생님의 사진 속에서 무슨 일이 일어나고 있는 건가요?
• 왜 이 사진을 선택하게 되었나요?
• 선생님이 생각하는 교수매체란 무엇인가요?
• 기존의 방식과 다르게 경험하고 관심을 가진 교수매체는 무엇인가요?
• 사진 속 교수매체와 관련하여 어떤 일이 일어나고, 그것은 어떤 의미를 담고 있나요?

집단면접이 끝난 다음 필요에 따라 개별면접을 진행하여 집단면접에서 드러내지 않은 감정, 견해, 관점, 변화 등을 이해하고 파악하였다.

김민정, 이경화(2021). 효과적인 영유아부모 면담을 위한 요인으로서 개별면담준거 개발을 위한 요구분석. 미래유아교육학회지, 28(14), 155-176.

김숙령(2001). 유아의 정신적 표상에 의거한 부모와 교사에 대한 애착 측정 도구 개발과 적용. 유아교육연구, 21(3), 95-117.

김지현, 정혜영(2020). 유아교사가 경험한 교수매체의 의미 탐구: 포토보이스를 중심으로. 어린이교육비평, 10(2), 89-126.

박혜근(2015). 어머니의 반영기능, 어머니-영아 상호작용 및 영아 애착 안정성의 관계. 이화여자대학교 대학원 박사학위논문.

백욱현(2006). 면접법. 서울: 교육과학사.

성미영, 김정현, 박석준, 정현심, 권윤정(2010). 다문화가정 유아의 언어능력과 가정 문해환경. 아동교육, 19(4), 33-47.

송인섭, 김정원, 정미경, 김혜숙, 신은영, 박소영(2001). 아동연구방법. 서울: 학지사.

안선희, 문혁준, 김양은, 김영심, 안효진, 이경옥, 신혜원(2021). 아동관찰 및 행동연구(3판). 서울: 창지사.

이경숙, 전미경(2008). 나레이티브를 통한 아동의 애착 표상과 어머니의 성인애착 표상에 대한 연구. 한국심리학회지: 상담 및 심리치료, 20(2), 355-368.

이순형, 이혜승, 권혜진, 이영미, 정윤주, 한유진, 성미영, 권기남, 김정민(2014). 아동관찰 및 행동연구(2판). 서울: 학지사.

이종승(2009). 연구방법론. 경기: 교육과학사.

정옥분(2008). 유아교육 연구방법. 서울: 학지사.

조복희(2008). 아동연구의 방법. 경기: 교문사.

황해익(2010). 아동연구방법. 경기: 정민사.

황해익, 최혜진, 권유선(2021). 아동관찰 및 행동연구(3판). 경기: 공동체.

황혜정, 문혁준, 안선희, 안효진, 이경옥, 정지나(2011). 아동연구방법. 서울: 창지사.

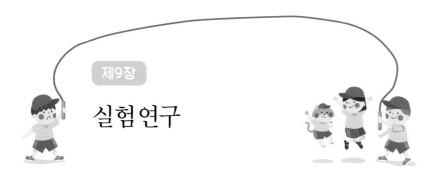

제9장

# 실험연구

## 1 실험연구의 특징

실험연구는 현상의 인과관계에 관한 가설을 검증하기 위해 통제된 조건에서 행동을 인위적으로 이끌어 내서 자료를 수집하는 연구방법이다(이순형 외, 2014). 실험연구는 다음과 같은 특징이 있다(안선희 외, 2021; 이순형 외, 2014).

첫째, 아동의 행동이나 사건을 일으키는 원인이나 그 결과를 명확히 알 수 있다. 이는 독립변인과 종속변인에 영향을 주는 다른 요인들은 최대한 통제된 상태에서 연구를 진행했을 때 가능하다. 둘째, 실험연구는 자연 상태에서 쉽게 관찰할 수 없는 아동의 행동을 연구할 때 적합한 방법이다. 셋째, 실험연구는 과학적인 연구방법으로 연구자들이 가설을 검증할 때 주로 사용한다.

더 알아보기 **실험의 통제 방법**

　실험연구를 실시할 때에는 실험을 어떻게 통제(control)하는지가 매우 중요하다. 통제 (control)는 종속변수의 변화에 영향을 줄 수 있는 다른 변수, 즉 외생변수(extraneous variable)의 영향을 제거하는 것을 말한다. 통제된 상태, 즉 외생변수의 영향이 제거된 상태에서 변수를 조작(manipulation)하여 종속변수의 변화가 나타났다면 조작된 변수가 독립변수라고 할 수 있다. 즉, 독립변수(원인)와 종속변수(결과)의 관계가 입증되는 것이다. 실험을 통제하는 방법은 다음과 같다.

### (1) 무선화(randomization)

　무선화는 실험집단과 통제(비교)집단에 연구대상을 무작위로 표집하여 무선으로 배정하는 방법이다. 예를 들어, '공부 시간이 학업 성취에 영향을 미칠 것이다.'라는 가설을 증명하기 위해 연구대상을 표집할 때 연구 대상 100명을 무작위로 표집한 후 50명씩 실험집단과 통제(비교)집단에 배정하여 실험을 실시하는 경우다.

### (2) 짝짓기(matching)

　짝짓기 방법은 비슷한 조건의 연구 대상자를 한 쌍으로 짝지은 후 각각 실험집단과 통제집단으로 나누어 배정하는 방법이다. 예를 들어, 지능지수가 90~100 사이의 아동 20명을 실험집단에 10명, 통제집단에 10명 배정하고, 100~110 사이의 아동 20명을 동일하게 실험집단에 10명, 통제집단에 10명 배정함으로써 실험집단과 통제집단의 동질성을 확보할 수 있다.

### (3) 통계적 방법

　실험연구에서 실험집단과 통제집단의 동질성 확보를 통한 통제는 매우 중요하다. 왜냐하면 실험집단과 통제집단이 동일한 상태에서 출발했을 때 실험처치의 효과로 인한 실험결과의 차이가 유의미하기 때문이다. 하지만 영유아기는 같은 연령이어도 개인차가 큰 시기이기 때문에 실험집단과 통제집단의 통제가 어려운 경우도 많다. 이와 같은 경우에 공변량분석(analysis of covariance)이라는 통계분석 방법을 사용하여 실험처치 전부터 존재하는 실험집단과 통제집단 간의 차이를 통제한 상태에서 실험처치가 종속변수에 미친 영향을 파악할 수 있다.

출처: 안선희 외(2021).

# ② 실험설계를 위한 지침

실험연구 설계를 위해 알아야 할 지침은 다음과 같다(안선희 외, 2021; 이순형 외, 2014; 정옥분, 2008).

## ▌가설을 설정한다

연구자가 평소에 관심을 가지는 주제, 상황, 아동의 행동에 대한 생각을 가설의 형태로 만든다. 평소에 어린이집에서 또래 간 협상에 관심을 가지고 있는 경우 선행연구를 고찰한 후 자신만의 새로운 가설을 세울 수 있다. 예를 들어, 연구자는 '유아의 언어 능력이 또래 간 협상기술에 영향을 미칠 것이다.'와 같은 연구가설을 설정할 수 있다.

## ▌연구문제를 설정한다

연구자는 연구가설에서 연구문제를 도출하게 된다. 예를 들어, 연구문제는 '유아의 수용언어 능력은 또래 간 협상기술에 영향을 미치는가?'와 같은 의문문의 형태로 표현할 수 있다.

## ▌변수의 조작적 정의를 내린다

연구자가 관심을 가지는 변수가 의미하는 바가 무엇인지 조작적 정의를 내려야 정확한 실험을 할 수 있다. 유아의 수용언어가 의미하는 바가 무엇인지, 또래 간 협상기술이 무엇인지는 연구자마다 다를 수 있기 때문이다. 변수를 조작적으로 정의하기 위해서는 선행 연구자들이 수용언어, 협상기술을 어떻게 정의하였는지 조사하고 연구자의 논리를 바탕으로 새로이 정의를 내릴 수 있다. 예를 들어, 연구자는 '수용언어란 대화를 듣고 이해하는 능력이다.'라고 조작적으로 정의할 수 있다.

## 측정도구를 선택한다

다음으로 적절한 측정도구를 선택하여 연구자가 조작적으로 정의한 변수를 측정해야 한다. 측정도구는 우선 선행연구에서 사용한 도구를 살펴보고 다수의 연구에서 사용하여 검증된 것을 토대로 수정·보완하여 사용 가능하다. 기존의 측정도구를 수정할 경우 전문가의 검토를 통해 타당성 검증을 할 필요가 있다.

## 실험을 설계한다

실험설계는 실험을 체계적으로 진행하기 위해 필요한 절차다. 실험설계 방법에는 외생변인이 통제된 진형 실험설계(true-experiment design)가 있는데, 이는 〈표 9-1〉에 제시된 바와 같이 사후검사 통제집단 설계(posttest-only control group design), 사전-사후검사 통제집단 설계(pretest-posttest control group design), 솔로몬 4집단 설계(Solomon four-group design)가 있다. 진형 실험설계를 실시하기 어려울 경우 유사실험 설계(quasi-experimental design)를 사용하는 경우도 있지만 이는 타당도가 낮다.

## 연구 대상자를 선정한다

연구자는 선행연구 고찰, 이론, 경험을 토대로 실험에 적합한 연구 대상자를 선정한다. 이때 연구 대상자의 연령, 성별, 사회경제적 수준, 부모 학력 등 연구 대상자 속성을 고려한다. 유아의 추론 능력 관련 실험을 실시하는 경우 유아의 지능, 언어 능력 등 개인 요인뿐 아니라 부모의 학력, 사회경제적 수준도 영향을 줄 수 있으므로 부모 관련 요인도 통제한다.

## 실험집단과 통제집단에 배정한다

연구 대상자를 실험집단과 통제집단에 배정할 때의 원칙은 '집단 간 동질성'이다. 실험처치를 하기 전에 실험집단과 통제집단의 언어 능력, 지능, 기

표 9-1 진형 실험설계 방법

| 실험설계<br>방법 | 절차 | 장점 | 단점 |
|---|---|---|---|
| 사후검사<br>통제집단<br>설계 | 1. 연구 대상자를 실험집단과 통제집단에 무선 배치한다.<br>2. 실험처치를 한다.<br>3. 두 집단 모두 사후검사를 한다.<br>4. 사후검사 결과 비교를 통해 실험처치 효과 여부를 판단한다. | 반복검사를 실시하지 않기 때문에 내적 타당도가 높고, 사전검사를 실시하지 않기 때문에 시간과 비용을 아낄 수 있다. | 실험집단과 통제집단의 차이만 검증하기 때문에 실험처치가 실험집단의 변화에 어느 정도 영향을 주었는지 알 수 없다. |
| 사전-사후<br>검사 통제<br>집단 설계 | 1. 연구 대상자를 실험집단과 통제집단에 무선 배치한다.<br>2. 두 집단 모두 사전검사를 실시한 후 실험집단에만 실험처치를 한다.<br>3. 두 집단 모두 사후검사를 한다.<br>4. 각 집단의 사전검사와 사후검사 변화량을 비교하여 실험처치 효과 여부를 판단한다. | 내적 타당도가 높아 일반적으로 사용하는 설계기법이다. | 외적 타당도가 떨어진다. |
| 솔로몬<br>4집단 설계 | 1. 사전-사후검사 통제집단 설계를 보완한 기법이다.<br>2. 다음과 같은 4개의 집단을 구성하여 실험을 실시한다.<br><br>(R) O1 × O2<br>(R) O3 × O4<br>(R) × O5<br>(R) O6 | 내적 타당도와 외적 타당도가 높다. | 연구 대상자를 많이 표집해야 하고 통계적 검증이 어렵다. |

출처: 안선희 외(2021)의 내용을 재구성함.

질 등 종속변수와 관련된 요인에 차이가 있다면 사후검사 결과의 차이가 100% 실험처치로 인한 것이라고 주장할 수 없게 된다. 연구 대상자를 집단에 배정하는 방법으로는 무선 배치, 짝짓기 등의 방법을 사용한다.

▌사전실험 및 본실험을 실시한다

선행연구에서 사용한 실험도구를 그대로 사용하여도 연구대상, 실험 상황, 실험자의 언어 표현 방식 등에 따라서 실험결과가 달라질 수 있다. 또한 사전실험을 실제로 실시해 보아야 실험절차를 미리 연습해 볼 수 있고 실험 중에 발생할 수 있는 문제를 미리 파악하여 준비할 수 있다. 따라서 반드시 사전실험을 실시하여 발견된 문제를 보완한 후 본실험을 실시한다.

▌자료를 수집하여 가설 검증을 한다

본실험을 통해 수집된 실험집단과 통제집단의 사전검사, 사후검사 자료는 공변량분석 또는 대응표본 T검증을 사용하여 가설 검증을 한다. 통계적 가설 검증을 하여 통계적으로 유의한 차이가 나타났다는 것은 실험처치가 선정된 실험집단에만 적용되는 것이 아니라 그 결과를 일반화할 수 있다는 것을 의미한다.

**교실에서는 이렇게**

　1960년대 미국의 심리학자 Walter Mischel은 아동의 만족지연 능력(delayed gratification)을 실험하기 위해 실험 방식을 고안해 냈다. 이 실험은 아동에게 달콤한 마시멜로 1개를 준 후, 15분 동안 먹지 않고 기다리면 또 1개의 마시멜로를 주겠다고 약속하고 아동의 반응을 관찰하는 것이다. 방에 홀로 남겨진 아동들 중 일부는 실험자가 나가자마자 마시멜로를 바로 먹어 버렸고, 또 어떤 아동들은 먹지 않고 기다리기 위해 여러 방법으로 노력하였다. 실제로 끝까지 참고 견딘 아동들은 청소년기와 성인기에 더 높은 SAT(수능) 점수를 받았고, 학업 성취도가 높았으며, 건강 상태도 양호하였고, 기타 다른 삶의 만족도를 측정하는 결과에서 높은 점수를 얻었다. 어린이집에서도 이러한 실험을 실시해 볼 수 있을 것이다.

[사진 9-1] 접시에 놓인 초콜릿을 바라보며 기다리는 아동

## 3 실험연구의 실제

### 1) 영아

여기서는 영아 대상 실험연구의 실제로 전래놀이를 활용한 어머니와 영아의 상호작용 프로그램 효과와 영아의 비상징적 연산 능력에 관한 과학실험 사례를 제시한다.

#### (1) 프로그램 효과 검증

| | |
|---|---|
| 논문 제목 | 「전래놀이를 활용한 어머니와 영아의 상호작용 프로그램」이 영아의 애착안정성과 사회·정서적 긍정행동에 미치는 영향 |
| 연구대상 | 9~13개월 |
| 측정도구 | 애착 Q-set, 영아의 사회·정서 측정도구 |
| 실험처치 | 어머니-영아 상호작용 프로그램 |
| 연구절차 | 예비조사 → 사전검사 → 실험처치 → 사후검사 |
| 실험 장면 예시 |  [사진 9-2] 리본 막대를 흔들며 노는 1세 영아와 어머니 |

출처: 김정희, 유효순(2011).

## (2) 실험효과 검증

| 논문 제목 | 과제난이도에 따른 2, 4세 유아의 비상징적 연산 능력 |
|---|---|
| 연구대상 | 2, 4세 |
| 측정도구 | Barth 등(2005)이 개발한 비상징적 연산과제를 연구목적에 맞게 수정 및 보완하여 구성함 |
| 연구절차 | 예비조사 → 연구설계 수정 · 보완 → 본실험: 일대일 실험(비교, 덧셈, 뺄셈, 곱셈, 나눗셈 과제) |
| 실험 장면 예시 | <br>[사진 9-3] 자동차와 컵의 수를 대응시키고 있는 2세 여아 |

출처: 조우미, 이순형(2015).

## 2) 유아

여기서는 유아 대상 실험연구의 실제로 자연친화적 바깥놀이 프로그램 효과와 물의 응결현상에 관한 아동의 지식에 대한 과학실험의 사례를 제시 한다.

### (1) 프로그램 효과 검증

| 논문 제목 | 자연친화적 바깥놀이 프로그램 개발 및 효과 검증 |
|---|---|
| 연구대상 | 5세 |
| 측정도구 | 환경 친화적 태도 척도, 사회적 유능감 척도 |
| 실험처치 | 자연친화적 바깥놀이 프로그램 12주간 총 24회 |
| 연구절차 | 예비연구 → 검사자 훈련 및 교사 훈련 → 사전검사 → 실험처치 → 사후검사 |
| 실험 장면 예시 | <br>[사진 9-4] 풀을 관찰하고 있는 5세 유아 |

출처: 서현, 정은숙(2015).

## (2) 실험효과 검증

| | |
|---|---|
| 논문 제목 | 연령과 과제에 따른 물의 응결현상에 대한 아동의 지식 |
| 연구대상 | 4, 6, 8세 |
| 측정도구 | 물병 과제와 콜라병 과제 |
| 연구절차 | 예비조사 → 본조사 → 조사결과 분석 |
| 실험 장면 예시 |  [사진 9-5] 얼음물이 담긴 유리컵에 맺힌 물방울을 바라보며 가리키고 있는 4세 유아 |

출처: 김은영(2013).

**연구에서는 이렇게**

이수경, 박경빈(2020). 그림책 활용 장애인식 개선 교육활동이 유아의 장애인식 및 친사회
적 행동에 미치는 영향. **열린유아교육연구**, 25(6), 81-98.

이 연구에서는 장애인식 개선 교육이 장애유아 통합 환경에서의 일반 유아에게 어떠
한 교육적 효과가 있는지 알아보기 위해 통합학급의 일반유아 69명(실험집단 39명, 비교
집단 30명)을 연구대상으로 선정하였다. 연구는 사전검사, 교사교육, 실험처치, 사후검사
의 순서로 총 10주간 진행되었다. 사전검사는 유아의 장애 인식 검사도구와 친사회적 행
동 검사 도구를 사용하여 두 집단에 모두 실시하였다. 실험처치 시 연구자는 실험집단에
그림책을 매주 한 권씩 읽어 주고 장애인식 개선 교육활동을 매주 2회씩 총 16회 8주 동
안 실시하였고, 비교집단은 같은 기간 동안 실험 집단과 동일한 그림책만 읽어 주었다.
사후검사는 프로그램을 진행한 후 사전검사와 동일한 방법으로 장애에 대한 인식과 친사
회적 행동검사를 실시하였다. 연구결과, 실험집단의 유아들이 비교집단의 유아에 비해 장
애 또래와의 상호작용, 장애 또래에 대한 능력과 전체 장애인식이 높은 것으로 나타났고
지도성, 도움주기, 의사소통, 주도적 배려, 접근시도하기, 감정이입 및 조절과 전체 친사회
적 행동수준이 높은 것으로 나타났다.

**연구에서는 이렇게**

방은영(2020). 또래 협력적 말 리듬 놀이가 유아의 또래유능성과 신체활동 즐거움에 미치
는 효과. **유아교육학논집**, 24(2), 247-269.

이 연구는 또래 협력적 말 리듬 놀이가 또래유능성과 신체활동 즐거움에 미치는 효과를
알아보기 위해 만 5세 유아 38명(실험집단 19명, 비교집단 19명)을 연구대상으로 하였다. 실
험집단의 유아들에게는 8주간 총 16회차로 주 2회 각 30분씩의 또래 협력적 말 리듬 놀이
를 실시하였고, 비교집단의 유아들에게는 누리과정 생활주제에 따른 음악활동을 실시하였
다. 사전·사후 검사는 또래유능성과 신체활동 즐거움을 측정하였다. 연구결과, 또래 협력
적 말 리듬 놀이는 유아의 또래유능성과 신체활동 즐거움에 유의한 효과를 나타내었다.

# ③ 실험연구의 장점과 단점

## 1) 실험연구의 장점

실험연구의 장점은 다음과 같다(안선희 외, 2021; 이순형 외, 2014; 조복희, 2008).

**▌인위적인 상황을 만들어 연구할 수 있다**

실험연구는 연구자가 일상생활에서 쉽게 관찰할 수 없는 상황을 인위적으로 조작한 후 영유아의 행동이나 반응을 유발하여 살펴볼 수 있다는 장점이 있다. 예를 들어, 영유아의 정서 조절에 대한 연구를 실시하는 방법으로 평소 일과를 관찰하여 일화기록법, 사건표집법으로 기록하거나 조사연구를 실시할 수도 있다. 하지만 일상생활을 관찰하는 경우 영유아의 정서 조절에 영향을 미치는 여러 가지 환경 요인을 통제할 수 없고, 조사연구의 경우 보통 부모나 교사의 질문지 기록을 통해 정보를 수집하기 때문에 영유아의 행동과 반응이 왜곡되어 보고될 수도 있다. 반면에 실험연구는 연구자가 설정한 연구문제에 대한 해답을 찾기 위해 연구자가 인위적으로 정서 관련 실험 상황을 만들어서 직접 관찰하고 자료를 수집할 수 있다.

**▌명확한 원인과 결과를 규명할 수 있다**

실험연구는 관찰이나 다른 연구방법에 비해 직접 변수를 조작하고 가외변수(외생변수)를 통제하는 등 통제된 실험 상황을 구성하므로 종속변수에 영향을 미치는 원인을 명확히 규명할 수 있다는 장점이 있다.

### ▮ 체계적이고 과학적인 연구방법이다

실험연구를 실시하기 위해서는 보통 다음과 같은 절차를 거친다. 첫째, 연구가설을 설정하고 연구문제를 도출한다. 둘째, 입증하고자 하는 변수를 조작적으로 정의한다. 셋째, 변수를 측정할 수 있는 도구나 과제를 선정한다. 넷째, 실험대상을 선정하고 실험집단과 통제집단을 구분한다. 다섯째, 두 집단에 사전검사를 실시한다. 여섯째, 실험집단에 실험처치를 실시한다. 이때 통제집단에는 아무런 처치도 안 하거나 기본적이고 중립적인 처치를 한다. 후자의 경우 비교집단이라고 명명한다. 일곱째, 실험처치 후 사후검사를 실시한다. 여덟째, 실험집단과 통제집단(비교집단)의 사후검사 결과의 차이가 통계적으로 의미가 있는지 자료를 분석한다. 실험연구는 이와 같은 절차에 따라 수행되므로 체계적이고 과학적인 연구방법이라 할 수 있다.

### ▮ 사건이나 행동을 조작할 수 있다

관찰연구는 연구대상의 행동을 있는 그대로 관찰할 뿐이지 대상의 행동이나 반응을 유발하기 위해 인위적인 상황을 만들거나 의도적으로 조작이나 처치를 가하지 않는다. 반면, 실험연구는 연구자가 관심을 가지는 변수의 영향력을 확인하기 위해 직접 변수를 조작할 수 있다는 장점이 있다. 조작(manipulation) 또는 처치(treatment)는 연구자가 상황을 의도적으로 만들거나 행동을 일으키기 위해 설정하는 조건을 의미한다. 예를 들어, 연구자가 개발한 '컴퓨터 프로그램'이 유아의 인지 능력을 향상시키는 데 효과가 있는지 입증하기 위해서 연구자는 실험집단 유아에게 '컴퓨터 프로그램'을 처치하여 그들의 인지 능력 향상 여부를 판단해 볼 수 있다.

## 2) 실험연구의 단점

실험연구의 단점은 다음과 같다(안선희 외, 2021; 이순형 외, 2014; 조복희, 2008).

### ▌실험 상황과 대상에 제약이 있다

자연스러운 상황에서 관찰을 하는 경우 대상에 제약이 없지만 실험연구는 주제에 따라 실험을 실시할 수 없는 경우가 있다. 예를 들어, 영아의 수면 습관을 연구해야 할 경우 실험보다는 자연관찰이 보다 적합하다. 또한 낯설고 인위적인 상황을 거부하는 영유아의 경우 실험대상이 될 수 없다.

### ▌외생변수를 모두 통제하기는 현실적으로 어렵다

실험연구에서 사실상 종속변수에 영향을 미치는 외생변수를 엄격하게 통제하기란 불가능하다. 그렇기 때문에 연구자들은 선행연구 고찰을 토대로 중요한 변수를 위주로 통제한다. 예를 들어, 인지 추론에 관한 연구에서는 주로 지능이나 언어 능력을 통제한다.

### ▌실험결과를 일반화하기 어려운 경우도 있다

실험연구는 연구자의 관심 변인 외에 다른 요소를 통제하는 것이 핵심이다. 그런데 통제된 실험 상황에서 관찰된 영유아의 행동이 과연 자연스러운 상황에서 평소에 나타나는 행동이라고 일반화할 수 있는가에 대한 문제가 발생한다. 이러한 점을 보완하기 위해 피험자에게 알리지 않은 채 현장 실험연구를 실시할 수도 있다.

### ▌내적 타당도 문제가 발생할 수 있다

내적 타당도(internal validity)는 실험연구에서 실험처치가 실험결과에 미치는 영향의 정도를 의미한다. 실험결과가 실험처치에 의해서 발생했다면 내적 타당도가 높다고 볼 수 있지만, 다른 요인에 의해서 발생했을 가능성이 높다면 내적 타당도가 낮다고 해석해야 한다. 내적 타당도를 떨어뜨릴 수 있는 요인으로는 피험자의 성숙, 예기치 못한 사건의 발생, 연습이나 기억 효과, 측정 도구 관련, 통계적 회귀, 연구 대상자 선정 및 중도탈락과 같은 요인이 있다.

❚ 외적 타당도 문제가 발생할 수 있다

실험결과를 보편적인 현상이라고 일반화할 수 있는 정도를 외적 타당도라고 한다. 즉, 외적 타당도란 실험결과를 다른 대상, 다른 시기, 다른 상황에 일반화할 수 있는 정도를 의미한다(안선희 외, 2021). 실험결과가 실험대상에게만 한정되는 결과이고 다른 대상에게 적용 가능하지 않다면 외적 타당도가 낮다고 할 수 있다. 외적 타당도를 위협하는 요인으로는 연구 대상자 선정과 실험처치 간 상호작용, 실험배치의 반발적 효과, 중다처치의 간섭 등이 있다.

참 고 문 헌

김은영(2013). 연령과 과제에 따른 물의 응결현상에 대한 아동의 지식. 미래유아교육학회지, 20(1), 79-96.

김정희, 유효순(2011). 「전래놀이를 활용한 어머니와 영아의 상호작용 프로그램」이 영아의 애착안정성과 사회·정서적 긍정행동에 미치는 영향. 미래유아교육학회지, 18(1), 305-325.

방은영(2020). 또래 협력적 말 리듬 놀이가 유아의 또래유능성과 신체활동 즐거움에 미치는 효과. 유아교육학논집, 24(2), 247-269.

서현, 정은숙(2015). 자연친화적 바깥놀이 프로그램 개발 및 효과 검증. 유아교육연구, 35(3), 437-462.

안선희, 문혁준, 김양은, 김영심, 안효진, 이경옥, 신혜원(2021). 아동관찰 및 행동연구(3판). 서울: 창지사.

이수경, 박경빈(2020). 그림책 활용 장애인식 개선 교육활동이 유아의 장애인식 및 친사회적 행동에 미지는 영향. 열린유아교육연구, 25(6), 81-98.

이순형, 이혜승, 권혜진, 이영미, 정윤주, 한유진, 성미영, 권기남, 김정민(2014). 아동관찰 및 행동연구(2판). 서울: 학지사.

정옥분(2008). 유아교육 연구방법. 서울: 학지사.

조복희(2008). 아동연구의 방법. 경기: 교문사.

조우미, 이순형(2015). 과제난이도에 따른 2, 4세 유아의 비상징적 연산능력. 한국아동학회지, 36(4), 229-242.

# 제10장

# 검사도구

## 1 검사도구의 특징

검사는 개인의 능력과 성향, 가치나 태도 등의 심리적 특성을 파악하기 위하여 검사의 대상인 피검사자가 검사 문항에 응답한 반응을 측정하는 것이다. 검사(test)는 라틴어 'testium'에서 유래된 용어로 Cattell(1890)이 아동발달의 심리적 특성을 알아내는 과정에서 '검사'라는 단어를 처음 사용하면서 적용되기 시작하였다(이순형 외, 2014). Cattell은 마치 금속정련기 속에서 광석을 용해시켜 금속의 양을 밝혀내듯이 인간의 정신 능력도 측정해 낼 수 있다고 보아 정신검사(mental test)라는 말을 사용하였다. 이와 같이 검사는 피검사자의 반응을 수량화하여 측정하는 체계적인 절차로 '표준화' 또는 '통제'의 의미가 포함되어 있다. 즉, 검사를 통해 피검사자의 심리적 특성을 측정하려는 목표는 개인이나 집단을 정확하게 기술하는 데 있다. 검사의 목적에 따라 개인차의 성격과 범위를 파악하는 것이 주된 관심이 될 수도 있고, 행동 특성을 더 효과적으로 이해하고 예측하는 것이 목표가 될 수도 있다.

검사는 표준화된 절차, 측정 특성에 대한 포괄성, 수량화의 특성이 있다 (안선희 외, 2021). 첫째, 검사는 체계적으로 표준화된 절차에 따라 이루어진다. 즉, 검사의 문항은 행동 특성에 알맞게 체계적으로 선별되고, 같은 검사 문항이 모든 대상에게 실시되며, 시간 제한이나 채점방법도 일관되게 이루어진다. 검사가 표준화된 절차에 따라 이루어지는 이유는 개인적·상황적 변인이 검사 점수에 미치는 영향을 최소화하기 위한 것이다. 이와 같이 표준화된 절차에 따라 실시된 검사의 결과는 개인차를 밝힐 수 있다.

둘째, 검사의 문항은 검사자가 측정하고자 하는 특성을 반영하고 있다. 따라서 검사자가 선정한 검사의 문항은 검사자가 측정하거나 추론하려는 행동 특성을 포괄적으로 반영하고 있으며, 이러한 검사를 통해 측정된 결과는 실제의 행동 특성을 추론하고 예측할 수 있도록 해 준다.

> **더 알아보기**   **검사의 의미**
>
> 검사(test)는 측정(measurement), 평가(evaluation), 사정(assessment), 진단(diagnosis) 등의 용어와 구분하여 각 용어의 의미를 정확히 이해할 필요가 있다(김영환, 문수백, 홍상황, 2005).
>
> - 측정: 일정한 규칙에 따라 특정 사물이나 속성에 대해 수치를 부여하는 과정
> - 평가: 사물과 속성에 대한 가치판단을 포함한 것으로 가치판단의 기준이나 준거에 의해 판단하는 과정
> - 사정: 개인이 지닌 특성의 질적·양적인 수준을 풍부한 자료에 기초하여 객관적으로 추정하고, 감정하고, 평가하는 과정
> - 진단: 개인이 지닌 심리적 특성을 특정 기준에 근거하여 발달적 이상이나 심리적 장애를 판단하는 과정

　셋째, 검사결과는 심리적 특성을 수량화함으로써 객관적인 비교를 가능하게 하며 통계적 분석이 가능하다. 검사는 심리적 특성을 측정하여 그 결과를 수량화하는 방법이다. 예를 들어, 검사에서는 '동의한다'는 표현에 대해 동의하면 얼마나 동의하는지를 구체적으로 파악할 수 있도록 표준화된 단위로 측정하여 결과를 수량화한다. 그리고 체계적으로 구성된 문항으로 이루어진 검사는 경제적이고 효율성 있는 정보를 제공해 준다. 예를 들어, 한 사람에게 30분이 소요되는 검사를 한 장소에서 100명에게 실시한다면 능률적이고 경제적이라고 할 수 있다.

　검사를 실시하기 위하여 우선 검사자는 전문가로서의 자격을 갖추는 것이 중요하다. 검사자가 자격을 제대로 갖추지 못했을 경우 검사의 시행, 채점과 해석에 오류를 범하여 사실과 다른 내용으로 판단하는 심각한 잘못을 저지를 수 있다. 그리고 검사자는 검사지를 잘 관리하여 유출되지 않도록 하여 개인 정보를 보호하고 검사결과가 악용되지 않도록 해야 한다. 검사자는 지시사항, 검사시간, 문항, 반응 형식, 장치, 비품이 모두 동일하도록 준비하며, 표준 실시가 어려운 경우 모든 사실을 면밀하게 살펴 신중하게 결정하도록 한다.

　그리고 검사를 실시하기에 앞서 검사자와 피검사자는 짧은 시간 동안이라도 서로 간에 신뢰를 형성할 수 있는 시간을 가져야 한다. 사람들 사이에 긍정적인 관계를 형성시켜 주는 요소인 라포가 형성되면, 피검사자는 검사자를 신뢰하고 긴장을 풀고 편안한 마음으로 검사에 임할 수 있다. 이러한 과정을 통하여 피검사자의 생각과 상태가 검사결과에 잘 반영될 수 있어 더욱 신뢰로운 검사결과를 얻을 수 있다. 반대로 라포가 형성되지 않은 경우에는 피검사자가 긴장된 상태로 평소와 다르게 응답했을 수 있으므로 검사결과의 신뢰도에 문제가 발생할 수 있다.

　검사 반응은 검사 실시 조건, 시행방법, 검사자의 특징·태도, 검사자와 피검사자의 상호관계, 피검사자의 신체적·심리적 상태에 영향을 받는다(이순형 외, 2014). 그러므로 검사를 실시할 때에는 제시된 지시방법 및 절차를 따라 검사자에 따른 차이를 줄이도록 해야 하며, 피검사자가 편안하게 검사를 받을 수 있도록 배려해야 한다. 특히 아동의 경우 검사 상황에 영향을 많이 받고, 낯선 검사 상황에서 자연스럽게 응답하지 못하고 반응이 경직될 수 있으므로 세심하게 배려하는 것이 필요하다.

## 2 검사를 위한 지침

[그림 10-1] 검사과정

### 1) 검사 실시 준비

검사를 실시하기 위하여 검사자는 지시 내용과 소요 시간 등 중요 사항을 숙지해야 한다. 만약 검사자가 훈련과 준비가 부족하여 이와 같은 주요 내용을 숙지하지 못한다면 검사의 타당성에 문제가 될 수 있다(황해익, 2010).

### 2) 검사 실시

실제 검사가 시작되기 전에 검사자는 피검사자가 편안한 상태에서 검사에 응할 수 있는지를 파악해야 한다. 예를 들어, 검사가 실시되기 전에 아동에게 화장실에 가고 싶은지, 목이 마른지, 너무 덥거나 추운지와 같은 다른 요구사항이 없는지를 확인한다. 검사가 실시된 이후에는 가능하면 휴식 시간 없이 검사를 끝내는 것이 좋다. 만약 검사 소요 시간이 길거나 특별한 상황이 발생할 경우 잠시 휴식을 취한 후 검사를 계속하도록 한다.

**더 알아보기**　　**아동 대상 검사 시 고려할 점**

아동을 대상으로 검사를 실시하기 위해서는 다음을 고려해야 한다.

- **편안한 환경 구성**
  - 검사를 실시하는 환경은 편안한 느낌을 주면서 주의를 분산시킬 수 있는 요소가 적게 한다.
  - 책상과 의자는 크기와 높이가 아동에게 맞아야 하며, 적당히 밝고 주위의 소음이 없어야 한다.
  - 검사자는 아동의 맞은편이나 오른쪽으로 90도 위치에 앉는다.
  - 검사 자료는 검사자 쪽이나 아동에게 잘 보이지 않도록 책상 아래에 정리해 두어 아동의 호기심을 자극하지 않는다.
  - 아동이 안정감을 갖도록 검사의 목적, 활용방법 등을 설명해 준다.

- **검사자와 아동 간 신뢰감 형성**
  - 신뢰감 형성은 아동을 대상으로 하는 검사의 실시과정 및 결과에 큰 영향을 미친다는 점에 유의한다.
  - 수줍음이 많은 아동을 검사할 때에는 일상적인 질문과 대화로 긴장을 풀고 나서 검사를 시작한다.
  - 검사를 거부하는 아동의 경우 검사받기 싫은 이유를 알아보고 그 감정을 일단 수용해 준다.
  - 산만하고 통제가 안 되는 아동은 지능과 같은 능력에 관련된 검사를 먼저 실시하는 것이 좋다.
  - 검사가 시작된 후에도 검사자는 흥미가 지속되도록 아동에게 격려와 칭찬을 해 주고, 제시된 문항에 응답할 수 있다는 자신감을 준다.

[사진 10-1] 검사도구를 사용하여 아동의 반응을 알아보는 모습

출처: http://www.kfdn.co.kr/sub_read.html?uid=7700

## 3) 채점

검사법에서 적용되어야 할 표준절차는 표준실시, 표준채점, 표준해석을 의미한다(황해익, 2009). 그러므로 검사를 실시하는 과정에서 지시 내용과 소요 시간 등 실시 절차가 표준적으로 잘 지켜져야 할 뿐만 아니라 채점과정도 표준화된 절차에 따라 동일하게 이루어져야 한다. 따라서 검사도구의 실시 요강에서 제시하고 있는 명확한 채점 기준에 따라 채점이 이루어져야 한다.

## 4) 해석

검사결과를 분석하여 해석할 때의 주의점은 다음과 같다(이순형 외, 2014). 검사결과를 상대적으로 해석해야 한다. 예를 들어, 지능지수 95, 100, 105는 상대적으로 능력의 서열을 말할 수 있지만 숫자 5의 차이만으로는 구체적인 의미가 없다. 또한 측정오차의 범위를 고려한다면 지능지수기 100인 사람이 지능지수가 95인 사람보다 반드시 지능이 뛰어나다고 단정할 수 없다. 더 나

아가 인간의 무한한 지적 능력을 몇 개의 문항으로 측정하여 판별한다는 것
은 측정 문항에 없는 다른 능력이나 잠재력을 고려하지 않은 것일 수 있다.
특히 아동의 지능이나 기타 능력을 검사하여 판별하고 진단하는 것은 매우
신중하게 접근해야 한다. 아동이 자신의 능력을 드러낼 수 없었을 수도 있
고, 검사가 잠재력을 드러낼 만큼 정교하지 않을 수 있다는 점을 염두에 두
어야 한다. 실제로 유아기 지능검사 결과는 초등학교나 중학교 지능검사 결

**교실에서는 이렇게**

영유아의 발달은 개인별로 차이가 있기 마련이다. 교사는 각 유아의 발달상태를
파악하기 위하여 검사도구를 활용하여 특정영역의 발달수준을 평가해 볼 수도 있
다. 예를 들어, 한국어가 익숙하지 않은 다문화가정의 유아 또는 외국인 유아의 어
린이집 적응을 돕기 위하여 유아의 언어 능력을 검사도구를 사용하여 진단해 볼 수
있다. 이를 통해 해당 유아의 한국어 이해 능력과 표현 능력을 알아볼 수 있으며, 이
를 바탕으로 유아의 적응을 돕기 위한 계획을 수립할 수 있다. 검사도구를 사용하여
진단평가하기 위해서는 교사 본인이 워크숍 등을 통하여 검사도구 사용에 필요한
전문지식을 익히거나, 해당 영역 전문가의 도움을 받을 수 있다.

[사진 10-2] 외국인 아동의 언어 능력 검사 실시 장면

과와 상관성이 낮게 나타나기도 한다. 그리고 부모에게 아동을 대상으로 하는 검사의 결과를 잘 설명하는 과정에서 일반적인 기준의 의미와 자녀의 결과가 보이는 유사점과 차이점을 통해 어떻게 자녀의 발달을 지원할 것인지를 함께 논의하려는 준비가 필요하다. 이러한 점에서 검사의 실시, 채점, 해석 과정은 검사 실시와 해석에 대한 전문적 지식을 가진 전문가에 의해서 이루어져야 할 필요가 있다.

## 3 검사도구의 실제

### 1) 영아

여기서는 영아 대상 검사법의 실제로 영아기 전반적 발달을 살펴볼 수 있는 덴버 발달선별검사, 베일리 영유아발달검사, 한국 영유아 발달선별검사와 언어발달을 측정하는 도구인 영유아 언어발달검사에 대해서 알아본다.

#### (1) 덴버 발달선별검사(DDST)

덴버 발달선별검사(Denver Developmental Screening Test: DDST)는 발달장애가 의심되는 영유아를 대상으로 개인-사회성, 미세운동-적응, 언어, 운동의 네 가지 기능 영역을 평가하는 검사도구다. 개인-사회성 발달 22문항, 미세운동 및 적응발달 27문항, 언어발달 34문항, 운동발달 27문항의 총 110문항으로 구성되어 있으며, 출생 후부터 6세 아동까지 적용이 가능한 검사도구다. 검사도구에는 딸랑이, 컵, 털뭉치, 블록, 연필, 매뉴얼, 공, 유리병, 건포도, 종, 인형 등이 포함되어 있으며, 전체 검사에 소요되는 시간은 15~20분 정도다. 24개월까지는 개월수로, 24개월 이후부터는 6개월 단위로 구분된 검사문항을 적용하며, 미숙아는 현재 나이에서 부족한 임신 기간의 개월

[사진 10-3] 덴버 발달선별검사 도구

출처: http://www.isorimall.com

수를 뺀 수정나이로 검사한다. 예를 들어, 4주 조산된 9개월 영아의 경우, 부족한 임신 기간의 개월수인 1개월을 감하여 8개월 수준에서 검사한다. 영아의 반응을 평가 기준에 따라 채점하여 '본인의 정도/기준 연령의 발달 정도× 100'으로 계산하여 100점 만점에 70점 미만이면 발달지연으로 진단할 수 있다. 만약 영아의 획득 점수가 70~100점 미만이라면 추적검사를 실시하여 발달지연 여부를 결정한다. 덴버 발달선별검사는 지능검사가 아니므로 지적 능력을 측정할 수는 없으며, 유아의 집중 시간을 고려하여 검사 항목 순서를 잘 정해야 한다. 또한 여러 번 시행을 반복하면 학습효과가 나타날 수 있으므로 3회 이상 시도하지 않도록 한다(황혜정 외, 2011). 국내 유아에게 적용 시 표준화된 한국형 Denver II 검사도구(신희선 외, 2002)를 적용할 수 있다.

### (2) 베일리 영유아발달검사(Bayley-Ⅲ)

베일리 영유아발달검사는 영유아가 흥미를 가질 수 있는 자극을 통해 영유아의 발달을 평가하여 정상발달로부터의 이탈 여부와 이탈 정도를 파악하기 위해 개발된 검사도구로, 영유아의 전반적 발달상태를 측정하는 검사도구 중 우수한 평가를 받아 널리 활용되고 있다. 특히 베일리 영유아발달검사

[사진 10-4] 한국형 베일리 영유아발달검사 3판 도구

출처: https://inpsyt.co.kr/psy/item/view/PITM000166

3판(Bayley-III)은 특정한 장애진단을 받지 않았으나 발달지연이 있는 영유아를 확인하는 데 그 목적이 있다. 베일리 영유아발달검사는 1969년에 처음 개발되어 2~30개월 영유아를 대상으로 적용하였으나, 1993년 개정을 거쳐 1~42개월 영유아를 대상으로 실시할 수 있도록 적용대상이 확대되었다. 베일리 영유아발달검사는 영유아의 인지, 언어(표현언어, 수용언어), 사회정서, 적응행동, 운동(대근육, 소근육)의 다섯 가지 영역의 하위검사로 구성되어 영유아에 대한 통합적인 발달정보를 제공해 준다. 검사에 소요되는 시간은 15개월 미만은 25~35분 정도이며, 16개월 이상은 60분 정도 소요된다. 인지·언어·운동 척도는 검사자가 영유아에게 직접 실시하는 척도이며, 사회정서와 적응행동 척도는 내용 특성상 검사 상황보다는 일상생활에서 나타나는 모습을 평가하는 것이 더 신뢰할 수 있으므로 영유아의 행동에 대해 잘 알고 있는 부모와 같은 주 양육자가 직접 작성하여 평가하도록 구성되어 있다 (Bayley, 2006). 한국형 베일리 영유아발달검사 3판(K-Bayley-III; 방희정, 남민, 이순행, 2019)은 한국 영유아의 규준점수를 제공하여 한국의 문화적 특성이 반영된 연구 및 국제 교류 연구에 폭넓게 사용될 수 있다.

## (3) 한국 영유아 발달선별검사(K-DST)

한국 영유아 발달선별검사(Korea Development Screening Test for Infants & Children: K-DST)는 보건복지부가 대한소아과학회에 의뢰하여 개발한 것으로, 우리나라 영유아의 특성과 정서·사회적 배경 등을 반영해 발달지연에 대한 정확한 검사와 건강 관리를 할 수 있도록 한 검사다. 이 검사는 생후 4~71개월 사이 영유아의 대근육운동, 소근육운동, 인지, 언어, 사회성, 자조 능력 발달을 평가하기 위해 영유아를 양육하며 발달과정을 관찰하고 이에 대해 신뢰할 수 있는 보고가 가능한 부모 혹은 보호자(양육자)가 작성하는 방식으로 이루어진다(대한소아과학회, 2014). 한국 영유아 발달선별검사는 영유아 건강검진 항목 중 하나인 발달선별검사(발달평가 및 상담)로 실시되어 2014년 9월부터 보건복지부의 영유아발달평가 웹(Web)서비스를 이용하여 아이의 발달상태를 종합적으로 평가할 수 있도록 하였다.

 표 10-1 우리나라 영유아 건강검진 항목

| 영유아 건강검진 | |
| --- | --- |
| 문진 및 진찰 | 문진표, 진찰, 청각 및 시각 문진, 시력검사 |
| 신체계측 | 키, 몸무게(체질량 지수), 머리둘레 |
| 건강교육 | 안전사고 예방, 영양, 영아돌연사증후군 예방, 구강, 대소변 가리기, 전자미디어 노출, 정서 및 사회성, 개인위생, 취학 전 준비 |
| 발달평가 | 한국 영유아 발달선별검사(K-DST)를 통한 평가 및 상담 |

**영유아발달평가 웹(web)서비스 이용방법**

1. 건강iN 사이트(https://hi.nhis.or.kr)에 접속한다.
2. 가족회원으로 가입한다.
3. 메뉴 '건강검진 및 진료정보'를 선택한다.
4. '영유아발달선별검사'를 선택한다.
5. '영유아발달선별검사지'를 작성 및 저장한다.

    각 질문지는 양육자가 이해하기 간단하도록 직접적인 용어를 사용하고 있
으며, 양육자가 질문을 보다 쉽게 이해할 수 있도록 일부 문항의 경우 [그림
10-2]와 같은 삽화를 함께 제시하고 있다.

    검사를 실시하는 부모 혹은 주 양육자에 해당하는 보호자는 각 문항을 잘 읽
고 영유아가 해당 능력을 어느 정도 할 수 있는지를 판단하여 '전혀 할 수 없
다'(0점), '하지 못하는 편이다'(1점), '할 수 있는 편이다'(2점), '잘할 수 있다'(3점)
중 알맞은 문항에 표시한다. 이 검사를 통해 영유아 건강검진 주기에 따른 결과
를 보다 체계적으로 관리할 수 있다. 또한 인터넷을 통해 온라인으로 부모가 직
접 자녀의 발달 정도에 대해 응답할 수 있어 측정이 용이하다는 장점이 있다.

7. 작은 장난감을 집어들 때,
손바닥에 대고 손가락으로 감싸 쥔다.

**[그림 10-2] 4∼5개월용 검사지 및 소근육운동 문항 평가기준 설명**

출처: https://hi.nhis.or.kr/main.do

## (4) 영유아 언어발달검사(SELSI)

    영유아 언어발달검사(Sequenced Language Scale for Infants: SELSI)는 주 양육자의
보고로 조사하는 방식의 수용언어 및 표현언어 능력 검사로, 36개월 미만 영유아
의 언어발달 능력을 평가할 수 있는 검사도구다. 특히 중국어, 베트남어, 캄보디
아어로 번역되어 있어 다문화가정 아이들의 언어발달을 한국어가 서툰 부모의
보고를 통해 살펴볼 수 있다는 특징이 있다(김영태, 김경희, 윤혜련, 김화수, 2003).

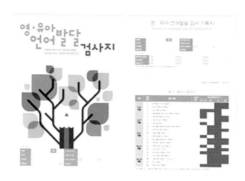

[사진 10-5] 영유아 언어발달검사 도구

출처: http://www.isorimall.com

〈개인사항〉

아동명:           성별: 남, 여      검사자(보고자):

검사일:                     아동과의 관계:

생년월일:                   아동의 장애유무:    유:     무:

생활연령:     세     개월        장애유형:

〈검사결과〉

획득점수(원점수)     전체: _____       수용언어: _____     표현언어: _____

등가연령:           전체: \_\_\_\_개월      수용언어: \_\_\_\_개월   표현언어: \_\_\_\_개월

백분위수:          전체: _____       수용언어: _____     표현언어: _____

| 개월 수 | 문항 번호 | 문항내용 | 반응· 점수 | 언어영역별 평가-2 | | | |
|---|---|---|---|---|---|---|---|
| | | | | 의미· 인지 | 음운 | 구문 | 화용 |
| 4~5 개월 | 1 | 청각정보 인지 및 반응하기 | | | | | |
| | 2 | 말소리 변별 및 반응하기 | | | | | |
| | 3 | 표정 변별 및 반응하기 | | | | | |
| | 4 | 감정상태에 따른 말소리 변별 및 반응하기 | | | | | |
| 6~7 개월 | 5 | 청각정보 변별 및 유지하기 | | | | | |
| | 6 | 익숙한 말소리 변별하기 | | | | | |
| | 7 | 금지에 반응하기 | | | | | |
| | 8 | 제스처를 포함한 말소리에 적절히 반응하기 | | | | | |
| 8~9 개월 | 9 | 금지하는 말을 이해하기 | | | | | |
| | 10 | 관습적 행동 따라하기 | | | | | |
| | 11 | 음악에 행동으로 반응하기 | | | | | |
| | 12 | 제스처를 포함한 동사 이해하기 | | | | | |

[그림 10-3] 영유아 언어발달검사(SELSI)

출처: 김영태 외(2003).

## 2) 유아

여기서는 유아 대상 검사의 실제로 지능검사 도구인 한국 카우프만 아동
지능검사 2, 한국 웩슬러 아동 지능검사 5판을 살펴보고, 언어 능력을 측정
하는 검사도구인 취학전 아동의 수용언어 및 표현언어 발달 척도에 대해서
알아본다.

### (1) 한국 카우프만 아동 지능검사 2(K-ABC-II)

[사진 10-6] 한국 카우프만 아동 지능검사 2 도구

출처: https://inpsyt.co.kr/psy/item/view/KABC2_CO_TG

한국 카우프만 아동 지능검사 2(Kaufman Assessment Battery for Children-
II: K-ABC-II)는 만 3~18세 아동의 정보처리와 인지능력을 측정하기 위
한 종합 지능검사 도구다. K-ABC-II는 Kaufman 부부가 1983년에 개발한
K-ABC를 2004년에 개정한 것으로 적용 가능 연령을 확대하고, 문화적 공
평성을 고려했다는 점에서 많은 관심을 받았다. 국내에서는 2014년 문수백
이 한국 유아에게 적용 가능하도록 표준화하여 한국판 표준화 K-ABC-II로

보급하였다. K-ABC-II는 인지기능이 뇌의 세 가지 영역 또는 기능단위로 특징된다는 Luria의 신경심리학적 모델과 인지 능력을 위계적 구조로 보는 CHC 이론(Cattell-Horn-Carroll theory)의 이중 모델을 바탕으로 개발되었다. Luria 모델의 관점에서는 습득된 지식보다는 정보처리 능력에 초점을 두어 인지처리지수를 산출한다. CHC 모델의 관점에서는 유동성-결정성지수를 파악하며 피검사자의 특성에 따라 Luria 모델과 CHC 모델 중 하나를 선택하여 실시하도록 되어 있다(문수백, 2014). 카우프만 아동 지능검사 2(K-ABC-II)는 사고 능력과 전반적인 인지 능력에 대한 측정결과를 바탕으로 아동의 치료와 교육 및 배치계획을 수립하는 데 도움을 줄 수 있으며, 인지 능력과 사고 능력의 강점과 약점을 파악할 수 있다.

K-ABC가 K-ABC-II로 개정되면서 적용가능 연령이 만 2~12세에서 만 3~18세로 확대되었고, 비언어성 척도를 포함하여 언어적 제약을 최소화하였다는 장점이 있다. 이를 통해 언어가 아닌 동작으로 반응할 수도 있어 청각손실 아동, 언어장애 아동, 다문화가정의 아동을 보다 타당하게 평가할 수 있다. 검사시간은 약 60~90분 정도가 소요되며, 기록지의 각 하위지표에는 질적지표가 있어 검사과정에서 관찰된 피검사자의 특별한 행동을 기록하여 해석에 참고하도록 한다. K-ABC-II는 표준화 과정에서 규준집단에 일반아동, 특수아동, 영재아동을 모두 포함하여 일반아동뿐만 아니라 특수아동, 영재아동의 지능 측정이 가능하다.

### (2) 웩슬러 아동 지능검사 5판(WISC-V)

아동용 지능검사 가운데 널리 사용되고 있는 도구로는 웩슬러 아동 지능검사 5판(Wechsler Intelligence Scale for Children-Fifth Edition: WISC-V)이 있다. 한국 웩슬러 아동 지능검사 5판(Korean Wechsler Intelligence Scale for Children-Fifth Edition: K-WISC-V)은 곽금주와 장승민이 2019년에 국내용으로 표준화한 도구로, 만 6세 0개월~만 16세 11개월 아동을 대상으로 적용

[사진 10-7] 한국 웩슬러 아동 지능검사 5판 도구

출처: https://inpsyt.co.kr/psy/item/view/KWISC5_CO_TG

할 수 있는 도구다. K-WISC-Ⅴ는 [그림 10-4]와 같이 인지의 5요인(언어이해, 시공간, 유동추론, 작업기억, 처리속도)을 측정하는 전체 척도와 기본 지표 척도, 추가 지표 척도로 구성되며, 각 척도별 지표점수를 산출하는 소검사로 구성된다.

WISC-Ⅴ는 개정과정에서 아동평가 시 아동이 과제 지시를 이해하는 것은 중요한 요인이므로 아동이 명확하게 이해할 수 있도록 불필요한 정보를 삭제하여 간결하게 수정하였다. 또한 언어이해 영역을 제외한 나머지 4개의 인지영역 지표는 비언어적으로 구성하여 청각장애나 이중언어로 인하여 정확한 평가에 어려움이 있는 아동의 전체 지능평가에 유용성을 높였다. 10개의 소검사에 소요되는 시간은 평균 65분으로, 4판에 비해 실시 시간이 10분 정도 단축되어 적용의 용이성을 높였다.

| 전체 척도 | | | | |
|---|---|---|---|---|
| **언어이해** | **시공간** | **유동추론** | **작업기억** | **처리속도** |
| **공통성** | **토막짜기** | **행렬추리** | **숫자** | **기호쓰기** |
| **어휘** | 퍼즐 | **무게비교** | 그림기억 | 동형찾기 |
| 상식 | | 공통그림찾기 | 순차연결 | 선택 |
| 이해 | | 산수 | | |

| 기본 지표 척도 | | | | |
|---|---|---|---|---|
| **언어이해** | **시공간** | **유동추론** | **작업기억** | **처리속도** |
| 공통성 | 토막짜기 | 행렬추리 | 숫자 | 기호쓰기 |
| 어휘 | 퍼즐 | 무게비교 | 그림기억 | 동형찾기 |

| 추가 지표 척도 | | | | |
|---|---|---|---|---|
| **양적추론** | **청각작업기억** | **비언어** | **일반능력** | **인지효율** |
| 무게비교 | 숫자 | 토막짜기 | 공통성 | 숫자 |
| 산수 | 순차연결 | 퍼즐 | 어휘 | 그림기억 |
| | | 행렬추리 | 토막짜기 | 기호쓰기 |
| | | 무게비교 | 행렬추리 | 동형찾기 |
| | | 그림기억 | 무게비교 | |
| | | 기호쓰기 | | |

[그림 10-4] K-WISC-V 검사체계

(3) 취학전 아동의 수용언어 및 표현언어 발달 척도(PRES)

취학전 아동의 수용언어 및 표현언어 발달 척도(Preschool Receptive & Expressive Scale: PRES)는 언어발달이 2~6세에 해당되는 아동을 대상으로 수용언어 및 표현언어 능력을 측정하는 검사도구다. 이 척도는 상대방의 발화를 듣고 이해하는 수용언어 능력과 자신의 생각과 느낌을 말로 표현할 수 있는 능력인 표현언어 능력으로 구분하여 유아의 언어 능력을 측정한다(김 영태, 성태제, 이윤경, 2009). 척도 문항은 수용언어 관련 45문항, 표현언어 관련 45문항으로 구성되어 있으며, 아동에게 직접 질문하여 아동의 응답과 반응을 기록하여 평가하는 방식으로 이루어진다.

## 연구에서는 이렇게

김호정(2020). K-Bayley-Ⅲ 적응행동 척도의 문화 적합성 구축을 위한 한미 영유아 적응행동 비교 연구. **한국웰니스학회지**, **15**(2), 121-133.

이 연구는 베일리 영유아 발달검사 3판(Bayley-Ⅲ) 적응행동 척도를 한국에 표준화함에 있어서 문화적 적합성을 검증하고자 하였다. 이를 위해 Bayley-Ⅲ 적응행동 척도 표준화에 사용된 미국 영유아 900명의 자료와 한국 영유아 901명의 자료가 사용되었다.

표준화 K-Bayley-Ⅲ 적응행동 예비척도가 문항 수준에서 문화적 편향이 나타나는 문항이 있는지 난이도 모수 차이 검증법을 사용하여 차별기능문항을 판별하였다. 그 결과 총 241문항 중 24문항의 차별기능문항이 나타났으며, 이에 대한 원인을 분석한 결과, 번역과 문화에 의한 차이가 존재함을 알 수 있었다.

번역에 의한 차이는 놀이 및 여가 영역에서 'computer game'을 '게임'으로 번역하면서 비교적 높은 연령의 아동이 할 수 있는 컴퓨터 게임의 의미가 쉬운 수준의 게임도 포함하는 것으로 이해됨으로써 난이도가 낮아졌다고 보았다.

| 놀이 및 여가 | Participates in a specific fun activity on a routine basis (e.g., listening to a certain type of music or playing a favorite computer game) |
| --- | --- |
| | 매일의 일과에서 즐겁게 수행하는 특별한 놀이활동이 있다(예: 좋아하는 노래 듣기, 그림 그리기, 특정 게임하기 등). |

문화에 의한 차이는 미국 문화에서와 같이 자녀와 부모가 분리된 방에서 따로 수면하게 되는 경우 부모와 같이 잠을 자는 경우보다 저항이 더 심할 것으로 예상된다. 따라서 이 문항은 아동의 수면 관련 수행을 평가한다기보다는 양육환경에 의한 차이가 더 크게 반영될 수 있다.

| 자조기술 | Goes to bed with few or no complaints |
| --- | --- |
| | 칭얼대거나 불평 없이 잠자리에 든다. |

또한 시대상의 변화로 같은 문항이라고 하더라도 그것이 평가되는 시점에 따라서 다르게 해석될 수 있는 문항도 있었다. 예를 들면, 건강과 안전 영역에서 체온계가 최근에는 전자체온계를 보편적으로 사용하지만 원문항이 개발된 2003년에는 주로 수은체온계가 사용되었기 때문에 난이도 차이가 발생했다고 보았다.

| 건강과 안전 | Allows temperature to be taken without fussing |
| --- | --- |
| | 체온계 사용에 별다른 거부감을 보이지 않는다. |

이 연구의 결과는 현재 사용되고 있는 번안 또는 표준화된 도구들은 번역에 있어서 언어적 정확성과 번안과정의 타당성에만 초점을 두고 있어 실제로 문화적 적용에 대한 비교를 토대로 타당하게 측정 가능한지에 대해 살펴볼 필요가 있음을 제기한다.

**연구에서는 이렇게**

이은영, 김수영(2020). 오감 그림책을 활용한 감각활동이 영아의 감각능력 및 언어발달에 미치는 효과. **아동교육**, **29**(1), 201-219.

이 연구에서는 언어발달과 관련하여 오감 그림책을 활용한 감각활동이 영아의 수용언어와 표현언어 능력에 어떠한 효과가 있는지 검증하였다. 영아의 언어발달검사 도구로는 김영태 등(2014)에 의하여 개발된 영유아 언어발달검사(Sequenced Language Scale for Infants: SELSI)를 사용하였다. 각 영아별 검사시간은 한 영아당 약 15분 정도가 소요되었다. 신뢰도 계수(Cronbach's α)는 .99로 나타났다.

연구대상은 D시에 소재한 I 어린이집에 재원하고 있는 만 1세반 2학급의 8명, 만 2세반 2학급의 12명으로 총 20명을 실험집단으로 하였으며, W 어린이집에 재원하고 있는 만 1세반 2학급의 8명, 만 2세반 2학급의 12명으로 총 20명을 비교집단으로 선정하였다. 실험집단은 주 2회 오감그림책을 활용한 감각활동을 8주간 총 16회기, 25분씩 진행하였다.

연구결과, 수용언어 점수에서 실험집단(M=66.65)이 비교집단(M=62.25)보다 높았으며(p<.001), 표현언어 점수에서도 실험집단(M=67.94)이 비교집단(M=63.96)보다 높았다(p<.001).

이 연구를 통해 영아의 오감 그림책을 활용한 감각 기반 상호작용은 영아의 수용언어와 표현언어 발달에 긍정적인 효과를 나타냄을 검증해 볼 수 있었다.

# 4  검사도구의 장점과 단점

검사도구는 표준화된 검사도구와 연구자가 개발한 검사도구를 나누어 볼 수 있다. 여기에서는 각 검사도구의 특성에 따라 어떠한 장단점이 있는지 살펴본다. 특히 아동을 대상으로 검사법의 두 가지 유형을 실시할 경우 어떠한 장점과 단점이 있는지에 초점을 두어 살펴보고자 한다.

## 1) 검사도구의 장점

### (1) 표준화 검사

표준화 검사는 객관적이고 표준화된 절차에 따라 측정할 수 있도록 제작된 도구를 사용하여 실시하는 검사로 지능검사, 적성검사, 학력검사, 성격검사, 학습준비도 검사 등이 있다. 아동을 대상으로 표준화 검사를 실시하였을 때에는 다음과 같은 장점이 있다(황혜정 외, 2011).

- 전문가가 개발하였으며 신뢰도와 타당도가 검증되어 있다.
- 검사 실시와 채점을 위한 검사실시 요강이 마련되어 있고, 원점수를 표준점수로 변환할 수 있다.
- 검사실시 요강에는 검사에 관한 유용한 연구 자료가 요약되어 있다.
- 한 아동의 결과를 이전 결과와 비교하거나 다른 아동의 결과와 비교할 수 있다.
- 좋은 표준화 검사는 신뢰할 만하고 안정된 결과를 제공해 준다. 단, 아동의 연령이 낮을수록 검사 점수의 안정성이 낮아진다.
- 어떤 표준화 검사는 진단적 정보를 제공해 주기도 한다.

### (2) 연구자가 제작한 검사

검사법의 다른 유형으로는 연구자가 제작한 검사가 있다. 어떤 경우에는 연구자가 자신의 연구를 위해 자신에게 특별히 필요한 검사나 도구를 제작해야 할 필요가 있다. 이와 같은 경우에는 연구자가 제작한 검사도구를 사용하여 검사를 실시하게 된다. 연구자가 제작한 검사도구를 사용하여 아동을 대상으로 검사를 실시하였을 때에는 다음과 같은 장점을 도모할 수 있다.

- 검사문항과 연구목표, 아동의 발달수준과 밀접한 연관성을 가질 수 있다.
- 아동들의 반응에 따라 다양한 검사법을 사용할 수 있다.
- 표준화 검사보다 시간적 제약 없이 융통성 있게 활용할 수 있다.
- 여러 가지 다른 검사와 병행하여 사용할 수 있다.
- 비용이 적게 들고, 검사의 실시, 채점 및 해석에서 다른 전문가의 도움을 받지 않아도 된다.

## 2) 검사도구의 단점

### (1) 표준화 검사

표준화 검사는 다음과 같은 단점이 있음을 충분히 고려하여 적용할 필요가 있다(황혜정 외, 2011).

- 표준화 검사는 아동에게 신뢰도와 타당도가 낮다.
- 아동을 전반적으로 이해하기보다는 부분적으로 평가하는 경향이 있다.
- 교사나 부모가 아동에 대해 이해한 것보다는 표준화 검사 결과가 더 가치 있다는 의미를 주어 교사와 부모의 권위를 박탈할 수 있다.

더 알아보기   **표준화 검사에 대한 비판 및 유의점**

✽ 표준화 검사에 대한 비판
- 검사문항은 단순히 기계적인 암기 위주인 경향이 있다.
- 검사가 유아의 능력을 정확히 반영하지 못한다.
- 검사문항은 실생활의 경험과 연결되지 못한다.
- 검사가 고차원의 사고 능력을 측정하지 못한다.

✽ 표준화된 검사 사용 시 유의점
- 모든 검사는 신뢰할 만하고 타당하여야 한다.
- 치료 혹은 특별학급에 등록하기 위해 결정하는 기초 자료로는 하나의 검사만을 사용해서는 안 된다. 다면적 평가가 필요하다.
- 검사는 그것이 원래 의도하였던 타당도가 확보된 범위 내에서만 사용해야 한다.
- 검사결과의 해석은 정확하면서도 조심스럽게 부모, 학교 관계자, 외부에게 제공되어야 한다.
- 검사의 선택은 특정 프로그램의 해당 이론, 철학, 목적에 맞아야 한다.

출처: NAEYC (1988).

## (2) 연구자가 제작한 검사

연구자가 제작한 검사도구는 자료수집의 융통성과 효용성 측면에서 의미가 있으나 도구 제작과 결과 해석 시 주의를 기울여야 하는 단점이 있다. 연구자가 제작한 검사의 단점은 다음과 같다.

### ▌ 검사 문항을 선정하고 작성하는 데 시간이 많이 소요된다

연구자가 제작한 검사는 면접이나 관찰, 객관적 검사와는 달리 피검사자의 독특한 반응을 수집하게 해 주며 이러한 반응이 개인을 이해하는 데 매우 유용하게 사용될 수 있으나, 연구목적에 적합한 검사문항을 선정하기 위해서는 주의를 기울여야 한다.

**▌수집된 자료의 객관성이나 타당도가 부족하다**

연구자가 제작한 검사도구는 검사자 간 신뢰도, 반분 신뢰도, 재검사 신뢰도 등 전반적인 신뢰도가 낮고, 투사적 검사를 통해 내려진 해석의 타당성이 객관적으로 입증되기 어려우며, 또한 검사자의 태도, 성, 피검사자에 대한 선입견 등이 검사 반응에 강하게 영향을 미치는 단점이 있다.

**▌표준화된 기준이 없어 다른 집단 유아와의 비교가 어렵다**

객관적 검사는 구조화된 검사로 개인의 독특성보다는 개인마다 공통적으로 지니고 있는 특성이나 차원을 기준으로 개인을 상대적으로 비교하는 목적을 지닌 검사다. 예를 들어, 지능검사는 개인의 검사 수치를 그 연령대 모집단의 수치와 비교하여 우월한지, 중간인지, 열등한지와 같은 개인의 수준을 평가해 준다. 그러나 연구자가 제작한 검사도구는 표준화된 기준이 없으므로 해당 검사도구를 사용하지 않은 다른 집단의 결과와 비교할 수는 없다.

> **더 알아보기**   **연구자가 검사를 제작할 때의 절차**
>
> 1. 무엇을 측정할 것인지를 결정한다.
> 2. 연구대상을 선정한다.
> 3. 어떤 형태의 척도로 측정할 것인지 결정한다.
> 4. 응답 소요 시간을 결정한다.
> 5. 응답 시간과 비례한 문항 수를 결정한다.
> 6. 문항을 제작한다.
> 7. 검사의 내용타당도와 문항 제작의 원리 적용 여부를 점검한다.
> 8. 문항을 수정한다.
> 9. 예비검사를 실시한다.
> 10. 문항분석과 검사의 타당도와 신뢰도를 검증한다.
> 11. 문항을 수정·보완한다.
> 12. 검사를 완성한다.

출처: 성태제(2005).

참 고 문 헌

곽금주(2021). K-WISC-V 이해와 해석. 서울: 학지사.

곽금주, 오상우, 김청택(2011). K-WISC-IV 전문가 지침서. 서울: 학지사.

국민건강보험 건강in 홈페이지 https://hi.nhis.or.kr

김민정, 이경화(2021). 효과적인 영유아부모 면담을 위한 요인으로서 개별면담준거 개발을 위한 요구분석. 미래유아교육학회지, 28(14), 155-176.

김영태(2002). 영유아 언어발달검사(SELSI). 서울: 파라다이스재단.

김영태, 김경희, 윤혜련, 김화수(2003). 영유아 언어발달검사(SELSI). 서울: 파라다이스 재단.

김영태, 성태제, 이윤경(2009). 취학전 아동의 수용언어 및 표현언어 발달 척도. 서울: 장애인종합복지관.

김영환, 문수백, 홍상황(2005). 심리검사의 이론과 실제. 서울: 학지사.

김지현, 정혜영(2020). 유아교사가 경험한 교수매체의 의미 탐구: 포토보이스를 중심으로. 어린이교육비평, 10(2), 89-126.

김호정(2020). K-Bayley-III 적응행동 척도의 문화 적합성 구축을 위한 한미 영유아 적응행동 비교 연구. 한국웰니스학회지, 15(2), 121-133.

대한소아과학회(2014). 한국영유아발달선별검사 사용지침서. 충북: 질병관리본부.

문수백(2014). 한국판 표준화 KABC-II 전문가 지침서. 서울: 인싸이트.

박혜원, 서예나, 이진숙(2015). 한국 웩슬러유아지능검사 4판(K-WPPSI-IV)의 공존 타당도 연구. 아동학회지, 36(1), 65-83.

방희정, 남민, 이순행(2019). (K-Bayley-III) 한국형 베일리 영유아 발달검사 3판 기술지침서. 서울: 인싸이트.

성태제(2005). 교육연구방법의 이해. 서울: 학지사.

신희선, 한경자, 오가실, 오진주, 하미나(2002). 한국형 Denver 2 검사지침서. 서울: 현문사.

안선희, 문혁준, 김양은, 김영심, 안효진, 이경옥, 신혜원(2021). 아동관찰 및 행동연구(3판). 서울: 창지사.

이근(1987). 서울 아동의 덴버 발육 선별검사 및 한국판 DDST. 서울:이화여자대학교부속

병원.

이미경, 배지현(2015). 영아와 유아의 언어교육 연구동향 비교분석-2002년~2014년 학술지를 중심으로. 어린이문학교육연구, 16(3), 305-333.

이순형, 이혜승, 권혜진, 이영미, 정윤주, 한유진, 성미영, 권기남, 김정민(2014). 아동관찰 및 행동연구(2판). 서울: 학지사.

이은영, 김수영(2020). 오감 그림책을 활용한 감각활동이 영아의 감각능력 및 언어발달에 미치는 효과. 아동교육, 29(1), 201-219.

조복희, 박혜원(2004). 한국 Bayley 영유아 발달검사(K-BSID-2) 표준화연구(1): 지역, 성별 및 모의교육 수준에 따른 K-BSID-2 수행분석. 한국심리학회지: 발달, 17(1), 191-206.

황해익(2009). 유아교육평가의 이해. 경기: 교문사.

황해익(2010). 아동연구방법. 경기: 정민사.

황혜정, 문혁준, 안선희, 안효진, 이경옥, 정지나(2011). 아동연구방법. 서울: 창지사.

Bayley, N. (2006). *Bayley Scales of Infant and Toddler Development: Technical manual*. San Antonio, TX: The Psychological Corporation.

National Association for the Education of Young Children (NAEYC). (1988). NAEYC position statement on standardizedtesting of young children 3 through 8 years of age. *Young Children, 43*, 42-47.

제11장

# 사례연구

## 1 사례연구의 특징

실증적 연구에 대비되는 개념인 질적 사례연구(case study)는 제한된 변수를 객관적 도구를 통해 측정하고 통계적으로 분석함으로써 일반적인 경향을 밝히는 통계연구와는 달리, 어떤 관심 현상을 잘 드러내는 개인이나 집단의 특정한 사례에 대한 정밀하고 깊이 있는 탐구를 통해 사례에서 드러나는 현상을 이해하고자 하는 접근이다(전가일, 2021; 조용환, 2019). 따라서 사례연구는 그 목적과 맥락, 분석과 해석의 방법 등에서 실험연구와 같은 기존의 전통적인 실증연구(양적 연구)와 대비를 이룬다. 사례연구를 이해하기 위해 기존의 양적 연구와 질적 연구의 특징을 대비하여 비교해 보면 〈표 11-1〉과 같다.

표 11-1  **질적 사례연구와 양적 연구 비교**

| 비교 항목 | 질적 사례연구 | 양적 연구 |
|---|---|---|
| 연구목적 | 인간 삶의 현상에 대한 이해 | 사회현상에 대한 설명, 인과성 규명 |
| 철학적 기초 | 현상학적 인식론에 바탕 | 실증주의적 인식론에 바탕 |
| 연구 맥락 | 현상의 복잡성을 인정하며 맥락을 중요시 | 현상의 예외성을 배제하고 탈맥락적 |
| 접근방법 | 귀납적 접근법 | 연역적 접근법 |
| 분석과 해석 | 질적 자료의 범주화를 통한 분석 | 통계기법을 활용한 수치 분석 |
| 타당성 | 맥락을 보존함으로써 연구결과의 타당성이 대체로 높음 | 인위적 조작을 가함으로써 생태학적 타당도가 낮을 수 있음 |
| 일반화 | 한 연구 사례의 독특성 자체를 가정하므로 일반화를 추구하지 않음 | 확률적 표본추출을 통한 표본조사로 일반화하기 쉬움 |

사례연구는 법학 분야에서 체계화하여 널리 활용되기 시작했는데, 유사한 사건에 대한 형량 결정에 대해 알아보기 위해 개별적인 사례, 즉 판례를 분석하는 것으로부터 시작되었다(황응연, 윤희준, 1987). 사례연구는 또한 의학 분야에서도 많이 적용되어 왔는데, 의학 분야의 특성상 실험 상황의 제약 등으로 인해 통계 검증이 어려운 경우 병력과 치료의 사례를 조사하는 방식이었다. 사례연구가 질적 연구로서의 교육학과 사회복지 분야에서 연구방법으로 관심을 받게 된 것은 비교적 최근의 일이다. 모든 교육 주체는 개개인이 독특한 성격을 지니며 서로 다른 능력과 환경 속에 처해 있으므로 그들이 가진 문제도 매우 다양하며 독특하다는 전제하에 교육 분야에서 개인별 사례연구가 적합한 방식이라는 견해가 제시되었다(Bent, 2011). Bent(2011)는 또한 『질적 연구방법 핸드북(The Handbook of Qualitative Research)』에서 모든 이론은 결국 개별 사례들의 집합으로 이루어진 것이라는 점을 강조하며 연구에서의 사례성과 사례연구의 중요성을 강조하고 있다. 사례연구의 특성은 다음과 같다(신경림, 2004; 전가일, 2021; 조용환, 2019; 홍용희, 이경화, 배지희,

정혜욱, 2014).

첫째, 사례연구는 연구자가 관심을 기울이는 특정 현상의 사례에 대한 심층적 탐구다. 모든 질적 연구에서 사례의 특수성은 제거되어야 할 예외적인 것이 아니라 여타의 다른 사례나 현상으로 대치될 수 없는 독특한 것으로서 의미를 갖는다. 따라서 사례연구에서는 다양한 사례를 통해 일반화하는 것이 아니라 관심을 갖는 현상을 잘 드러내어 주는 대표적인 사례를 선정하는 것이 중요하다.

둘째, 사례연구에서 연구자는 연구자가 아닌 연구 참여자(연구대상)의 관점에서 세계를 바라보아야 한다. 아동에 대한 사례연구에서는 아동과 아동이 경험한 현상을 이해하는 것이 중요하며 이는 무엇보다 아동의 관점을 이해하는 것에서부터 시작된다. 따라서 질적 사례연구로 아동을 이해함에 있어서는 연구자가 아닌 아동의 관점에서 현상을 이해하려는 노력이 필요하다.

셋째, 사례연구의 목적은 예측이 아닌 이해다. 질적 연구로서 사례연구는 특정 사회현상을 수치화하여 계량, 측정, 설명하는 것보다 그 현상을 이해하려는 데 목적이 있다. 이는 기존의 전통적 실험연구가 객관적 도구를 통해 정확한 수치를 산출하여 사회현상의 인과성 등을 증명하고 예측하려는 것과는 다르다. 따라서 사례연구를 통해 아동을 바라볼 때는 어떤 변인들 사이의 예측을 위해서가 아니라 아동의 삶과 경험을 이해하고자 하는 관점으로 접근해야 할 것이다.

넷째, 사례연구는 발견 중심적이고 귀납적인 접근을 취한다. 기존의 전통적 실험연구에서는 특정 문제에 대한 가설을 설정하고 이를 해명해 나가는 연역적인 접근을 취하는 반면, 사례연구는 사례에 대한 다양한 종류의 자료를 통해 결과를 도출하는 귀납적 접근을 취한다. 따라서 사례연구를 통해 아동을 탐구할 때는 결과에 대해 선가정하지 않고 수집된 자료들을 통해 발견해 가야 한다.

다섯째, 사례연구는 기존의 이론이 아닌 아동의 생활세계에서 나타나는

**더 알아보기** 질적 연구방법의 종류

| 종류 | 연구 방식 | 연구의 초점 | 주 적용 분야 | 대표 연구자 |
|---|---|---|---|---|
| 문화기술지 (ethnography) | 한 문화의 사회 구성원들이 공유하는 삶을 통해 집단 구성원의 문화적 특징 및 주제를 발견하는 연구 (예: 대안학교의 가능성과 한계에 관한 문화기술적 연구) | 문화적 주제의 발견 | 교육인류학 등 | Wolcott |
| 현상학적 연구 (phenomenological study) | 연구자가 관심을 두는 현상의 본질적 특징을 드러냄으로써 현상을 체험하는 참여자들의 체험 구조와 그 의미를 이해하고자 하는 연구 (예: 유아의 역할놀이에 나타난 모방과 창조의 미학) | 현상의 속성 드러내기, 참여자들의 체험 의미 이해 | 교육인류학, 교육철학, 유아교육 등 | van Manen |
| 근거이론 연구 (grounded theory) | 현장의 사례에 대한 체계적인 연구과정을 통해 귀납적으로 관련 이론을 도출하여 현장 이론을 구축하고자 하는 연구 (예: 학대받는 아내의 학대 과정 경험) | 현장을 통한 이론 도출 | 상담학, 가족치료, 간호학, 교육공학 등 | Strass & Corbin |
| 실행연구 (action research) | 현장의 문제 개선을 목표로 특정한 교육적 개입을 하고 이러한 실행의 과정과 그 결과를 드러내는 연구 (예: 유아 프로젝트에서의 협력관계에 대한 실행연구) | 현장의 특정 문제 개선 | 교육학, 유아교육 등 | Mills |
| 내러티브 연구 (narrative study) | 참여자와 연구자의 (주로) 면담 등의 대화를 통해 구성된 이야기/서사(내러티브)를 분석/해석함으로써 연구문제에 접근해 가는 방식 (예: 사립유치원 교사의 이직 경험에 대한 내러티브 탐구) | 참여자의 담론 분석을 통한 내러티브 구성과 발견 | 교육학, 인문학 등 | Clandinin |
| 생애사연구 (life history) | 한 명 혹은 그 이상의 참여자의 생애 속에 담겨 있는 연구문제와 관련된 이슈를 깊이 있게 분석함으로써 연구문제의 답에 접근하는 방식 (예: 네팔 결혼 이주 여성의 생애사 연구) | 참여자의 생애 분석과 이해 | 교육학 등 | Shostak |

일반적인 질문이나 문제로부터 시작한다. 질적 연구로서의 사례연구는 연구자의 관심 현상에 대한 기존의 이론, 사회적 인습과 편견 등 여타의 모든 가정을 내려놓고 판단을 중지하며 아동의 생활세계에서 나타나는 현상으로부터 시작한다. 따라서 사례연구를 통해 아동을 이해하고자 할 때는 관심을 두고 있는 현상에 대한 기존의 이론이 아니라 우리가 관찰한 아동의 실제 삶에서 보이는 문제들에 관심을 둔다.

여섯째, 사례연구에서는 특정 사례에 대해 다양한 종류의 자료를 수집한다. 우리가 관심을 두는 현상의 사례를 보다 총체적으로 이해하기 위해서 사례연구에서는 한 가지 종류의 자료가 아니라 가능한 한 다양한 종류의 자료를 수집한다. 따라서 사례연구에서 아동을 이해하고자 할 때는 아동에 관한 참여관찰 자료, 면담 자료, 참여자들의 기록물 등 사례를 이해할 수 있는 다양한 자료를 수집하여 아동과 관련된 사례에 대한 풍부한 이해를 도모한다.

## ② 사례연구의 절차 및 자료수집

질적 사례연구에서 정형화된 과정으로 정해진 연구절차는 없으나 질적 연구자들은 대체로 다음과 같은 연구과정을 거쳐 연구하게 된다(신경림, 2004; 조영달, 2015; 조용환, 2019).

### 1) 사례연구의 절차

#### (1) 연구문제 결정

실증연구와 마찬가지로 질적 연구는 연구자가 질문을 던지는 것에서부터 시작된다. 이러한 연구자의 질문은 평소 연구자(교사)가 관심을 기울였던 현상에 관해 파악하고 이해하고자 하는 의지로부터 시작되어 연구문제가 된다. 실증연구에서는 변수와 변수들의 상관을 묻고 이에 대해 검증하는 형식의 연구주제와 연구문제가 설정된다. 따라서 '○○과 △△의 관련성' '○○이 △△에 미치는 영향' 등을 주제로 하여 '어떠한 상관이 있는가?' '영향을 미치는가?'에 관해 질문한다. 이에 반해, 질적 사례연구에서는 사례의 특징과 그 경험의 의미에 관한 주제를 설정하고 이에 대해 묻는다. 따라서 통상적으로 질적 연구의 주제들은 현상 그 자체에 초점을 둔 것이 많으며, 관련성이 아닌 본질의 물음, 즉 '무엇인가?'를 묻는 연구 질문이 많다.

### (2) 현장과 참여자 확보

연구주제와 연구문제가 정해진 후에는 해당 주제의 현상을 가장 잘 보여줄 수 있는 연구 현장을 찾고 해당 주제에 대해 경험하고 그의 경험을 나눠 줄 수 있는 연구 참여자(질적 연구에서는 연구대상이라는 개념 대신 연구 참여자라는 개념을 사용한다)를 확보하는 것이 중요하다. 연구 현장과 참여자를 선정할 때 연구자는 지나치게 접근이 어려운 곳으로 선정하기보다 연구자의 생활 반경 안에 있어 쉽게 접근이 가능한 곳으로 설정하는 것이 좋다. 또한 참여자를 선정하였다면 참여자에게 연구에 대한 안내를 하고, 연구 참여 수준과 자료수집의 범위 등을 연구가 시작되기 전에 상의하여야 한다. 더불어 연구자는 시간을 들여 참여자와 라포를 형성할 필요가 있는데, 이러한 맥락에서 이미 유아들과 신뢰관계를 형성한 교사 연구자는 질적 연구에서 순조로운 출발을 할 수 있게 된다.

### (3) 자료의 수집

연구 참여 현장과 참여자가 선정되면 본격적인 자료수집에 들어가게 된다. 질적 사례연구에서는 통상 크게 세 가지 유형의 자료를 수집하는데, 해당 주제 현상에 대한 참여 및 비참여 관찰 자료, 참여자와의 면담, 현장의 기록물 및 생산물이다. 관찰 자료는 주로 연구자가 직접 현장을 방문하여 해당 사례를 관찰한 것을 녹화한 후 그것을 전사하게 된다. 면담은 참여자와 사전에 약속하여 실시하고 이때 녹음하여 면담을 한 후 전사하여 사용한다. 모든 자료의 수집은 현장 및 참여자의 허락과 동의하에 이루어져야 한다. 특히 유아의 경우, 유아 자신뿐만 아니라 유아의 보호자들에게도 참여에 대한 동의가 이루어져야 한다. 이는 최근 강화된 연구윤리 지침상 더욱 필수적인 부분이다.

### (4) 자료의 코딩과 분석

질적 사례연구에서 코딩이란 수집된 모든 자료를 재구성하여 연구 초점에 맞게 범주화하는 작업이다. 이러한 범주화 과정에서 자연스럽게 연구자의 분석과 해석 작업이 이루어지게 된다. 코딩은 원자료에 자주 나타나는 말과 장면을 참여자들의 표현 그대로 코딩하는 개방 코딩(에믹 코딩이라고도 함)과 연구자의 관심과 연구주제에 따라 전체 자료를 정렬하는 에틱 코딩으로 나누어 볼 수 있다. 코딩된 자료를 분석할 때는 행렬표, 인과사슬표, 벤다이어그램, 대차대조표와 같은 다양한 표와 도구를 사용하여 연구문제의 답을 잠정적으로 찾아갈 수 있다.

### (5) 해석과 적용

자료의 코딩과 분석 작업이 이루어지고 나서 전체 자료를 총체적으로 살피며 의미를 부여하는 작업이다. 이러한 의미 부여의 작업에는 연구자가 자료 전체를 관통하고 있는 주제어를 찾아내는 것이 포함된다. 이러한 해석의 작업은 추후연구와 관련 현장에 실제적 제언이나 적용을 줄 수 있다.

## 2) 사례연구의 자료수집

질적 사례연구에서는 일반적으로 다음과 같이 관찰 자료, 면담 자료, 현장 기록물 및 생산물의 세 가지 유형의 자료를 수집하게 된다. 각 자료의 내용과 수집방법 등은 다음과 같다(신경림, 2004; 전가일, 2021; 조용환, 2019; Wolcott, 1994).

### ▌관찰 자료

질적 사례연구에서 관찰은 참여관찰과 비참여관찰로 나누어 생각해 볼 수 있다. 참여관찰은 연구자가 연구 참여자 집단 속에서 함께 생활하면서 참여자들의 활동을 직접 경험하는 것으로, 연구자는 연구집단과 지속적으로 상호작용해야 한다. 질적 연구에서 연구자가 현지 참여관찰을 오래 하게 되면 점점 내부자가 되어 가는데 이를 현지화라고 하기도 한다. 비참여관찰은 연구자가 참여자들의 활동에 함께하지 않고 참여자들의 활동 외부에서 관찰하는 것이다. 연구주제의 특성상 함께 참여하기 어려운 경우(수술실 문화와 같은) 비참여관찰이 될 수밖에 없다. 유아에 대한 질적 연구에서는 연구자가 유아들의 활동에 참여하는 방식의 참여관찰이 많다. 참여관찰이든 비참여관찰이든 질적 연구에서 사례를 관찰하는 연구자는 연구집단을 판단하려는 태도가 아니라 이해하려는 태도를 취해야 하며 내부자, 즉 참여자의 관점을 중시할 필요가 있다. 또한 연구자는 관찰하는 연구집단과 현장에 자신이 미칠 영향에 대해 민감성을 가져야 한다. 관찰을 할 때는 노트 기록을 하거나 참여수준이 높은 경우 기록이 어려우므로 비디오 녹화를 한 후 전사하기도 한다.

교실에서는 이렇게

## 사례연구를 위한 참여관찰 기록의 예

콩콩이: 뭘 고치러 오셨나요?

정 교사: (아이들이 종이 박스로 만든 세탁기를 내밀며) 저요, 저 벽걸이 세탁기를 샀는데요, 이게 탈수기능이 잘 안 되어 가지고 옷에 물이 너무 많아요. 뭐가 문제죠?

콩콩이: 일단, 이걸 잘라 볼게요. (옆의 민수에게) 플래시~

(민수가 콩콩에게 공구를 내민다. 플래시를 들고 세탁기 이곳저곳을 살핀다.)

정 교사: 어떤 부분이 고장 났는지, 뭐가 문제가 있는지…….

콩콩이: 아~ 이제 알았어요. 여기 선이 구부러졌어요. ……(중략)……

콩콩이: 일단 잘라서 안에를 다 봐야 될 것 같아요.

정 교사: 그러면 수리 기간이 언제까지 걸릴까요?

콩콩이: 내일까지요. 그럼 전화번호 가르쳐 주세요. ……(중략)……

콩콩이: 그럼, 배달해 드릴게요. 집이 어디예요?

정 교사: 제 주소가요, 서울시 중구……. (콩콩이는 정 교사가 부르는 주소를 받아 적는다. 콩콩이는 힘이 들자, 한숨을 쉬더니 말한다.)

콩콩이: 아~ 그냥 언어 영역으로 배달해 드릴게요.

정 교사: 아~ 언어 영역~ 푸하하하. 네, 언어 영역으로 배달해 주세요.

출처: 전가일(2013).

### ▌면담 자료

사례연구에서 면담은 연구자가 참여자들과 함께 연구주제에 대해 비형식적 혹은 형식적 질문과 답을 주고받으며 대화하는 것이다. 연구자는 면담에서 물어볼 질문을 미리 상세히 정리해 놓고 그에 대해서만 묻고 답하는 구조적인 면담을 할 수도 있고, 질문을 미리 정하지 않고 다양한 질문의 가능성을 가지고 비구조적인 면담을 할 수도 있다. 이렇게 연구자가 참여자와 함께 질문의 내용과 형식을 정하지 않고 묻고 답하는 방식으로 연구주제에 대해 대화하는 열린 형태의 비구조적인 면담으로 주제에 대해 지속적으로 이야기함으로써 그것에 대한 생각과 의미의 심층적 차원까지 이르게 되는 대화를 일컬어 심층면담이라고 한다. 영유아에 대한 질적 연구를 진행할 경우, 영아는 언어 표현 능력에 제한이 있으므로 영아가 직접 면담의 대상이 되기는 어려우나 영아와 가장 가까운 양육자(부모 등)가 면담에 참여할 수 있다. 반면에 유아 연구에서는 유아가 직접 면담에 참여하여 연구자와 대화할 수 있으므로 최대한 유아를 면담에 참여하도록 하는 것이 좋다.

**교실에서는 이렇게**

## 연구자와 유아 참여자의 면담 사례

연구자: 그럼 혼자 노는 게 친구들이랑 같이 노는 거보다 더 좋은 게 있어?

참여자: (활짝 웃는다.) 내 마음대로 할 수 있는 거.

연구자: 혼자 놀면서 어떤 걸 마음대로 할 수 있어?

참여자: 인형놀이. 인형놀이 할 때 애들 있잖아. 애들이 인형인데 애들을 내 마음대로 움직일 수 있고, 대사를 마음대로 할 수 있어. 그런데 친구들이 있으면 친구들이 이거 하겠다고 하고 저거 하겠다고 하고 막 이거 하자고 하고……. 또 내 대사를 엉망시킬 수 있어서. ……(중략)…… 음…… 역할 있잖아, 역할을 내 마음대로 할 수 있어. 친구들이 있으면 내 마음대로 못하잖아. ……(중략)……

연구자: 그러면 대사랑 역할 정하는 거 말고 또 뭘 마음대로 할 수 있어?

참여자: 만들기. 음…… (눈을 위로 굴리며 생각한다.) 활동시간에 가끔 주제를 정해서 만들잖아. 그래서 내가 만들고 싶은 걸 못 만들어, 주제 때문에. 그런데 집에서 혼자 만들면 내가 만들고 싶은 걸 만들 수 있으니까.

출처: 진가일(2013).

교실에서는 이렇게

## 연구자와 교사 참여자의 면담 사례

박 교사: (초록반 아이들이 교사를) 친구로 여기지는 않는 것 같아요.

연구자: 어떤 의미에서 그런 것 같아요?

박 교사: 그냥……. 우선 저희가 통제를 많이 해야 하는 상황이라서. 제가 다른 반
에 있었을 때보다 여기서 더 질서랑 규칙에 대해서 얘기를 많이 하고 있거든요.
……(중략)…… 지금 여기는 28명이고 우선은 이 교실 안에서 뭔가 안전사고가
발생하면 안 된다는 그런 생각이 많아서……. 우선은 통제하고, 질서 얘기하고,
규칙 얘기하는 부분이 엄청 많거든요. 하루를 보냈을 때 제가 그런 얘기를 정말
많이 하기 때문에 아이들이 저를 친구로 보거나 그러지는 못할 것 같다는 생각
이 들더라고요.

김 교사: 아이들의 입장에서 생각하면 교사와 유아의 관계에서는 약간의 위계가 있다
고 생각을 할 것 같아요. 또래는 좀 더 편하게 자기가 하고 싶은 대로 할 것 같아요.

출처: 전가일(2013).

### ▌현장 기록물 및 생산물

질적 사례연구에서 연구를 위해 주요하게 수집되는 세 번째 유형의 자료는
현장 기록물 및 생산물이다. 이것은 연구자가 연구를 위해 따로 기록한 현장
일지나 면담기록과는 달리 현장에 있는 참여자들이 기록하거나 생산한 것들
에 대한 기록이다. 아동 연구에서는 아이들에 대한 교사의 관찰일지나 수업
관련 기록, 보육 일지 등이 그러한 예다. 또한 아이들의 놀이 모습이나 활동
의 결과물도 사례를 이해하는 데 도움이 되는 주요 자료다. 그러나 현장 기록
물과 생산물 등은 수집하는 데 있어 반드시 참여자들과 보호자들에게 동의를
구해야 한다. 특히 사진 자료의 경우에는 동의를 구했다 하더라도 그 자료를
외부에 발표하는 경우에는 참여자 보호를 위해 신중을 기해야 할 것이다.

[사진 11-1] 유아의 놀이 장면

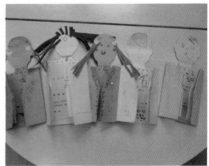

[사진 11-2] 유아의 활동결과물

# 3  사례연구의 실제

## 1) 영아

영아를 위한 사례연구 기록의 실제로 놀이행동 참여관찰 사례를 제시한다.

### ▌ 놀이행동 참여관찰

| 관찰영아 | 김수민(가명) | 관찰일시 | 20○○년 ○월 ○일 오전 11시 |
|---|---|---|---|
| 관찰자 | 담임교사 ○○○ | 관찰장소 | 햇님반(2세반) 교실 |
| 관찰초점 | 소극적이었던 수민이의 솜공 탐색활동 | | |
| 관찰장면 | 자유놀이 시간. 수민이가 탐색 영역 선반에 놓인 바구니 속의 솜공을 만지작거린다. 박 교사가 다가가 수민이에게 말한다.<br><br>박 교사: 수민아~ 만져 보니까 무슨 느낌이 나니?<br>김수민: (다시 한 번 손으로 솜공을 눌러 본 후) 폭신폭신해요.<br>박 교사: 아~ 그래 폭신폭신하구나. 어디 선생님도 만져 봐야지. 정말~ 수민이 말처럼 폭신폭신하다. 꼭 눈 같아.<br><br>박 교사의 말을 듣는 수민이는 별 다른 말없이 빙긋 웃으며 계속 솜공을 만지작거린다. 박 교사가 솜공이 든 바구니를 꺼내어 낮은 책상 위에 올려 둔다. 수민이가 박 교사 옆으로 바짝 붙어 앉으며 솜공을 계속 주무른다. 그러자 정수(가명)와 희진(가명)이도 박 교사 옆으로 다가와 솜공을 만지작거린다. 아이들이 다가오자 수민이는 잠시 멈칫한다.<br><br>박 교사: 정수랑 희진이도 만져 보고 싶구나. 수민아~ 우리 정수랑 희진이랑 같이 할까? | | |

박 교사의 말에 수민이는 말없이 고개를 끄덕인다. 아이들이 수민이 옆으로 와서 솜공을 만지면서 수민이를 바라보고 웃자 수민이도 빙긋 웃으며 소꿉놀이 컵으로 솜공을 퍼서 그릇에 담는다. 정수는 솜공을 한 주먹씩 공중에 던진다.

정수: 선생님~ 눈 같아요.
박 교사: 어~ 그렇네. 꼭 눈 같네. (정수처럼 솜공을 공중에 던지며) 하늘에서 눈이 내리네.
정수: (수민이에게 솜공 바구니를 내밀며) 수민아~ 이거 통째로 뿌려 봐! 우리가 눈 맞는 거야.

수민이가 바구니를 잡고 머뭇거린다.
박 교사: (교실 바닥에 누우며) 그래~~ 우리는 여기 이렇게 누워서 눈을 맞는다고 하자. 수민이가 우리한테 눈을 뿌려 줘.

수민이가 바구니를 손으로 잡고 잠시 망설이다가 바구니를 들어 솜공을 쏟는다. 박 교사와 아이들이 쏟아지는 솜공을 맞으며 "와~~눈이다~" 하고 외친다.

[사진 11-3] 솜공을 가지고 놀이하는 장면

잠정적 분석

평소 수민이는 새로운 자극을 탐색하는 것이나 친구들과의 상호작용을 주저하는 편이다. 자유놀이 시간에 친구들이 곁에 다가오거나 하면 경직된 표정을 보이며 자신이 하던 활동을 중단하던 적이 많았다. 오늘은 자신이 먼저 충분히 솜공을 탐색하고 다른 친구들이 다가올 때 내가 옆에서 함께 상호작용하니 다른 친구들을 회피하지 않고 친구들이 하는 행동에 곧잘 반응을 보이는 등 상호작용이 편안해지자 정수가 하는 눈놀이 제안에도 반응하였다. 솜공을 뿌리는 수민이의 얼굴은 즐거운 표정이었다.

## 2) 유아

유아를 위한 사례연구 기록의 실제로 대소집단 활동 관찰 사례를 제시한다.

### ▌대소집단 활동 관찰

| 관찰영아 | 박수민(가명) | 관찰일시 | 20○○년 ○월 ○일 오전 11시 |
|---|---|---|---|
| 관찰자 | 담임교사 ○○○ | 관찰장소 | 바다반(3세반) 교실 |
| 관찰초점 | 친구들과의 협동 작업을 힘들어하는 수민이의 소집단 활동 | | |
| 관찰장면 | 자유놀이 후 집단 교육활동 시간. 오늘의 집단활동을 설명한다.<br><br>김 교사: (앞부분 생략) 그래서 선생님이 오늘 이렇게 큰 돗자리를 가져왔어요. 우리 오늘은 여기다가 친구들과 함께 손으로 바다를 표현해 볼 거야. (밀가루풀에 물감을 섞어 둔 파란색 염료를 내놓는다. 설명을 듣는 수민이의 표정이 어둡다. 미간을 약간 찡그리며 바라본다.)<br>수민: 아~ 나는 같이 하기 싫은데……. 선생님, 나 혼자 하면 안 돼요?<br>김 교사: 그런데 어쩌지? 우리 ○○모둠 친구들이 할 돗자리는 하나뿐인데, 그리고 오늘은 친구들이랑 같이 바다를 만드는 거라서 함께하는 거야.<br>수민: (혼잣말로) 아…… 나는 혼자하고 싶은데…….<br>김 교사: 자, 여기 있는 물감을 선생님이 접시에 나눠 놨으니까 친구 두 명씩 같이 쓰자.<br><br>수민이는 교사가 내려놓은 물감 접시 2개를 얼른 받아서 자리에 앉는다. 그때 희정이(가명)가 다가와 수민이 옆에 앉는다.<br><br>희정: 수민아~ 나랑 같이 하자~<br>수민: (미간을 찡그리며 옆을 가리킨다.) 저리로 가. 저기 자리 있잖아.<br><br>희정이가 입을 실쭉하며 다시 일어나 옆쪽으로 가서 앉는다. 아이들이 그림을 그리기 시작한다. 손에 물감을 묻힌 아이들의 손이 서로 엉키기도 하고 파란색과 연두색이 섞이기도 한다. 수민이 옆에서 활동을 하던 혁이(가명)의 손이 수민이 쪽으로 가까이 오자 수민이가 얼굴을 찡그린다. |

수민: 야! 네가 내 그림에 묻혔잖아. 이쪽으로 오지 마!
혁: 이거 네 거 아니거든. 다 같이 그리는 거야. 네 거 없어.

[사진 11-4] 친구들과 협동 작업 중인 장면

| 잠정적 분석 | 수민이는 평소에 다른 친구들과 물건을 같이 나눠 쓰거나 함께 협동 작업을 하는 것을 싫어한다. 자신의 물건에 누가 손을 대는 것도 매우 싫어하고 친구들이 수민이가 구성한 놀잇감을 빌려 달라고 하면 대부분 매몰차게 거절한다. 이 때문에 자유놀이 시간에 수민이와 여자아이들 주변에서는 항상 말다툼이 끊이지 않는다. 오늘은 아이들의 색다른 표현을 위해 일부러 큰 돗자리를 준비하여 아이들이 함께 작업할 수 있도록 준비한 활동을 하였다. 대부분의 아이가 재미있게 활동에 참여했으나 수민이는 활동을 설명할 때부터 계속 안색이 좋지 않았다. 친구들과 재료를 나눠 써 가며 하나의 작품을 함께 만들어야 한다는 것 자체가 수민이에게 스트레스가 되는 모양이다. 앞으로 계속 관찰해 가며 수민이의 이러한 기질을 존중하면서도 수민이가 다른 친구들과 어울려 함께 작업할 수 있도록 돕는 상호작용을 해야 할 것이다. |
|---|---|

**연구에서는 이렇게**

전가일(2020). 그들은 왜 기꺼이 어려움을 감수하는가?: 한 공동육아협동조합원
들의 공동육아 경험을 통해 본 사회적 육아의 의미. **미래교육학연구**, **33**(2),
127-155.

　이 연구는 경기도의 한 공동육아협동조합원들의 공동육아 경험을 통해, '아이
함께 키우기'라는 사회적 육아가 가진 의미를 탐색하는 질적 사례연구다. 이 연
구는 17년째 공동육아조합의 형태로 기관을 운영해 온 경기도의 한 공동육아조
합을 연구 현장으로 선정하여 부모조합원 4인과 교사조합원 2인을 연구 참여자
로 선정하였으며, 참여자들에 대한 참여관찰 자료와 심층면담 등의 자료를 수집
하였다. 이 사례연구에서는 모든 자료를 에믹 코딩(emic coding)하여 자료의 패턴
을 파악하여 주제화하였다. 연구결과, 해당 공동육아 사례에서 참여자들이 경험
하는 공동육아의 어려움은 비용, 참여, 책임, 관계의 부담과 불안정감, 비체계적
인 의사결정과정 등이었다. 이러한 어려움에도 불구하고 해당 사례에서 참여자
들이 공동육아조합을 유지하는 이유는 '자녀를 위한 최고의 선택' '공동체적 관계
형성' '자기 성장의 장' '아이 함께 키우기' '나를 넘어서 우리를 생각하기' 등을 경
험하기 때문이었다. 이 연구결과를 바탕으로 사회적 육아의 의미를 '서로 둘러보
기' '다양성 인정하기' '함께 살기'로 주제화하였다. 이 연구는 공동육아조합 내부
의 목소리를 통해 사회적 자본으로서 공동육아가 가진 성격과 사회적 육아 모델
로서 공동육아조합의 가능성과 한계를 드러내고 있다.

## 연구에서는 이렇게

오경미, 유미숙(2017). 언어발달지연 아동 어머니들의 부모-자녀 관계치료(CPRT) 경험에 관한 질적 사례연구. **교육인류학연구**, **20**(4), 49-89.

이 연구는 언어발달지연 아동 어머니들의 부모-자녀 관계치료(Child-Parent Relationship Therapy: CPRT) 경험을 탐색하고, 어머니들이 가진 놀이에 대한 태도와 경험의 의미를 밝히는 질적 사례연구다. 이를 위해 이 연구는 CPRT 프로그램에 참여한 두 언어발달지연 아동 어머니를 중심으로 심층면담, 참여관찰, 보고서 및 저널을 분석하였고, 질적 사례연구로 이들의 경험을 '있는 그대로' 드러내고자 노력하였다. 연구결과, 언어발달지연 아동 어머니들은 그녀들의 살아온 경험에 따라 다른 경험의 양태를 보여 주었다. 그녀들은 아이가 지연되었다는 것에 압도되어 이미 불안을 가지고 있었고, 전문가에게 끝없이 질문하며 확인받고자 하는 모습을 보였다. 연구자는 CPRT 경험은 언어발달지연 아동 어머니들의 삶에서 또 다른 자신 또는 자녀와 흔들리지만 그 자체로 의미 있는 '만남(encounter)'이 되었고, 자신과 아이의 인생에 대해 적극적으로 기투하고자 하는 그녀들의 '분투하는 삶'의 연장선이었다고 해석한다.

# ４ 사례연구의 장점과 단점

　3세반 교실의 한 유아가 혼자놀이를 좋아하며 즐긴다. 유아를 지켜보던 교사는 조금씩 걱정이 되기 시작한다. 교실의 다른 아이들은 대부분 친구들과 함께 노는 것을 좋아하는 데 반해 이 유아만 유독 그렇지 않은 것 같다. 교사는 아이에게 어떤 발달상의 문제가 있는 것은 아닌지 혹은 심리적 문제가 있는 것인지 걱정을 한다. 흔히 유아의 혼자놀이는 많은 이론가와 현장가에게 아이의 낮은 사회성의 증거로 여겨져 왔다(전가일, 2013). 이러한 경우 교사는 아이에게 있을 모종의 문제를 진단하기 위해 구조화된 발달검사 등을 의뢰할 수 있다. 그러나 교사는 또한 꾸준히 유아의 놀이 모습을 관찰하고 유아, 또래 친구들, 유아의 부모와 대화하며 유아가 놀이 속에서 생산한 여러 가지 생산물을 사진으로 찍어 수집하고 이러한 자료들을 분석하고 해석함으로써 유아의 혼자놀이에 접근할 수도 있다. 이러한 접근이야말로 질적인 사례연구가 된다. 해당 교실의 교사는 이러한 질적 사례연구 접근을 통해 구조화된 발달검사로는 다 파악할 수 없거나 놓치게 되는 많은 부분을 발견할 수 있다. 사례연구를 통해 유아가 혼자놀이를 하면서 경험하는 놀이의 즐거움, 혼자놀이를 통한 자유 경험, 혼자놀이와 또래놀이와의 유연한 경계 넘나들기를 발견한 교사는 유아에 대한 막연한 걱정을 접고 아이를 보다 깊이 이해할 수 있게 된다.

　이와 같이 아동 관련 현장에서 사례연구를 통해 아동을 이해하고자 할 때 생각해 볼 수 있는 장단점은 다음과 같다(손영수, 2001; 조영달, 2015; 홍용희 외, 2014).

## 1) 사례연구의 장점

아동교육기관에서 사례연구를 통해 아동을 이해하고자 하는 데 있어 장점은 다음과 같다.

### ▌최대한 본래의 맥락 속에서 아동과 상황을 이해할 수 있다

사례연구는 파악하고자 하는 어떤 현상을 계량화·수치화하지 않고 최대한 있는 그대로 드러내고자 한다. 따라서 어떤 도구를 쓰거나 여타의 다른 조건이 동일하다는 전제를 하지 않으며 파악하고자 하는 사례의 독특함을 그대로 인정하면서 사례가 일어난 맥락 속에서 그것을 최대한 이해하고자 한다. 이런 점에서 사례연구에서 수집한 자료들은 탈맥락적이지 않고 최대한 본래의 맥락을 그대로 기록할 수 있는 수집방법을 선호한다. 대부분의 사례연구에서 참여관찰 시 녹화를 하고 면담 시 녹음을 하여 전사하는 것은 이와 같이 본래의 상황 맥락을 최대한 그대로 수집하여 그 맥락 속에서 현상의 사례를 분석하려는 것이다. 그리하여 사례연구는 아동을 둘러싼 세계의 맥락을 탈락시키지 않고 자연스러운 생활세계 속에서, 본래의 맥락 속에서 아동과 해당 상황을 이해할 수 있다.

### ▌특별한 도구를 필요로 하지 않는다

대부분의 구조화된 검사는 특정 도구를 필요로 한다. 또한 도구가 필요할 뿐 아니라 그 측정도구를 사용하는 데 있어 전문화된 방법과 기술을 필요로 한다. 그래서 훈련되지 않은 비전문가가 측정하기 어려운 도구도 많다. 이에 비해, 사례연구에서 자료를 수집하는 데 있어서는 특정한 검사도구를 필요로 하지 않는다. 또한 자료를 수집하고 분석하는 데 있어 특화된 방법이나 기술이 정해져 있지 않기 때문에 누구나 접근할 수 있다. 그러나 사례연구를 수행하는 데 있어 질적 연구의 기본적인 인식론에 대한 이해뿐 아니라 자료의 특성, 사례연구의 절차 등을 인지하는 것이 필요하다. 질적 연구의 인식론에 대한 이해 없이 사례연구를 수행하게 되면 실증연구와 다를 바 없는 특징을 갖는 연구가 될 것이다. 또한 연구자에게는 자신이 이해하고자 하는 현상 및 아동에 대한 애정과 신뢰관계(라포)가 필요하다. 이와 같은 맥락에서 영유아교사는 질적 연구를 하기에 매우 유리한 조건을 갖춘 연구자가 될 수 있다.

### ▌특정 사례에 대해 종합적이고 깊이 있는 이해를 도모할 수 있다

질적 사례연구는 연구자가 관심을 갖는 특정 사례에 대한 다양한 종류의 자료를 수집함으로써 해당 사례에 대해 총체적으로 파악하고 깊이 있게 이해할 수 있다. 3세 유아의 혼자놀이에 대해 연구할 경우 전통적인 실증연구에서는 놀이의 한 장면에 대해 측정하고 이것을 평균 등과 비교하여 봄으로써 해당 아동의 위치를 파악하여 유아의 혼자놀이의 이상 유무를 가늠하려고 하거나 놀이에 대한 특정 능력을 점수화한다. 그러나 이러한 경우 유아가 측정 당시에 보인 놀이가 평소와는 매우 다른 모습일 수 있고, 그 측정 상황의 앞뒤에 놓인 특별한 맥락 때문일 수도 있는데, 계량화 연구에서는 그러한 부분이 잘 드러나지 않는다. 이에 비해, 질적 사례연구에서 유아의 혼자놀이를 이해하고자 할 때는 연구자(교사)가 다양한 맥락 속에서 놀이관찰, 유아와의 면담, 부모와의 면담, 유아의 놀이 생산물 등의 다양한 유형의 자료를 풍부하게 수집하여 해당 사례를 깊이 있고 총체적으로 이해할 수 있다.

### ▌아동을 총체적으로 이해할 수 있도록 돕는다

아동의 특정 능력과 발달은 한 영역에만 해당하는 것이 아니라 다른 모든 영역과 발달에 두루 연관된 것이다. 또한 아동이 활동하거나 생활하는 어느 한 장면은 해당 특정 상황뿐 아니라 아동 삶의 다른 모든 상황과 연관되어 있다. 그러나 기존의 전통적인 계량화 연구에서는 그 특성상 특정 능력과 특정 장면에 대한 계측으로 인해 발달의 다른 부분과 아동 삶의 다른 장면들은 탈락시켜야 하므로 이와 같은 연관성을 드러내기 힘들다. 이에 비해, 질적 사례연구에서는 특정 상황과 아동을 이해하기 위해서 최대한 다양한 맥락에서 다양한 유형의 자료를 수집하기 때문에, 아동의 특정 능력과 발달을 다른 영역과 연관시켜 논의할 수 있을 뿐 아니라 관심을 갖는 특정 장면을 아동 삶의 다른 장면과 연결하여 분석하고 해석함으로써 아동을 총체적으로 이해할 수 있도록 돕는다.

**▌특정한 사례에 대해 문제의 원인, 개선사항 등을 탐색할 수 있다**

질적 사례연구는 특정 현상 사례에 대한 다양한 종류의 자료를 수집하여 그 사례에서 보이는 현상의 특징을 파악하고 그러한 특징을 야기한 환경과 원인 등도 드러내게 된다. 이러한 과정에서 연구자(교사)는 한 사례의 문제에 대한 현재 특징뿐 아니라 그것의 원인을 파악하고 이를 토대로 문제 상황에 대한 개선점도 탐색할 수 있게 된다. 예를 들어, 3세인 특정 유아의 혼자놀이 사례에 대해 질적 사례연구 접근으로 연구하는 교사는 연구과정에서 유아의 혼자놀이가 유아의 자발적인 선택을 기반으로 하여 즐거움을 경험하는 현상으로 특별히 문제 될 것이 없겠으나, 해당 유아의 경우 본인은 또래 놀이를 원하는데 지속적인 또래 거부로 놀이에 참여하기 힘들어하는 것이 문제의 원인임을 발견하게 되었다면 이를 토대로 유아를 도울 수 있는 방법, 즉 개선사항에 대해 생각해 볼 수 있을 것이다.

## 2) 사례연구의 단점

사례연구를 통해 아동의 문제에 접근할 때 생각해 볼 수 있는 단점들은 다음과 같다.

❚ 특정 결과에 대한 수량적 비교 검토가 어렵다

　질적인 사례연구는 전통적 계량화 연구에서와 같이 특정 상황과 장면을 수치로 계측한 것이 아니라 다양한 종류의 질적인 자료를 수집하고 그것을 분석·해석한 것을 결과물로 얻게 된다. 질적 사례연구에서의 자료는 맥락 특정적인 것이고 이에 대한 연구자의 분석과 해석 또한 그러하다. 따라서 한 연구에서 특정 아동에 대해 얻게 된 결과를 다른 아동의 그것과 같은 맥락에서 놓고 객관적으로 비교하거나 검토하기가 어렵다. 서울 시내 한 어린이집의 3세반에 재원 중인 김○○ 유아의 혼자놀이를 대전 지역 어느 유치원의 3세반에 재원 중인 또 다른 유아의 혼자놀이와 같은 선상에 놓고 그 차이를 검증하기는 어려운 것이다. 이러한 맥락에서 일반적으로 질적 연구에서의 결론은 일반화하기 어렵다고 평가받고 있다. 그러나 질적 연구 자체가 일반화에 목적이 있는 것이 아니라 모든 인간 현상이 맥락 특정적임을 인정하고 그러한 맥락을 함께 파악함으로써 현상을 있는 그대로 드러내고 사례의 특수함을 이해하려고 하는 것에 목적이 있음을 기억할 필요가 있다.

❚ 계량화 연구에 비해 많은 시간과 에너지가 소모된다

　전통적인 계량화 연구는 도구 구입에 비용이 소모될 수는 있으나 도구만 확보되면 단시간 내에 많은 자료를 확보할 수 있어 시간과 에너지가 많이 소모되지 않는다. 반면, 질적 사례연구는 장기간에 걸친 참여관찰과 면담 등으로 인해 많은 시간과 에너지가 필요하다. 자료의 분석에 있어서도 계량화 연구는 일단 코딩을 한 후에는 통계기법을 사용하여 변수에 따라 다양한 결과를 컴퓨터를 통해 쉽게 얻을 수 있으나, 질적 사례연구에서는 코딩 자체가 연구자(교사)의 해석에 원자료의 언어를 재조직화하는 작업이며 이에 대해 분석하는 과정 또한 많은 시간을 요하는 수작업이다. 이런 맥락에서 질적 연구가 실증연구에 비해 비효율적이라는 지적을 받기도 한다. 이에 대해 질적 연구자들은 한 연구주제 안에서 다양한 종류의 자료를 수집하므로 풍부한 자료를 토대로 하나, 2~3개의 후속연구를 생산할 수 있다는 측면을 부각시킨다. 그러나 질적 연구가 계량화 연구에 비해 많은 시간과 에너지가 소모되어 연구자들에게 부담이 되는 것은 부인할 수 없는 사실이다.

❚ 계량화 연구에 비해 연구결과의 질이 연구자의 연구 경험 등에 따라 달라질 수 있다

전통적인 계량화 연구에서는 측정도구가 구조화되어 있고 코딩과 분석의 과정이 정형화되어 있기 때문에 연구자나 자료 수집자가 누구인지에 따라 결과의 변화가 크게 일어나지 않는다. 이에 비해, 질적 사례연구는 수집할 자료의 종류가 매우 다양하고 정형화되어 있는 연구절차나 분석 및 해석의 방법이 없기 때문에 연구결과가 연구자의 역량과 경험에 따라 달라질 수 있는 여지가 크다. 특히나 질적 연구에서는 글쓰기 자체가 연구결과물을 생산하고 공유하는 주요 방법으로 여겨지는바(van Maene, 2014), 글쓰기에 어려움을 겪는 초보 연구자의 경우 좋은 연구 성과물을 얻기 어려울 수도 있다.

참 고 문 헌

신경림(2004). 질적 연구방법론. 서울: 이화여자대학교 출판문화원.

오경미, 유미숙(2017). 언어발달지연 아동 어머니들의 부모-자녀 관계치료(CPRT) 경험에 관한 질적 사례연구. 교육인류학연구, 20(4), 49-89.

이용주(2004). 영아의 어린이집 생활세계 구성 과정. 교육인류학연구, 7(1), 99-129.

이조은(2015). "언니"에서 "친구"되기: 유아의 또래관계 적응에 관한 사례연구. 열린유아교육연구, 20(4), 165-190.

전가일(2010). 관객 없는 지휘의 자유: 유아의 혼자놀이 체험에 대한 현상학적 연구.

교육인류학연구, 13(2), 115-146.

전가일(2013). 자유놀이에서 유아의 관계맺기에 대한 현상학적 연구. 서울대학교 대학원 박사학위논문.

전가일(2020). 그들은 왜 기꺼이 어려움을 감수하는가?: 한 공동육아협동조합원들의 공동육아 경험을 통해 본 사회적 육아의 의미. 미래교육학연구, 33(2), 127-155.

전가일(2021). 질적연구, 계획에서 글쓰기까지. 서울: 학이시습.

조영달(2015). 질적 연구 방법론: 실제편. 서울: 근사.

조용환(2019). 질적 연구의 원리와 기법. 서울대학교 교육연구소 2019년도 동계 연구방법론 워크숍 자료집.

홍용희, 이경화, 배지희, 정혜욱(2014). 어린이 연구를 위한 질적 연구방법론. 경기: 파워북.

황응연, 윤희준(1987). 현대 생활지도론. 서울: 교육출판사.


Bent, F. (2011). *Case study: The sage handbook of qualitative research* (4th ed.). London: Sage.

Wolcott, H. (1994). The teacher as an enemy. *Transforming qualitative data: Description, analysis, and interpretation*. London: Sage.

Van Manen, M. (2014). *Phenomenology of practice: Meaning-giving methods in phenomenological research and writing*. CA: Left Coast Press.

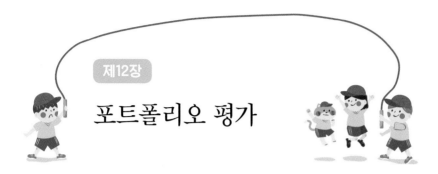

제12장

# 포트폴리오 평가

## 1 포트폴리오의 특징

포트폴리오(portfolio)는 자료 묶음이나 서류가방을 뜻하는데, 미술, 문학, 의류 분야에서는 이미 오래전부터 활용되어 온 것으로 작업이나 수행의 결과, 작품 등을 모아 놓은 것이다. 포트폴리오를 아동교육 현장에 적용해 보면 영아들의 그림이나 끼적인 종이, 교사가 영아의 발화를 기록한 것, 유아의 종이 접기, 관찰일지 등 영유아가 활동을 통해 만들어 낸 다양한 결과물을 모은 작품집이라 할 수 있다. 최근 유아교육 현장에서 기존의 구조화된 검사도구를 통한 평가를 지양하고 비형식적이고 대안적인 평가의 방식을 고민하면서 포트폴리오의 가능성에 대해 관심이 모아지고 있다(황해익 외, 2009; Gullo, 2005). 아동을 평가하기 위한 도구로 포트폴리오를 이용하게 된다면 장기간에 걸쳐 아동의 활동결과물들을 수집함으로써 활동의 결과뿐 아니라 그 과정과 시간에 따른 변화를 가늠해 볼 수 있다. 이런 맥락에서 포트폴리오는 참여관찰이나 사례연구와 같은 비구조적인 작업을 통해 아동을 이해하고 아동의 발달을 평가할 수 있는 방법 중의 하나다. 이와 같은 포트폴리오 평가는 다음과 같은 몇 가지 특징을 가진다(안선희 외, 2021; 황해익 외, 2009; Gullo, 2005).

첫째, 비구조적인 포트폴리오 평가는 구조적이고 형식적인 평가에 비해 아동의 긍정적인 변화에 초점을 맞출 수 있다. 포트폴리오는 아동의 활동과정에서의 작품과 성과물들을 시간을 두고 수집하여 정리하는 것으로 시간의 흐름에 따른 아동의 변화를 볼 수 있다(안선희 외, 2021). 한 시점에서 아동의 발달을 구조적으로 평가하게 되면 아동의 수행 정도의 특정한 발달 능력 성취 여부에 초점을 두게 되는 데 비해, 포트폴리오는 그 특성상 평가자가 자연스럽게 시간에 따른 아동의 진보와 같은 긍정적인 변화에 초점을 맞추게 된다.

둘째, 포트폴리오를 통한 평가는 상대적인 비교가 아닌 개별적 평가이므로 개별화된 교육과정이 가능하도록 돕는다. 아동의 성과물 등을 장기적으로 수집하는 포트폴리오는 해당 아동의 독특한 성과물로 다른 아동의 그것과 상대적으로 비교하는 것이 아니다. 아동마다 포트폴리오에 수집한 자료가 다를 수 있고 그 내용은 아동의 개별성과 독특함을 드러낸다. 교사는 포트폴리오를 통해 아동의 이러한 독특함을 바탕으로 해당 아동을 위한 교육활동을 준비할 수 있다. 이러한 측면에서 포트폴리오는 상대적인 평가가 아닌 개별 아동 평가이며 개별화 교육과정을 가능하게 한다.

셋째, 포트폴리오 평가는 교육의 과정과 평가가 통합된 형식이다. 대부분의 구조적인 평가는 교육활동(교수-학습 과정)이 마무리된 후에 평가하고 그 결과를 얻는 반면, 포트폴리오는 별도의 추가 활동이 아니며 교수-학습이 진행되고 있는 과정에서 평가가 이루어진다. 아동은 활동의 과정에서 자신의 결과물을 고르고, 교사는 다음의 활동에 반영할 수 있는 순환적인 방식이다. 즉, 포트폴리오는 교육 활동과 평가가 따로 분리되지 않고 교수-학습과 평가가 통합된 형식의 평가다.

넷째, 포트폴리오는 아동이 주도적으로 성과물 수집에 참여함으로써 자기주도적이고 반영적으로 평가할 수 있도록 돕는다. 아동은 하루 동안 많은 활동에 참여하지만 모든 성과물을 전부 수집하는 것은 아니며 많은 결과물 중에서 일부를 선택한다. 이러한 선택의 과정에서 아동은 자신의 활동에 대해 성찰하고 반영하는 경험을 하게 된다. 이런 맥락에서 포트폴리오는 아동이 자기주도성과 자기반영을 경험하는 기회가 된다.

다섯째, 포트폴리오는 교육활동에서 아동의 성과에 대한 공유를 자연스럽게 이끌 수 있다. 포트폴리오 평가과정에는 아동뿐 아니라 교사, 또래, 부모가 관여하면서 포트폴리오 구성을 돕거나 함께한다. 아동이 같은 반 아동의 작품을 보고 이야기한 부분을 교사가 정리하여 포트폴리오에 수집할 수도 있고, 특정 교육활동에 대한 교사와 부모 간의 의견 교환 기록이 수집될 수도 있다. 이와 같이 포트폴리오 구성과정에서 자연스럽게 공유가 일어날 뿐

[사진 12-1] 이야기 나누기 포트폴리오

아니라 포트폴리오를 전시함으로써 다른 사람들에게 아동의 활동과 생각, 변화를 공유할 수도 있다.

> **더 알아보기**   **포트폴리오의 종류**
>
> 포트폴리오는 평가의 목적과 수집 내용, 주도 독자에 따라 다양한 유형으로 구분될 수 있는데, 자료의 유형, 수집 주체와 이용방법에 따라 다음과 같이 세 가지 종류로 구분될 수 있다(Shores & Grace, 1998).
>
> ∗ 개인 포트폴리오: 이것은 병력사항이나 부모의 전화번호와 같이 비밀이 보장되어야 하는 아동 개인의 정보를 주요 내용으로 하는 포트폴리오다. 이 개인 포트폴리오에는 교사가 아동에 대해 기록한 관찰일지나 부모면담 기록, 가정환경 조사서 등이 포함될 수 있다. 이와 같은 개인 포트폴리오는 자료수집 주체가 교사이며 비밀이 보장되어야 하는 자료이므로 수집과 보장에 각별히 유념할 필요가 있다.
>
> ∗ 학습 포트폴리오: 이것은 교사와 아동이 가장 빈번하게 사용하는 종류의 포트폴리오다. 교육활동 과정에서 아동이 생산한 다양한 작품, 일지, 쓰기 자료, 자기반성물 등을 수집할 수 있다. 또한 교육활동 과정에서 표현되었던 아동의 사고에 대한 기록, 부모와 교사와의 의견 교환 기록, 다른 아동의 의견 기록 등이 포함될 수 있다. 학습 포트폴리오의 수집 주체는 아동과 교사 모두가 될 수 있는데 아동이 스스로 자료를 수집하게 함으로써 자기주도성을 높이고 자기반영을 할 수 있도록 도우면 좋다.
>
> ∗ 인수 포트폴리오: 이것은 아동이 학년 말에 그간의 활동을 정리하고 새로운 반으로 진급할 때 새로운 교사가 해당 아동에 대해 참고할 수 있는 자료를 정리한 것이다. 1년 동안의 대표적인 작품을 정리하고 아동의 전반적인 발달수준에 대한 교사의 기록 등을 포함할 수 있다.

# 2 포트폴리오 평가의 방법 및 절차

포트폴리오는 비형식적인 평가라는 특성상 방법과 절차가 특정하게 정해져 있지 않다. 그러나 현장에서 포트폴리오는 대체로 다음과 같이 그 구성을 계획하고 자료를 수집하며 그에 기초하여 평가하는 과정을 거친다(황윤세, 양옥승, 2001; 황해익 외, 2009; Gronlund, 1998; MacDonald, 1997).

## 1) 계획

포트폴리오 평가를 계획하는 단계에서는 그 목적과 준거를 선정하고 수집한 자료들의 내용을 결정해야 한다. 또한 계획 단계에서 참여자들에 대한 안내도 고려되어야 한다.

### (1) 목적 설정

포트폴리오는 단순한 정보수집을 하는 파일이 아니므로 계획 단계에서 그 목적을 정확히 설정할 필요가 있다. 아동의 성과물을 수집하여 전시할 목적인지, 아동의 발달을 평가하기 위한 것인지, 특정한 주제에 대한 아동의 심화활동 과정에서 나타난 아동의 사고 변화를 이해하기 위한 것인지 등에 따라 포트폴리오에 수집할 내용이 달라질 수 있다. 목적을 설정하게 되면 그에 따라 포트폴리오 구성의 주체와 수집 자료의 종류와 범위, 평가의 주체와 활용방안 등이 자연스럽게 결정된다.

### (2) 구성 내용 및 수집 자료 계획

계획 단계에서 포트폴리오에 수집할 자료의 내용과 항목에 대해 고려해볼 필요가 있다. 항목을 정할 때는 수집 가능한 범위 안에서 계획을 세우고 수집과정에서 아동의 참여 정도를 어느 선까지, 어떤 방법으로 할 수 있을지를 함께 고민하는 것이 좋다. 포트폴리오 내용으로 수집할 수 있는 자료의 유형들은 매우 다양하나 포트폴리오의 목적에 따라 달라질 것이다. 또한 수집될 자료의 내용을 결정하면 각각의 자료들을 어떠한 방법으로 수집할 것인지에 대해 계획을 세워야 한다. 자료의 유형에 따라 아동과 가족의 참여 수준이 달라질 수 있으므로 자료를 수집할 시기와 수집 방법 및 주체에 대해 함께 생각해 보아야 한다.

**더 알아보기**    **포트폴리오를 위한 수집 자료의 유형**

- 아동의 활동 자료: 그림, 스케치, 3차원 작품, 관찰일지, 기록물, 다양한 작업결과물, 견본, 블록 구성물(또는 그 사진), 아동의 놀이 장면에 대한 사진, 아동의 발표에 대한 기록물, 이야기 나누기 시간의 아이디어 등
- 교사의 관찰기록
- 일화기록
- 교사와 아동의 인터뷰
- 아동의 적응기록부 및 발달기록부
- 아동에 대한 발달 체크리스트
- 미디어 자료: 주요 활동에 대한 녹화 자료, 활동 사진, 오디오 기록 등
- 가정으로부터 받은 자료: 부모의 의견, 교사-부모 협의 기록, 아동이 부모에게 보낸 그림이나 편지 등

표 12-1  포트폴리오 수집 자료인 적응기록부의 예

| 이름 | 김수민(남/32개월) | 생년월일 | 20○○년 ○○월 ○○일 |
|---|---|---|---|
| 구분 | 적응 및 생활 내용 | | |
| 등원 및 분리 | 등원 초기에는 낯선 곳에서 보호자와 분리되는 것을 힘들어하며 떨어지지 않으려 하는 모습을 보였습니다. 그러나 점차 어린이집의 생활에 적응해 나가면서 하루 일과에도 쉽게 적응할 뿐 아니라 등원 시에 보이던 어려움도 보이지 않고 있습니다. 현재는 교실에 들어서면서 교사에게 인사를 하기도 하고 보호자에게 "안녕히 다녀오세요."라고 인사를 하기도 합니다. 보호자와의 분리 후에는 곧바로 놀이를 시작하는 안정적인 적응 형태를 보이고 있습니다. 하루 일과 중에는 특별히 보호자를 찾거나 하는 경우는 없으며, 저녁 식사 이후 귀가하게 됨을 인지하고 있기 때문에 저녁 식사가 끝날 무렵 교사에게 보호자가 왔는지를 묻기도 합니다. | | |
| 식습관 | 식사를 하기 전에 식사를 위한 준비과정이 있는데, 수민이는 모든 준비과정을 정확하게 인지하여 적극적으로 참여합니다. 지정 자리에 앉아 손을 씻기 전까지 노래를 부르거나 손유희를 할 때에도 큰 목소리로 따라 부르며 활동합니다. 손을 씻는 습관도 바르게 형성되어 있어 스스로 손을 씻습니다. 식사를 하기 시작하면 또래 아이들에 비해 속도가 빨라 가장 먼저 식사를 끝냅니다. 그리고 더 먹고 싶은 음식이 있는 경우에는 "이거 더 주세요."라고 교사에게 먼저 의사 표현을 합니다. 또래에 비해 먹는 양이 많은 편이어서 주어진 양에서 두세 번씩 더 먹는 경우가 많습니다. 도구를 사용하여 스스로 식사하는 습관도 잘 형성되어 있어 교사의 도움 없이도 스스로 식사합니다. 특별히 편식하는 음식은 없으나, 간혹 선호하지 않는 음식이 나오는 경우 "이거 싫어해요."라고 이야기하면서 자신의 선호도에 대한 의사 표현을 하기도 합니다. 그러나 교사가 "수민이는 이 음식을 안 좋아하는구나. 그래도 한 번만 먹어 보자. 한 번 먹고 나서도 먹기 힘들면 그만 먹어도 돼요."라고 이야기해 주면서 권유하면 거부감 없이 먹어 보기를 시도하기도 합니다. 맛을 본 이후에 때로는 스스로 그 음식을 다시 먹기도 합니다. 식사 후에는 "다 먹었어요."라고 이야기하고는 식판을 들고 일어나 스스로 정리하는 모습도 보입니다. 식사 태도나 식습관이 비교적 잘 형성되어 있고 대부분의 음식을 잘 먹기 때문에 어린이집에서의 식사 시간에 특별한 어려움을 보이지 않으며 무리 없이 식사하고 있습니다. | | |

| | |
|---|---|
| 배변 | 수민이는 이미 배변 훈련이 되어 있는 상태로 어린이집 생활을 시작하였기 때문에 특별한 배변 훈련은 하지 않고 있습니다. 하루 일과 중 어느 때라도 화장실에 가고 싶을 때에 "쉬하고 올 거예요."라고 교사에게 이야기하고는 스스로 화장실에 다녀옵니다. 대변을 볼 때에도 "응가 마려워요."라고 이야기하고 화장실에 가서 대변을 본 후 교사에게 "선생님, 다 했어요."라고 의사 표현을 합니다. 깊이 잠이 든 경우에는 매트에 실수를 하는 경우도 간혹 있습니다. 수민이는 이미 배변 훈련이 이루어진 상태이기 때문에 낮잠 자기 직전에 한 번 더 화장실에 다녀올 수 있도록 지도하려고 합니다. |
| 낮잠 및 휴식 | 수민이는 적응 초기에도 낮잠 시간을 갖는 것에 어려움을 보이지 않았습니다. 따라서 낮잠 시간이 되면 스스로 매트에 누워 낮잠을 청하는 모습을 보입니다. 교사가 매트를 깔아 주면 "이거 내 이불이에요."라고 교사에게 이야기해 주기도 하고, 매트에 누운 뒤 "이불 덮어 주세요."라고 이야기하기도 합니다. 낮잠을 잘 수 있는 분위기가 조성되면 교사가 재워 주지 않아도 금세 혼자서 잠이 드는 경우가 많습니다. 2시간 정도 충분한 휴식을 취하기 때문에 이후의 오후 일과에도 무리 없이 생활하고 있습니다. |
| 제언 | 수민이는 낯선 환경에서의 적응 속도가 빠른 편이며, 하루 일과에도 적극적으로 참여하고 활동합니다. 또한 움직임이나 신체 표현, 목소리 등이 큰 편이므로 교사나 또래 친구들의 주목을 끄는 경우가 많습니다. 따라서 수민이의 행동이 또래에게 모델링이 되기도 하며, 본보기가 되는 경우도 있습니다. 이에 따라 교사의 칭찬이나 격려로 인해 자신감을 갖게 되기도 하며, 리더십이 요구되는 상황에 리더십을 발휘하기도 합니다. 그러나 간혹 신체놀이나 움직임이 격해지는 경우가 있어 안전상의 위험이나 갈등 상황을 초래하는 경우도 있습니다. 따라서 교사와의 꾸준한 상호작용을 통해 규칙에 대한 이해를 할 수 있도록 돕고 있습니다. |

### (3) 평가 준거 선정

포트폴리오를 통한 평가가 가능하기 위해서는 계획 단계에서 평가의 준거를 선정할 필요가 있다. 어떠한 내용을 어떠한 준거를 통해 평가할 것인지에 대한 계획이 있어야 어떤 자료를 수집할 것인지를 결정할 수 있다. 만약 아동의 언어와 문해발달을 파악하기 위한 포트폴리오라면 교사는 언어 능력발달의 준거를 듣기, 말하기, 읽기, 쓰기의 네 가지 능력으로 보고 이와 관련된 아동의 성과물들을 수집할 수 있을 것이다.

### (4) 참여자에 대한 안내

포트폴리오가 목적에 맞는 성공적인 평가를 이루어 내기 위해서는 포트폴리오에 대한 참여자들의 이해가 필수적이다. 따라서 포트폴리오 계획 단계에서 참여자, 즉 교사, 아동, 부모들에게 포트폴리오 평가에 대한 안내를 할 필요가 있다. 교사들에게는 아동의 발달 및 사고 등을 평가하는 비형식적이고 질적인 방법으로서의 포트폴리오 평가에 대해 안내하고 포트폴리오 평가의 과정과 구체적인 방법에 대해 함께 고민할 필요가 있다. 필요하다면 포트폴리오의 구성 및 활용 방법, 도움이 되는 기록 방식 등에 대해 연수를 할 수도 있다. 아동들에게는 학기 초에 포트폴리오의 의미와 자료수집 방법에 대해 간단히 소개하고 아동이 포트폴리오 자료를 자발적으로 수집할 수 있도록 도와야 할 것이다. 활동과정 중에 아동이 자발적으로 자신의 작품이나 활동결과들에 대해 또래들과 이야기 나누고 자기반영을 할 수 있는 경험을 하도록 한다. 또한 부모와 가족들에게 포트폴리오 평가에 대해 안내함으로써 부모들의 이해를 도모할 필요가 있다. 포트폴리오 평가가 기존의 구조적이며 형식적인 평가에 비해 갖는 장점 등을 소개하면서 부모들이 포트폴리오 구성과정에 적극적으로 참여할 수 있도록 돕는다.

교실에서는 이렇게

## 포트폴리오 평가 소개를 위한 가정통신문의 예

학부모님께

안녕하십니까? 금번 5세 ○○반을 맡게 된 교사 ○○○입니다. 밝은 얼굴과 아름다운 마음씨를 지닌 ○○반 친구들을 맡게 된 것을 진심으로 기쁘게 생각합니다. 우리 ○○반 친구들 모두가 건강하고 행복한 한 해를 보내기를 바라며, ○○반에서는 아이들의 성장과 발달의 모습을 보다 구체적으로 이해하고자 하는 방법의 하나로 포트폴리오를 사용하고자 합니다.

○○반 아이들은 앞으로 생활하는 동안 자신들의 다양한 활동에 따른 결과물들을 포트폴리오에 수집하여 스스로의 사고 변화를 확인하고 자기주도적으로 자신의 활동을 반영하고 평가할 수 있게 될 것입니다. 저 또한 아이들의 포트폴리오를 살펴보면서 아이 하나하나에 대한 개별적인 이해를 할 수 있을 뿐 아니라 그러한 이해와 통찰에 기초해 아이들의 다음 교육활동을 수정하고 계획할 수 있을 것입니다.

이와 같은 포트폴리오 구성에는 아이들의 참여뿐 아니라 부모님과 가족의 참여 또한 중요한 부분입니다. 부모님께서는 자녀에 대한 많은 인식과 이해가 있으시니 포트폴리오가 가정에 보내질 때마다 살펴보시고 아이와 이야기를 나눌 뿐 아니라 부모님의 의견을 ○○반으로 보내 주시면 감사하겠습니다. 부모님의 적극적인 참여와 협조를 부탁드립니다.

- ○○반 교사 ○○○ 드림 -

## 2) 실행

실행 단계는 포트폴리오에 들어갈 자료들을 실제로 수집하고 조직화하는 단계다. 실행 단계에서는 다음과 같은 일들을 고려해야 한다.

### (1) 보관함과 목차 준비

포트폴리오 평가를 위해서는 개별 아동의 다양한 작품 및 활동 성과물을 수집하고 보관해야 하기 때문에 자료들을 보관할 장소와 보관함 등이 필요하다. 상자, 바인더, 파일, 봉투, 스크랩북 등의 형태를 준비할 수 있다. 또한 포트폴리오의 구성 내용물을 쉽게 파악할 수 있도록 내용물에 대한 목차를 준비하면 좋다. 목차에는 포트폴리오에 들어가는 수집 자료의 종류와 수집 날짜, 자료 형태 등을 기록한다.

### (2) 작업 자료 수집

아동의 활동 과정과 결과에서 만들어진 다양한 성과물을 수집한다. 아동의 그림 및 조형물, 아동의 활동 사진, 아동의 발화에 대한 기록, 아동이 읽은 책의 목록, 협동 작업 결과물, 아동에 대한 교사의 관찰기록, 부모와 가정의 의견 기록 등을 수집할 수 있다. 포트폴리오는 개별 아동의 개인적 기록이며 개별적인 평가를 위한 것이므로 아동 간 자료의 내용과 수준을 일치시키려고 인위적으로 조작할 필요는 없다. 포트폴리오 내용을 구성하기 위해 교사가 아동에게 일부러 작업을 요구하고 결과물을 수집하는 것 또한 삼가야 한다.

### (3) 관찰과 기록

포트폴리오 평가를 위한 수집 자료는 아동의 다양한 활동결과물뿐만 아니라 교사의 관찰 자료를 포함한다. 교사는 발달 체크리스트, 구조화된 검사지, 일화기록 등을 통해 아동의 발달 특성에 대한 자료를 수집할 수 있다. 일반적으로 원 내에서 아동의 발달과 변화를 기록하기 위해 아동에 대해 일화 형식의 개별적인 관찰일지를 쓰는 경우가 대부분인데 이와 같은 교사의 관찰일지는 매우 중요한 관찰자료가 된다. 이미 기록된 관찰일지를 그대로 포트폴리오에 수집하기보다 관찰일지 내용의 일부를 포트폴리오의 목적과 성격에 맞게 재구성하여 수집하면 좋다. 또한 한 학기에 한 번씩 가정으로 배부되는 아동의 생활기록부 등도 포트폴리오 평가를 위한 자료로 수집하기에 적합하다.

### (4) 자기반영 및 조언 자료 수집

아동의 활동에 대한 자기반영의 기록, 또래의 조언과 피드백, 부모와 가정에서의 조언과 의견 등 활동에 대한 반영 및 조언 자료를 수집한다. 이것은 평가의 과정에서 아동뿐 아니라 아동과 연관된 다른 구성원들이 참여할 수 있는 것으로 포트폴리오 평가의 주요 특징 중 하나다. 교사는 활동을 한 후 반 아이들과 함께 친구의 활동결과에 대해 함께 이야기 나눌 수 있는 시간을 갖고, 이에 대해 오간 아동의 발화들을 기록하여 그 자료를 수집할 수 있다.

**교실에서는 이렇게**

## 활동에 대한 부모 조언 양식의 예

"아동의 활동에 대해 이야기해 주세요."

- 활동명: _____
- 아동명: _____    날짜: _____

- 자녀와 함께 오늘 만든 작품의 의미에 대해 이야기해 주세요.
  예: "무엇을 만드는 거야?" / "왜 이것을 그리고 싶었어?"

- 오늘 만든 작품에서 멋진 점은 무엇인지 함께 이야기해 주세요.
  예: "아빠는 이 그림에서 ~한 게 참 좋구나. 너는 어떤 점이 마음에 드니?"

- 다음에는 어떤 점을 더 첨가하면 좋을지 함께 이야기해 주세요.
  예: "다음에 또 이걸 그리면 뭐가 더 있었으면 좋겠어?"

- 그 밖에 부모님의 의견을 말씀해 주세요.

또한 활동결과물을 가정에 보내어 부모로부터 받은 의견을 수합할 수 있도록 특정 양식을 만들어 가정과 연계할 수 있다.

## 3) 평가와 활용

평가와 활동 단계는 완성된 포트폴리오를 관련 구성원들과 공유하고 수집된 자료들을 토대로 교육과정을 평가하며 아동의 사고와 발달을 이해하는 데 그것을 활용하는 단계다. 이와 같은 평가와 활용 단계에서는 다음 작업들이 이루어진다.

### (1) 포트폴리오 요약서

요약서는 하나의 활동 주제 기간 혹은 한 학기나 일 년 동안 포트폴리오에 수집된 자료들의 내용을 요약하여 서술한 것이다. 이것은 교사에게 있어 일종의 종합 보고서와 같은데, 이를 통해 교사는 방대한 양의 자료들을 체계적으로 파악할 뿐 아니라 자료들에 기초하여 아동의 변화와 발달 특성 등을 이해할 수 있다. 이는 포트폴리오를 통한 평가라는 목적의 핵심 작업이다. 요약서를 정리할 때는 다양한 방식으로 자료를 조직할 수 있겠으나 발달영역별, 표준보육과정과 누리과정의 활동 영역별로 정리해 볼 수 있다. 기본생활, 신체운동, 의사소통, 사회관계, 예술경험, 자연탐구의 각 영역별로 나타난 아동의 변화에 초점을 맞추어 포트폴리오 자료를 요약하는 것이다.

### (2) 협의회

협의회는 부모와 아동, 교사의 만남과 면담 시에 포트폴리오에 기초하여 의견을 나누는 것을 말한다. 일반적인 부모 면담의 경우에도 교사가 포트폴리오 자료를 부모에게 보여 주며 아동의 다양한 활동 모습을 설명할 수 있다. 이를 통해 교사와 부모는 아동의 활동 참여 특징, 흥미, 발달 정도를 파악할 수 있다. 또한 교사가 아동과 상담하거나 아동과 이야기 나눌 때에도 포트폴리오를 활용할 수 있다. 교사와 아동은 포트폴리오를 살펴보면서 자신들의 활동에 대해 스스로 평가하고 자기반영할 수 있으며 이를 바탕으로 다음의 교육활동을 계획할 수도 있다.

### (3) 전시회 등의 결과 공유

포트폴리오 전시회는 아동과 관련된 여러 구성원과 포트폴리오 결과를 공유하기 위한 작업이다. 포트폴리오 작업결과를 공유할 구성원들로는 또래와 다른 반 유아들, 학부모 및 가족, 동료 교사, 원내 다른 구성원, 행정가들을 고려해 볼 수 있다. 전시회는 포트폴리오 자체를 위한 전시회를 기획할 수도 있으나 프로젝트 활동을 마무리하는 단계에서 이루어지는 공연이나 전시회에서 포트폴리오를 함께 전시하여 공유하는 방식도 생각해 볼 수 있다.

## ③ 포트폴리오 평가의 실제

### 1) 영아

영아 포트폴리오 평가의 실제에서는 표준보육과정 영역에 따라 영아의 발달을 기록한 어린이집 발달기록부의 사례를 가지고 해당 영아의 포트폴리오를 구성할 때 가능한 수집 목록의 예를 표준과정 영역별로 살펴보고자 한다.

표 12-2 **영아 포트폴리오 실제**

| 영아발달 및 생활기록부 | | |
|---|---|---|
| 토끼반 | 아동명: 김수민(가명) | 기록일자: 20○○년 ○○월 ○○일 |
| 키: ___cm 몸무게: ___kg | 생년월일: ○○○(32개월) | 기록자: ○○○ |

| 영역 | 내용범주 | 실제 | 포트폴리오 수집목록 |
|---|---|---|---|
| 기본 생활 | 건강하게 생활하기 | • 식사에 즐겁게 참여하며 음식을 맛있게 먹는 편이나 식사를 할 때 옆의 친구와 장난을 치거나 비스듬하게 앉아서 먹는 경우가 자주 있습니다.<br>• 특별히 가리는 음식은 없으나 씹기 힘든 고기나 조개류의 음식은 좋아하지 않습니다.<br>• 낮잠 시간이 되면 누워서 조금 뒤척이다가 잠이 드는 편입니다. 한번 잠이 들면 낮잠 시간이 끝날 때까지 푹 잘 잡니다.<br>• 어린이집에서 대소변을 일정하게 보는 편입니다. 종종 대소변을 본 뒤 손을 씻는 것을 잊어 교사가 이야기해 주면 손을 씻는 경우가 있습니다.<br>• 양말, 바지, 티셔츠 모두 스스로 입는 것이 가능합니다. 티셔츠를 입을 때 앞뒤 구분을 해 주는 것과 티셔츠를 벗을 때 팔 부분을 빼 주는 정도의 도움을 필요로 합니다.<br>• 하루 일과에 즐겁게 참여하며 교사, 또래와의 놀이에도 즐겁게 활동합니다. | • 보육일지의 식사 기록<br>• 보육일지의 낮잠 기록<br>• 토끼반 하루 일과표<br>• 실내놀이 장면 사진<br>• 활동 참여 사진<br>• 수민이에 대한 친구들의 이야기 기록 |
| | 안전하게 생활하기 | • 놀이기구와 놀잇감을 안전하게 사용해서 놀이합니다. | |
| 신체 운동 | 감각과 신체 인식하기 | • 다양한 감각을 활용하여 주변 환경을 적극적으로 탐색합니다.<br>• 특히 후각에 민감하게 반응합니다. | • 1, 2학기 신체 계측 결과표<br>• 운동 능력 측정표<br>• 대근육발달 정도 체크리스트<br>• 신체활동 참여 사진<br>• 바깥 놀이 활동 사진<br>• 조작 가능한 승용기구 목록 및 사진 |
| | 신체활동 즐기기 | • 팔, 다리, 목, 허리 등의 움직임을 조절해서 다양한 스트레칭을 할 수 있습니다.<br>• 한 발로 중심을 잡고 양팔을 벌려 안정적인 자세를 유지하는 것이 가능합니다.<br>• 달리기, 구르기, 놀잇감을 이용한 신체활동 등 다양한 신체활동에 참여하는 것을 즐거워합니다.<br>• 2인용 세발자전거 뒤에 교사, 친구를 태우고 운전하는 것을 즐깁니다. | |

**더 알아보기**    2세 영아의 신체발달 준거

- 앞으로 달리기를 할 수 있으며 달리는 속도를 조절할 수 있다.
- 옆으로 혹은 뒤로도 걸을 수 있다.
- 두 발을 모아서 제자리에서 높이뛰기를 할 수 있다.
- 발뒤꿈치를 들고 걸을 수 있다.
- 세발자전거를 탈 수 있다.
- 방향이나 목표를 정하지 않고 공을 던질 수 있다.
- 공을 발로 찰 수 있다.
- 겉옷을 입고 벗을 수 있다.
- 흘리지 않고 숟가락을 사용할 수 있다.
- 4개의 구슬을 끼울 수 있다.
- 책장을 한 장씩 넘길 수 있다.
- 크레용을 잡을 수 있다.
- 둥근 선과 직선을 그릴 수 있다.
- 선 위로 걸을 수 있다.
- 한 발을 들고 잠시 서 있을 수 있다.
- 한 발로 깡총뛰기를 할 수 있다.
- 높은 곳에 올라가기를 좋아한다.
- 15cm 정도의 높이에서 뛰어내려 두 발을 모으고 설 수 있다.
- 자기가 원하는 방향으로 공을 던질 수 있다.
- 커다란 단추를 채울 수 있다.

출처: 황해익 외(2009).

표 12-2　영아 포트폴리오 실제(계속)

| 영역 | 내용범주 | 실제 | 포트폴리오 수집목록 |
|---|---|---|---|
| 의사소통 | 듣기와 말하기 | • 교사가 말소리와 높낮이를 다르게 말할 경우 그 소리를 듣고 수민이도 교사의 말소리에 맞춰 말하는 것이 가능합니다.<br>• 노랫말이 있는 손유희를 듣고 부르는 것을 즐거워합니다.<br>• 새로운 단어를 알게 될 경우 그 단어가 맞는지 교사에게 반복해서 물어보며 바른 발음으로 말하려고 시도합니다.<br>• 자신의 감정이나 자신이 원하는 것을 말로 표현하는 것이 가능합니다. | • 이야기 나누기 내용 녹음테이프<br>• 즐겨 부르던 노래 악보 모음<br>• 자주 사용하는 단어 목록<br>• 끼적이기 기록<br>• 읽을 수 있는 글자 목록<br>• 좋아하는 그림책 표지<br>• 직접 쓴 자신의 이름 |
| | 읽기와 쓰기에 관심 가지기 | • 최근 글자에 관심을 보이고 있습니다. 자신의 이름을 인지하고 찾아내는 것이 가능하며 다른 친구들의 이름을 가리키며 "이건 누구라고 써 있어요?"라고 묻기도 합니다.<br>• 끼적이는 것에 큰 흥미를 보입니다. '수' 글자를 쓰는 것이 가능하며 그것을 가리키며 "나 김수민 이름 썼어요."라고 이야기합니다.<br>• 최근 그림에서 얼굴과 사람 형태가 나타났습니다. | |
| | 책과 이야기 즐기기 | • 교사가 읽어 주었던 내용을 기억해서 그림책을 보며 읽는 시늉을 합니다. | |
| 사회관계 | 나를 알고 존중하기 | • 거울을 보며 예쁜 표정을 짓고 즐거워합니다.<br>• 거울을 보며 로션을 바른 뒤 교사에게 보여 주며 "수민이 예뻐요?"라고 묻기도 합니다. | • 자조가 가능한 일상 활동 목록<br>• 자주 사용하는 정서 관련 표현 목록<br>• 친구들에게 받은 그림과 그림 편지, 선물<br>• 수민이가 그린 가족화<br>• 친구 그림<br>• 친구에 관한 언급 기록 |
| | | • 혼자서 할 수 있는 일을 스스로 해 보려고 할 때도 있으나 가끔은 할 수 있는 일임에도 불구하고 교사의 도움을 요청할 때가 있습니다. | |
| | | • 현재의 기분을 언어로 표현하는 것이 가능합니다.<br>• 자신의 기분에 대해 말을 하지 않고 삐친 표정을 짓고 울음을 먼저 보일 때도 종종 있습니다. | |

| 영역 | 내용범주 | 실제 | 포트폴리오 수집목록 |
|---|---|---|---|
| 사회<br>관계 | 더불어<br>생활하기 | • 친구의 기분이 좋지 않아 보일 경우, 다가가 친구의 기분을 묻거나 휴지를 가져와 친구의 눈물을 닦아 주는 등의 친사회적인 행동을 보입니다.<br><br>• 자신의 가족 구성원에 대해 인지하고 있으며 가족 구성원에 대해 이야기하는 것을 좋아합니다.<br><br>• 친구들과 함께 놀이하는 것을 즐거워하나 가끔 또래와의 갈등 상황이 생겨 수민이의 뜻대로 되지 않을 경우 울음을 터뜨리거나 친구를 때리는 경우가 있습니다. | |
| 예술<br>경험 | 아름다움<br>찾아보기 | • 어린이집에 있는 미술적 요소를 탐색하는 것을 좋아합니다.<br>• 새로운 작품이 게시될 경우 자세히 들여다보며 그것에 대해 이야기합니다. | • 좋아하는 그림<br>• 악기 연주 상황 녹음 파일<br>• 가작 놀이 모습 사진<br>• 즐겨 하는 가작 놀이 에피소드 모음<br>• 다양한 미술활동 결과물 |
| | 창의적으로<br>표현하기 | • 친근한 노래를 흥얼거리는 것을 좋아하며 교사와 함께 노래를 부르며 악기를 연주하는 것을 좋아합니다.<br><br>• 일상생활에서 경험한 단순한 가작 놀이를 즐겁니다.<br>• 특히 엄마가 요리했던 모습을 기억하고 모방하여 놀이 속에서 요리하는 모습을 그대로 흉내 내기도 합니다.<br><br>• 미술활동에 적극적으로 참여하고 그리기, 만들기 등의 다양한 미술활동을 즐거워하며 오랜 시간을 집중해서 놀이합니다.<br><br>• 자연과 사물에서 색깔에 특히 관심을 가지고 즐겨 봅니다. | |

| 영역 | 내용범주 | 실제 | 포트폴리오 수집목록 |
|---|---|---|---|
| 자연 탐구 | 탐구과정 즐기기 | • 주변에 호기심을 갖고 궁금한 것에 대해 "왜요?" "이건 뭐예요?" 등의 질문을 끊임없이 합니다. | • 수민이의 질문 목록<br>• 셀 수 있는 숫자<br>• 좋아하는 동물 그림<br>• 좋아하는 곤충 사진<br>• 동물 모방 활동 사진<br>• 카메라 탐색 활동 사진<br>• 재활용품으로 만든 카메라 |
| | 생활 속에서 탐구하기 | • 많고 적음을 구분하는 것이 가능하며 1에서 10까지의 숫자를 셀 수 있습니다.<br>• 어떠한 사물이 있을 때 어떤 게 적고 많은지 비교하는 것을 좋아합니다.<br>• 전화기, 카메라를 조작하는 것에 대한 관심이 높습니다.<br>• 실물 카메라에 관심을 보여 교사가 조작방법을 한 번 알려 주자 카메라를 능숙하게 조작하였습니다. | |
| | 자연과 더불어 살기 | • 살아 있는 생물에 대한 관심이 높으며 유희실에 있는 물고기나 교실에서 길러 보았던 장수풍뎅이를 유심히 관찰한 뒤 그 움직임이나 특성을 흉내 낼 수 있습니다. | |

## 2) 유아

유아 포트폴리오 평가의 실제에서는 누리과정 영역에 따라 유아의 발달을 기록한 어린이집 발달기록부 사례를 가지고 해당 유아의 포트폴리오를 구성할 때 가능한 수집 목록의 예를 누리과정 영역별로 살펴보고자 한다.

[사진 12-2] 유아의 여러 가지 의사소통 활동 모습

표 12-3 유아 포트폴리오 실제

| 유아발달 및 생활기록부 | | |
|---|---|---|
| ○○○반 | 아동명: ○○○ | 기록일자: 20○○년 ○○월 ○○일 |
| 키: ___cm 몸무게: ___kg | 생년월일: ___(만 6세) | 기록자: ○○○ |

| 영역 | 내용범주 | 실제 | 포트폴리오 수집목록 |
|---|---|---|---|
| 신체<br>운동<br>·<br>건강 | 건강하게<br>생활하기 | • 스스로 이를 깨끗이 닦고, 낮잠 후에는 자신의 이불을 잘 정리합니다. 놀이 후 주변 정리 정돈을 열심히 합니다.<br>• 특별히 가리는 음식 없이 골고루 적당량의 음식을 먹습니다. 음식 재료에 대한 호기심이 많아 새로운 반찬을 궁금해하기도 하고, 새로운 음식에 대한 거부감도 없어 골고루 잘 먹는 편입니다.<br>• 낮잠 시간이면 조금 뒤척이다 바로 잠이 들어 숙면을 취합니다.<br>• 보통 1시간 정도 수면 후 깨어나 책을 보며 휴식을 취합니다.<br>• 화장실을 깨끗이 사용하며 배변 후 뒤처리를 스스로 할 수 있습니다. | • 자조 가능한 일상생활 목록<br>• 즐겨 먹는 식단 목록<br>• 보육일지의 식사 및 휴식 기록<br>• 제안한 실내 규칙과 약속<br>• 안전교육 활동 자료 및 사진<br>• 1, 2학기 신체 계측 결과표<br>• 운동 능력 측정표<br>• 대근육발달 정도 체크리스트<br>• 소근육발달 정도 체크리스트<br>• 신체활동 참여 사진<br>• 바깥 놀이 활동 사진 |
| | 안전하게<br>생활하기 | • 유희실에서는 놀이 특성상 활동적이라 다소 위험할 수 있는 행동이 가끔 보이지만, 교실에서는 안전하게 놀이를 하며 다른 사람의 안전도 잘 배려하는 편입니다.<br>• 안전교육 시 화재, 사고 등 위험한 상황에서의 대처방법에 대해 알고, 어린이집 내에서 시설물을 안전하게 사용합니다. | |
| | 신체활동<br>즐기기 | • 신체활동도 좋아하고 평소 운동신경이 좋으며, 신체 균형을 유지하면서 다양한 자세를 취할 수 있습니다.<br>• 신체 각 부분의 움직임을 조절할 수 있습니다.<br>• 두 발로 뛰기, 빠르게 달리기 등 이동운동을 능숙하게 하며, 한발로 균형 잡기 등 움직이지 않는 비이동 운동 또한 잘합니다. | |

| 영역 | 내용범주 | 실제 | 포트폴리오 수집목록 |
|---|---|---|---|
| 신체<br>운동<br>·<br>건강 | 신체활동<br>즐기기 | • 공던지기나 잡기 등을 즐겨 하며 거리에 따라 힘 조절이 가능하고, 놀이 자체를 즐겨하는 편입니다.<br>• 새로운 신체활동과 기술을 시도하며 집단으로 하는 신체활동에 참여하고, 놀이를 주도합니다. | |
| 의사<br>소통 | 듣기와<br>말하기 | • 교사의 질문에 적절하게 대답하고, 교사가 제시하는 사항을 듣고 지시에 따릅니다. 언어 영역에서 친구들과 수수께끼 놀이 시 문제를 내 보기도 하고 문제를 맞히기도 하며 적절하게 이야기를 해 줍니다.<br>• 일상생활의 경험을 자유롭게 이야기하며, 여러 상황을 다양한 어휘로 말합니다. 말을 할 때 자신 있게 말을 하나, 다른 친구들이 이야기할 때 주의 깊게 듣는 것은 조금 서툰 편입니다. | • 햇님반에서 읽은 도서 목록<br>• 좋아하는 그림책 표지 사진들<br>• 유아가 직접 쓴 글 표본들<br>• 이야기 나누기 시간에 발표했던 내용들 및 녹음 자료<br>• 유아가 썼거나 받아 써 준 이야기와 동시들<br>• 유아가 교사나 친구들에게 쓴 편지들<br>• 유아가 만든 신문<br>• 여러 가지 프로젝트 활동 결과물<br>• 창의적 형태의 표현물<br>• 역할놀이 시 만든 대본들<br>• 유아가 만든 그림책이나 도감 |
| | 읽기와<br>쓰기에<br>관심<br>가지기 | • 자신의 느낌, 생각 경험을 글자로 표현하며, 한 글에 흥미를 가지고 모르는 글자는 교사에게 물어보며 알아 가고자 노력합니다. | |
| | 책과<br>이야기<br>즐기기 | • 책에 대한 관심이 높아 평소에도 독서를 즐겨 하고, 독서를 하는 동안 집중도도 높습니다. | |
| 사회<br>관계 | 나를<br>알고<br>존중하기 | • 자신에 대해 긍정적으로 생각하고, 자신의 소중함을 압니다.<br>• 교사에게 의지하기보다는 자신이 할 수 있는 일을 혼자서 실천하고자 하며 새로운 경험을 도전하고 즐기는 편입니다.<br>• 다른 사람과 상황을 고려하여 자신의 정서를 긍정적인 방법으로 표현합니다. | • 친구들에게 보낸 편지 복사물<br>• 친구들에게 받은 편지<br>• 관심을 보이는 직업 목록 |

| 영역 | 내용범주 | 실제 | 포트폴리오 수집목록 |
|---|---|---|---|
| 사회<br>관계 | 더불어<br>생활하기 | • 교실에 동성 친구가 없고 동성은 모두 동생들이다 보니 놀이를 주도하면서 동생들을 잘 챙기며 놀이를 합니다.<br>• 어린이집에서 지켜야 할 규칙을 알고, 공동체 생활에서 규칙과 약속이 중요함을 잘 알고 지키려 노력합니다. | • 여러 가지 역할놀이 활동 모습 사진<br>• 하늘반 규칙 및 약속 목록<br>• 관련 주제 프로젝트 결과물<br>• 좋아하는 전통 놀이 사진<br>• 수민이가 그린 우리 동네 지도<br>• 친구 관계도<br>• 가족화 혹은 가족 신문<br>• 우리 반 친구들 그림 |
| | 사회에<br>관심<br>가지기 | • 우리 동네에 대해서 관심이 많으며, 엄마가 일하시는 은행 외에도 경찰서, 소방서, 도서관 등 다양한 기관에 대해 관심이 많은 편입니다.<br>• 우리나라 전통 놀이, 명절 등 전통문화에 대해 알고, 경험한 것을 자주 이야기해 줍니다.<br>• 물건을 사기 위해서 돈이 필요함을 알고, 거스름돈을 압니다. 아직 화폐의 단위는 모르지만 오만 원, 만 원, 오천 원 등 돈의 종류가 다름을 압니다. | |
| 예술<br>경험 | 아름다움<br>찾아보기 | • 음악적 요소(멜로디, 속도, 리듬)에 관심을 가지고 다양한 악기, 음악을 탐색합니다.<br>• 여러 상황에 필요한 재료와 도구를 적절하게 선택하여 미술활동을 합니다.<br>• 섬세하고 차분한 편이라 꼼꼼하게 미술활동을 완성합니다. | • 유아가 좋아하는 노래 악보 모음<br>• 여러 가지 미술활동 결과물<br>• 유아가 부른 노래 녹음 파일<br>• 유아의 율동활동 모습 사진<br>• 유아가 좋아하는 명화 사진<br>• 유아의 신체 표현 활동 사진<br>• 유아의 극놀이 활동 사진<br>• 동극활동을 위해 제작한 여러 가지 소품 |
| | 창의적으로<br>표현하기 | • 새 노래 배우기 시간에 노래 부르는 것을 즐거워합니다.<br>• 율동하는 것을 즐거워합니다.<br>• 때로는 친구들 앞에 나와서 하는 것을 쑥스러워할 때도 있지만, 신체 표현을 자유롭게 하고, 여러 동작을 실험해 보고 표현해 봅니다. | |
| | 예술<br>감상하기 | • 여러 종류의 음악을 듣고 즐기며 자신의 작품뿐만 아니라 친구들의 미술작품에 관심이 많습니다. 또한 낮잠 시간이나 휴식 시간, 점심시간에 클래식을 듣는 것을 좋아합니다. | |

| 영역 | 내용범주 | 실제 | 포트폴리오 수집목록 |
|---|---|---|---|
| 자연 탐구 | 탐구과정 즐기기 | • 관심 있는 사물과 자연현상에 대해 호기심이 많으며 궁금한 점이 무엇인지 분명하게 인식하고 표현합니다. 정전기 실험이나 자석실험 등 대체적으로 과학실험에 흥미를 보입니다.<br>• 궁금한 점에 대해 지속적으로 탐구하여 알아내고자 하고, 과정 자체를 즐길 줄 압니다. | • 유아의 질문 목록<br>• 프로젝트 활동 결과물<br>• 유아의 숫자 관련 기록물<br>• 유아가 만든 막대그래프<br>• 유아의 곤충 관찰 기록지<br>• 유아의 도구 및 기계 그림<br>• 유아가 만든 식물도감<br>• 유아가 제안한 실험 목록<br>• 유아의 실험활동 사진<br>• 유아가 만든 패턴 사진 |
| | 생활 속에서 탐구하기 | • 구체물을 가지고 '같다, 더 많다, 더 적다'의 관계를 알고 있습니다.<br>• 최근에는 큰 숫자에 관심이 많아 '100보다 많은 숫자, 1000'이나 '해' 등 큰 단위나 추상적인 숫자에도 관심을 보입니다.<br>• 수·과학 영역의 패턴 놀이를 즐기며, 반복되는 규칙성을 파악하고 다음에 올 것을 예측할 수 있습니다.<br>• 새로운 교구나 물건에 대해서 큰 호기심을 보이며 여러 가지 방법으로 탐색하고, 관찰하는 것에 관심이 많습니다.<br>• 최근에 '도구와 기계'를 주제로 놀이를 하면서 도구와 기계의 편리성에 관심을 가지고 편리한 물건이 자연과 사람에게 유익하지만 해가 될 수도 있다는 점을 인지하고 있습니다. | |
| | 자연과 더불어 생활하기 | • 주변의 동식물에 관심과 흥미를 가지고 있습니다.<br>• 특히 잠자리, 장수풍뎅이, 사슴벌레 등 곤충의 생김새와 먹이, 움직임, 소리 등에 관심이 많습니다. | |

더 알아보기 유아의 수학 능력 발달 준거

• 4세 유아의 수학발달 단계
  - 수 게임을 이해하고 놀이할 수 있다.
  - 사물을 10까지 헤아리고 때때로 20까지 헤아린다.
  - 두 숫자 중 큰 숫자를 확인한다.
  - 논리를 요구하는 간단한 문제에 답할 수 있다.
  - 보다 복잡한 패턴, 위치에 관한 용어를 인지할 수 있다.
  - 형태로 분류할 수 있다.
  - 보지 않고 친숙한 사물을 크기별로 비교할 수 있다.
  - 복잡한 퍼즐도 할 수 있다.

• 5세 유아의 수학발달 단계
  - 상징 형태로 표상되는 개념들을 이해하기 시작한다.
  - 단순한 집합을 결합할 수 있으며 머릿속으로 작은 숫자들을 더할 수 있다.
  - 갈등 없이 100까지 기계적 암기를 할 수 있으며 20 이상의 사물을 헤아릴 수 있다.
  - 수라는 것은 사물의 수량을 나타낸다는 상징성을 이해한다.
  - 복잡한 특성을 가진 사물들을 분류할 수 있다.
  - 수의 전과 후에 어떤 숫자가 오는 것임을 안다.

출처: MacDonald (1997).

## 연구에서는 이렇게

이진희, 이선영(2015). 한 어린이집 교사들의 3년간 실행연구 순환을 통한 포트폴리오 평가의 실천과 반성. **유아교육연구**, **35**(3), 411-436.

이 연구는 한 어린이집에서 교사들이 유아포트폴리오 평가를 통해 유아를 개별적으로 이해하고 부모와 소통하기 위한 3년간의 실천과정을 다룬 질적 실행연구다. 연구목적은 이 3년간의 실행과정을 통해 교사들이 포트폴리오 평가를 어떻게 실천해 나가는지, 이 과정에서 반성적 사고를 통해 교사들의 실천지가 어떻게 변화되어 가는지 그 과정을 드러내는 것에 있다. 3년의 연구기간 동안 전체적으로 총 세 번의 실행연구 과정 순환이 이루어졌다. 이 과정에서 포트폴리오를 통한 유아관찰 및 평가의 틀 마련하기, 포트폴리오를 매개로 한 부모와의 소통 및 참여 촉진하기, 다시 평가의 틀을 깨고 교사의 철학과 교실 특성을 반영한 평가 양식 및 절차 개발하기의 순환적 과정이 지속적으로 이루어졌다. 이 실행연구에 참여한 교사들은 포트폴리오 평가의 참된 의미를 구성하고, 권한을 공유하고 협력하며, 책무성과 자율성 속에서 실천지를 쌓아 가는 점진적 변화를 보였다. 이러한 실행연구 결과를 통해 어린이집 현장에서 포트폴리오를 가지고 체계적이고 의미 있는 유아평가를 만들어 가는 교사의 능동적 실천과 반성적 사고의 중요성을 엿볼 수 있다.

연구에서는 이렇게

김명희, 심윤희(2012). 부모가 바라보는 유아 포트폴리오 평가와 평가참여. **유아교육 · 보육복지연구**, **16**(1), 31-57.

이 연구는 유아교육기관에서 유아평가에 대한 부모들의 인식과 부모가 유아의 포트폴리오 평가에 직접 참여하는 과정의 양상과 의미를 탐구한 질적 연구다. 이를 위해 연구에서는 한 어린이집 교사 2명과 유아의 어머니 6명을 관찰 및 심층 면담하는 사례연구를 실시하였다. 연구결과에서 부모들이 지각하는 포트폴리오 평가는 객관적 성장발달 자료이며, 근거 타당한 유아평가에 대한 새로운 발견을 할 수 있는 방법이고, 유아 발달수준에 근거한 타당한 측정도구로 인식하였다. 또한 부모들은 유아의 포트폴리오 평가에 부모가 참여하는 것에 대해 아이발달의 조화, 아이 성찰 그리고 부모 자신의 자기반성, 가정연계학습의 강화, 부모 바람의 통로라는 측면에서 의미가 있다고 여긴 동시에 평가에 참여하는 것에 대해 심리적 부담감을 표현하기도 하였다. 이 연구결과를 통해 볼 때, 의미 있는 유아 포트폴리오 평가를 위해서 교사는 부모가 유아의 원내 생활과 교사의 교수활동을 이해하고, 포트폴리오 평가에 능동적으로 참여할 수 있도록 지원하는 다양한 가족참여 방법을 모색할 필요가 있다. 이러한 유아 포트폴리오 평가에 대한 부모참여를 통해 교사와 부모 모두 유아의 흥미와 배움에 관심을 가지고 상호 협력하는 동반자적 관계를 기대할 수 있다.

# 4 포트폴리오 평가의 장점과 단점

새 학기가 시작된 3월에 2세반 교실에서 한 아이가 끼적이기를 하고 있다. 아이의 끼적이기는 시간이 지날수록 정교해지고 다양해진다. 교사는 시간이 지나며 변화하는 아이의 끼적이기가 아이의 언어와 문해 발달의 변화를 보여 준다고 생각한다. 이러한 상황에서 아이의 끼적이기를 객관적으로 평가할 수 있는 구조화된 도구를 찾기란 어려운 일이다. 그러나 교사가 포트폴리오를 사용한다면 끼적이기와 관련된 아이의 작업결과물을 계속 수집함으로써 시간에 따른 끼적이기의 변화를 통해 아이의 언어발달을 가늠해 볼 수 있다. 이러한 맥락에서 포트폴리오 평가는 영유아교육기관에서 발달과정 중에 있는 아이들에게 매우 유용한 비형식적 평가도구가 될 수 있다. 여기서는 영유아교육기관에서 포트폴리오를 통한 평가의 장단점을 생각해 보고자 한다.

## 1) 포트폴리오 평가의 장점

아동교육기관에서 포트폴리오를 통한 평가의 장점은 다음과 같이 생각해 볼 수 있다(안선희 외, 2021; 황해익 외, 2009; Gullo, 2005).

### ▌개별 아동에게 적합한 평가를 실시할 수 있다

특정한 도구를 사용하여 발달수준이 다른 아동들을 하나의 기준으로 검사하는 구조적 평가와는 달리, 포트폴리오 평가는 나이와 발달수준, 흥미 영역과 같은 개별 아동의 특징을 고려하여 진행된다. 또한 포트폴리오 평가에서는 아동이 재원하고 있는 기관의 특징 및 교육과정과 같은 아동의 환경과 상황도 고려된다. 따라서 포트폴리오는 아동의 개별적인 독특성과 개성을 반영할 수 있는 평가방법이며, 이를 바탕으로 개별화 교육과정도 구성해 볼 수 있다는 장점이 있다.

### ❚ 아동의 긍정적인 자존감 형성에 도움이 된다

포트폴리오를 구성할 때 아동은 적극적인 주체가 되어 수집할 자신의 작품을 고르고 수시로 자기평가를 한다. 포트폴리오 평가에서 아동은 교사와 협력하여 평가 목표와 준거 설정, 평가의 결과와 활용에도 참여함으로써 자기 자신의 성과를 확신하게 된다. 이러한 맥락에서 포트폴리오 평가는 아동의 자기효능감과 긍정적인 자존감 형성을 돕는다.

### ❚ 아동의 친숙한 환경에서 자연스럽게 이루어지는 평가방법이다

아동의 발달에 대한 구조적 평가방법들은 통상 아동의 자연스러운 일상에서 떨어져 나와 실시하는 일종의 인위적 검사를 통해 진행된다. 그러나 포트폴리오는 아동이 날마다 경험하는 친숙한 환경과 자연스러운 일과 속에서 진행됨으로써 아동의 사고와 능력을 최대한 자연스러운 맥락에서 볼 수 있도록 돕는다.

### ❚ 아동의 긍정적인 변화와 장점에 초점을 맞출 수 있다

형식화되고 구조적인 평가방법들은 일정한 시점에서 아동의 수행을 측정하기 때문에 아동의 능력에 초점이 맞추어져 있는 반면, 포트폴리오는 긴 시간에 걸쳐 아동의 다양한 성과물을 수집함으로써 시간에 따른 아동의 변화에 초점을 둔다. 따라서 아동이 할 수 있는 것과 없는 것이라는 능력의 여부보다는 변화 자체에 주목하기 때문에 아동이 새롭게 하게 된 것, 개선점과 같은 아동의 긍정적인 변화와 장점에 초점을 맞출 수 있다.

### ❚ 평가의 과정에 교사뿐 아니라 아동과 부모도 참여할 수 있다

포트폴리오의 구성 주체는 교사뿐 아니라 자신의 작품을 직접 고르고 수집하는 아동 및 아동의 부모와 가족도 포함된다. 아동에 대해 가장 깊이 있고 많은 정보를 가진 부모와 가족이 평가의 과정에 참여함으로써 아동에 대한 총체적인 이해를 높일 수 있다.

### ▎평가의 결과가 다음 교육활동 계획에 바로 반영될 수 있다

포트폴리오는 매일의 수업과정에서 자연스럽게 일어나는 평가이므로 평가의 결과가 다음 교수활동과 교육활동에 바로 반영될 수 있다. 교사는 오늘의 포트폴리오 작업을 하면서 내일의 활동에서 아이들과 함께 더 살펴볼 부분은 무엇인지, 무엇을 더 질문해야 할 것인지 생각하게 된다. 이렇게 포트폴리오는 매일의 수업과정에서 평가가 이루어지기 때문에 평가의 결과에 따라 교수과정을 계획하고 교육활동을 수정할 수 있다.

### ▎자연스러운 유대와 협동을 불러일으킨다

교사와 아동은 포트폴리오를 구성하는 과정에서 끊임없이 상호작용한다. 또한 교사는 포트폴리오를 수집하기 위해 아동의 부모와도 의견을 주고받는다. 더불어 다른 친구들에 대한 아동의 피드백도 포트폴리오의 주요한 수집 자료다. 따라서 포트폴리오 평가는 그 과정 속에서 관련된 구성원들 간의 자연스러운 유대와 협동을 불러일으킨다.

## 2) 포트폴리오 평가의 단점

아동교육기관에서 포트폴리오를 통한 평가의 단점으로는 다음과 같은 것을 생각해 볼 수 있다(황윤세, 양옥승, 2001; 황해익 외, 2009; Gronlund, 1988).

### ▎비용과 시간이 많이 소요된다

포트폴리오를 구성하기 위해 아동의 작품을 모으고 평가하는 데는 교사와 아동의 많은 노력과 시간이 소요된다. 특히 표준화된 검사들과 비교하여 시간, 노력, 비용이 더 많이 소요된다.

### ▌평가에 실질적인 도움이 되지 않는 단순한 축적물이 될 수 있다

포트폴리오 구성계획 단계에서 그 평가의 목적이나 방법이 명확하지 않거나 수집 주체들이 포트폴리오에 대한 적절한 이해가 선행되지 않을 경우 자칫 연관성이 없는 잡다한 자료를 모은 단순한 축적물이 될 수 있다. 이런 경우 아동의 평가에 실질적인 도움을 얻을 수 없게 된다.

### ▌보관할 장소가 충분하지 않을 경우 보관ㆍ관리가 어려울 수 있다

포트폴리오는 장기간 시간을 두고 자료를 수집하는 것이므로 작품과 기록물들을 보관할 공간이 필요하다. 아동의 작품을 보관하고 조직할 공간과 도구들이 충분치 않을 경우 포트폴리오 구성에 매우 큰 어려움을 겪을 수 있다.

### ▌수집과 평가의 과정에서 교사의 편견이 작용할 위험이 있다

아동에 대한 교사의 편견과 개인적 감정 등으로 인해 포트폴리오의 수집물이 편향될 수 있다. 교사가 특정 아동에 대해 사전에 갖는 정보와 편견 등으로 아동의 결과물이 과소 혹은 과대 평가될 수 있는 것이다. 이렇게 포트폴리오 수집과 평가의 과정에서 교사의 편견이 작용할 경우 아동에 대한 이해가 어려울 수 있다.

### ▌평가의 타당성과 객관성 확보가 어려울 수 있다

포트폴리오를 통한 평가는 점수화하기 어려운 것으로 다른 아동의 그것과 비교하기 어렵다. 또한 평가자에 따라 아동의 발달과 능력에 대한 해석이 달라질 수 있다. 같은 아동에 대해 교사마다 전혀 다른 평가를 내릴 수 있는 것

이다. 이런 포트폴리오 평가의 질적 특징은 포트폴리오 평가의 객관성 확보
를 어렵게 한다.

참 고 문 헌

김명희, 심윤희(2012). 부모가 바라보는 유아 포트폴리오 평가와 평가참여. 유아교
육·보육복지연구, 16(1), 31-57.

안선희, 문혁준, 김양은, 김영심, 안효진, 이경옥, 신혜원(2021). 아동관찰 및 행동연구
(3판). 서울: 창지사.

유승연(2000). 포트폴리오 평가 활용을 통한 예비교사의 유아 과학 교수방법에 대한
반성적 사고 증진과 전문성함양에 관한 연구. 유아교육연구, 20(1), 163-184.

이진희, 이선영(2015). 한 어린이집 교사들의 3년간 실행연구 순환을 통한 포트폴리
오 평가의 실천과 반성. 유아교육연구, 35(3), 411-436.

황윤세, 양옥승(2001). 유치원에서의 효율적인 포트폴리오 평가 방법 연구. 아동학회
지, 22(1), 191-211.

황해익, 송연숙, 최혜진(2009). 유아행동 관찰법. 서울: 창지사.

황해익, 송연숙, 최혜진, 정혜영, 손원경(2009). 유아 포트폴리오 평가. 서울: 창지사.


Gronlund, G. (1998). Portfolios as an assessment tool: Is collection of work
enough? *Young Children, 53*(3), 4-10.

Gullo, D. F. (2005). Alternative means of assessing children's learning in early
childhood classrooms. In B. Spodek & O. Saracho (Eds.), *Handbook of
research on the education of young children* (pp. 443-455). NJ: Lawrence
Erlbaum Associates.

MacDonald, S. (1997). *The portfolio and its use: A road map for assessment.*
Little Rock, AR: Southern Early Childhood Association.

Shores, E. F., & Grace, C. (1998). *The portfolio book: A step-by-step guide for
teachers.* Beltsville, MD: Graphon house.

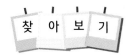

찾 아 보 기

## 저자소개

### 성미영(Sung Miyoung)
서울대학교 대학원 아동학박사
서울법원어린이집 원장
서경대학교 아동학과 교수
현 동덕여자대학교 아동학과 교수

### 전가일(Jeon Gail)
서울대학교 대학원 아동학박사
한국은행어린이집 원장
장안대학교 유아교육과 교수
현 연세대학교 교육연구소 연구교수

### 정현심(Jung Hyunsim)
서울대학교 대학원 아동학박사
SK하이닉스어린이집 원장
서울대학교 어린이보육지원센터 백학어린이집 원장
명지대학교 대학원 아동학과 객원교수
현 한국방송통신대학교 생활과학부 강의교수

### 김유미(Kim Yumi)
서울대학교 대학원 아동학박사
국민체육진흥공단어린이집 원장
서울대학교 어린이보육지원센터 느티나무어린이집 원장
현 숙명여자대학교 교육대학원 유아교육전공 교수

### 정하나(Chung Hana)
서울대학교 대학원 아동학박사
서울대학교 생활과학대학 어린이집 부원장
울산여성가족개발원 부연구위원
현 서울사이버대학교 아동복지전공 대우교수

# 아동관찰 및 행동연구(2판)
## Child Observation & Behavioral Research (2nd ed.)

2017년 2월 20일 1판 1쇄 발행
2021년 4월 20일 1판 5쇄 발행

2021년 8월 30일 2판 1쇄 발행
2022년 2월 22일 2판 2쇄 발행

지은이 • 성미영 · 전가일 · 정현심 · 김유미 · 정하나
펴낸이 • 김 진 환
펴낸곳 • (주) **학지사**

　　　　04031 서울특별시 마포구 양화로 15길 20 마인드월드빌딩 5층
대표전화 • 02) 330-5114　　팩스 • 02) 324-2345
등록번호 • 제313-2006-000265호

홈페이지 • http://www.hakjisa.co.kr
페이스북 • https://www.facebook.com/hakjisabook

ISBN 978-89-997-2482-4 93370

정가 19,000원

출판 · 교육 · 미디어기업 **학지사**

간호보건의학출판 **학지사메디컬** www.hakjisamd.co.kr
심리검사연구소 **인싸이트** www.inpsyt.co.kr
학술논문서비스 **뉴논문** www.newnonmun.com
원격교육연수원 **카운피아** www.counpia.com